문화 거버넌스의 도전과 기회

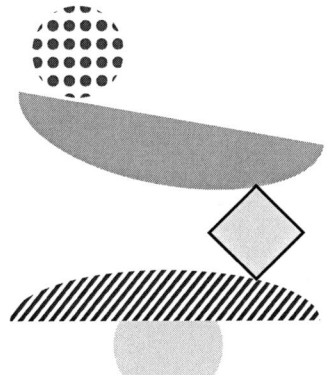

문화 거버넌스의 도전과 기회
(문화거버넌스 총서 2)

2024년 12월 23일 초판 인쇄
2024년 12월 30일 초판 발행

저자	박영대 · 김선영 · 서승옥 · 김수섭 · 이귀영 · 김향자 · 김학수 · 양재완 · 박광무
발행처	한마당(韓磨堂)서림
발행인	박광무
편집인	박수진
등록번호	505-97-86124
등록일자	2018. 8. 21.
주소	(16814) 경기도 용인시 수지구 신봉로 110, 503-203.
전화	010-4202-7382
팩스	050-4381-7382
독자의견	네이버블로그 https://blog.naver.com/kmbookforest
	네이버카페 https://cafe.naver.com/kmbookforest.cafe
	페이스북 https://www.facebook.com/한마당서림-739880283024606/
	인스타그램 https://www.instagram.com/kmbookforest/
	이메일 kmbookforest@naver.com

저작권자ⓒ 2024 박영대, 김선영, 서승옥, 김수섭, 이귀영, 김향자, 김학수, 양재완, 박광무
이 책의 저작권은 저자에게 있습니다.
저자와 출판사의 허락없이 내용의 일부를 인용하거나 발췌하는 것을 금합니다.

책에서 사용한 글꼴은 한국출판인회의가 제공한 Kopub체를 사용하였습니다.

값은 뒤표지에 있습니다.

ISBN 979-11-964788-7-2 (03300)

독자는 책의 주인공입니다.
한마당(韓磨堂)서림은 독자와 함께 미래를 열어갑니다.

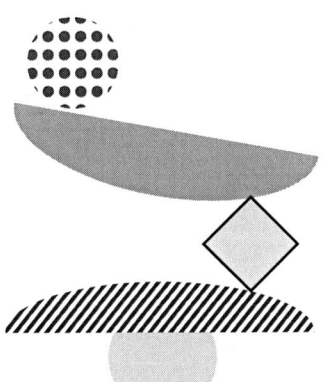

머리말

최근에 "2024년 노벨문학상 수상자를 한국이 배출했다."라는 특별한 뉴스를 접하면서 글을 쓰는 일에 대해 다시금 깊이 생각해 보게 되었다. 개인적으로 글 쓰는 일은 너무나도 어렵다. 다른 분들의 사정은 잘 모르겠지만 본인의 경우는 늘 그랬다. 지난 1년여 기간 중 그 어려운 작업을 6~7주에 한 번씩 꼬박꼬박 실행에 옮겨준 귀한 분들이 있었다. 덕분에 지금 필자가 이 머리말 작성이라는 '심각하고 어려운' 작업을 기쁜 마음으로 감수하게 되었다.

지금부터 이 귀한 분들이 공저자로서 수행해 주신 훌륭한 작업에 대해 간략하게나마 소개를 드리려고 한다. 그동안 수시로 번거로움을 더해 드린 기획자로서 마땅히 감당해야 할 책무를 이행하겠다는 것이다. 물론 본인의 능력이 너무나 부족하고 글을 쓰는 재주 또한 미천하다는 핑계로 이 일을 피해가거나 다른 유능한 분에게 미루고 싶은 생각이 없다고 한다면 그것은 사실과 크게 다르다. 그래도 본인이 꼭 해야만 할 일은 해야지 어쩌겠는가!

이 책은 문화체육관광문화유산 분야 최고의 전문가 중에서 칼럼집필을 위하여 특별히 요청하여 원고를 받아서 일 년 동안 스타뉴스 인터넷 신문에 연재했던 글들이다. 이를 모아서 독자들의 편의를 위하여 책으로 엮은 것이다. 문화분야 행정과 정책의 대가들의 글 모음이라고 해도 손색이 없다고 자부한다.

김선영 위원은 문화예술 현장, 그중에서도 모든 문화예술 행위가 작동하는 공간에 대한 이해와 관심이 경지에 이른 분이다. 웬만한 사람이 도저히 따라갈 수가 없다. 지방의 소형 공연장에서부터 새로운 형태와 성격으로 곳곳에서 출현하는 온갖 문화예술 공간들이 김 위원의 관심 대상이다. 아울러 그 공간들을 대상으로 펼쳐지고 있는 문화예술 지원정책에 대해 깊은 애정을 담아 날카로운 비판도 서슴지 않는다. 이는 그 분야의 지원업무를 총괄하여 지휘했던 예술경영 대가로서의 경험에서 발현되는 지혜의 산물이다.

서승옥 위원은 초대 문화부 장관을 지낸 바 있는 이어령 선생의 수제자라고 일컬어진다. 첫 칼럼의 원고를 받아보니 제목이 "문해력 버그"로 되어 있었다. 나도 모르게 "과연!"이라고 혼잣말을 하면서 무릎을 쳤다. 이후에 매번 보내준 칼럼 원고를 보면서 문화적인 글쓰기가 어떤 것인지 많이 배우게 되었다. 문화에 대한 탁월한 식견은 물론이고 이를 독자들이 알기 쉽게 현실과 연계하여 풀어나갔다. 이런 특별한 재능은 쉽게 얻어지는 것이 아니다. 과연 그 스승에 그 제자다.

김수섭 위원은 변리사다. 늘 시간에 쫓기는 삶을 살아간다. 일상의 업무가 차고도 넘치는 유능한 현장 전문가이자 해결사라는 뜻이다. 그에도 불구하고 한국의 문화예술계를 위해 이 분야에 종사하고 있는 많은 문화예술인의 지식재산권 보호를 위해 꼭 필요한 내용을 가득 채워서 마감 시간을 절대로 어기지 않고 칼럼 원고를 보내주었다. 칼럼의 소재가 특별한 분야에 편향되지도 않는다. 디자인권 보호부터 전통공예 시장의 성장성에 이르기까지 광범위한 영역에서 보호되어야 할 지식재산권을 다뤄주었다.

이귀영 위원은 역사와 문화유산에 관심과 애정이 지대하다. 공직을 떠났다가 도저히 그대로 있을 수가 없어서 백제 세계유산을 돌보는 공공기관의 장으로 복귀했다. 첫 칼럼의 제목이 국가유산과 세계유산이다. 독자들과 함께 국가유산과 세계유산에 대해 제대로 공부를 시작하겠다는 선언이다. 김장과 같은 전통 생활문화에서부터 무령왕릉 지석과 정림사지 오층석탑에 이르기까지 우리의 문화유산 특히 백제유산에 대해 체계적으로 돌아볼 수 있는 흔치않은 기회를 접할 수 있게 해주었다.

김향자 위원은 저명한 지역관광의 전문가다. 국내 최고의 국책연구기관에서 선임연구위원과 기관장 직무대행으로 근무한 후에도 곳곳의 지자체에서 요청이 있으면 서슴없이 달려간다. 풍부한 경륜과 특출한 지혜를 활용해 문제해결에 최선을 다한다. 연구의 범위도 매우 넓다. 지난 1년여 기간의 칼럼 주제만 보더라도 어촌관광, 차박(자동차 숙박), 크루즈 관광, 웰니스 관광 등 지역관광의 떠오르는 모든 주제를 다루고 있다. 칼럼의 기획자로서 지역관광의 문제점과 해법에 대한 탁월한 식견과 새로운 지식을 남보다 먼저 볼 수 있다는 것은 큰 즐거움이었다.

김학수 위원은 스포츠언론인이다. 후배들이 인정하는 골프학의 전문가이며 체육역사가이기도 하다. 한국의 계단식 골프장에 대한 첫 칼럼에서부터 본인이 쌓아온 내공이 얼마나 심후한지 알 수 있게 해준다. 장욱진 화백과 체육특기자라는 제목으로 독자의 호기심을 한껏 끌어 올리고, 1924~2024 파리올림픽 100년의 차이라는 칼럼을 통해 체육역사가로서의 면모를 아낌없이 보여주었다. 인천상륙작전을 이끌었던 맥아더 장군과 올림픽과의 관계를 파헤친 마지막 칼럼은 그중에서도 압권이다. 타고난 언론인이다.

양재완 위원은 탁월한 행정가다. 체육 분야에 대해서는 덕망이 풍부한 정책가 이기도 하다. 문화체육관광부는 물론이고 대한체육회와 고향인 김포에 대한 남다른 관심과 사랑이 평상시의 말과 글에서 묻어난다. 한강 철책과 장미꽃 길을 연계하여 집필한 세 편의 칼럼만 보더라도 이분에게 김포가 어떤 의미인지 저절로 이해할 수 있게 된다. 양 위원이 상임이사로 있는 문화회는 문화체육관광부와 국가유산청의 퇴직자 모임으로서 우리 CST의 모태이다. 문화회와 CST가 활기차게 돌아가는 동력의 태반이 이분에게서 창출되고 있다.

박광무 위원은 행정가이고 연구자이며 작가이자 출판인이며 우리 CST의 대표로서 경영인이기도 하다. 한마디로 21세기가 요구하는 멀티 융복합형 문화인이다. 이번에 문화거버넌스 총서2의 단행본 발간사업도 박광무 위원이 오롯이 맡아 주었기에 성사되었다. 세 편의 칼럼에 본인이 붙인 소제목이 〈문화 행정의 도전과 과제〉다. 평소에

늘 추구하고 탐색하던 사안이라서 그런지 의외로 부드럽게 새길 수 있다. 마지막 칼럼 〈CST의 철학적 지향과 과제〉는 우리 CST 구성원 전체에게 던지는 화두가 아닐까 한다.

박영대 위원은 필자가 자신에 대해서 뭐라고 하는 것은 우습다. 감사의 인사로 대신한다. 굳이 부연하자면 문화유산과 문화정책의 다방면에 대한 평소의 관심과 천착이 글로 녹아 들어가서 몇 개의 칼럼으로 구현되었다. 장인, 문화자산, 국가유산, 스포츠 창의권, 국가유산 정책에 대한 권고와 본각사 스토리 등 이상과 현실의 몇몇 주제들을 다루어보았다.

이 책을 읽는 독자들에게는 문화거버넌스 총서2가 지니는 의미에 걸맞게 과거 현재 미래 그리고 문화예술 체육 관광 문화유산 종사자와 기관단체 그리고 지방자치단체와 공공기관과 중앙정부에 이르기까지 광의의 문화 분야에 대한 다양한 지식과 전문성과 통찰을 얻을 수 있는 내용으로서 충분히 읽을거리와 지혜롭게 할 만한 요소들을 두루 갖추었다고 자부한다. 이 같은 총서가 앞으로도 이어지길 바라는 마음을 담아 이 책의 기획자로서 자신 있게 권하고 싶은 책이라는 말씀을 드린다.

앞서 여덟 분 칼럼위원들에게 다시금 진심으로 감사한다. 아울러 평소에 물심양면의 지원을 아끼지 않는 문화회의 김기홍 회장께도 감사를 전한다. 끝으로 2022~2023 제1기 칼럼에 이어 이번의 2023~2024 제2기 칼럼까지 모든 칼럼의 등재 전 마지막 교정과 사진선정 작업 등에 최선을 다해 준 스타뉴스의 채준 경제부장께 진심으로 감사한다. 자신의 바쁜 일을 제쳐두고 CST를 위해서 흩어져 있는 칼럼을 모두 모으고 출판을 위한 편집과 교정과 디자인을 맡아서 수고를 마지않은 박수진 편집장에게도 고마운 말을 전한다.

2024년을 마감하는 시점에
박영대

목 차

PART 1 국가유산과 문화의 미래 / 박영대

1. 한국에서 장인으로 살아가는 법	16
2. Expo·잼버리·엑스포, 21C 문화자산!	23
3. 국가유산 답게 대우해야	30
4. 스포츠 창의권 개념설계	36
5. 국가유산청 격에 맞는 유산정책 기대	43
6. 문화유산이 아름다운 이유-본각사 존치	50

PART 2 문화예술 현장 톺아보기 / 김선영

7. 소형 복합문화공간과 브리콜레르	56
8. 지역문화의 '한 지붕 두 가족'	60
9. 원로예술인이 행복한 세상	66
10. 갤러리카페를 '제3의 공간'으로	70
11. 예술 스콰과 예술 공간의 경영학	75
12. 문화예술 공공 지원의 명암	79
13. 의정부역 이음의 '제3의 장소' 만들기	84

목 차

PART 3 현대사회와 문화 해법 / 서승옥

14. 문해력 버그   90
15. '생명이 자본이다'의 유레카   96
16. 단순하게 살기   101
17. 극복과 초월, 그 사이에서   106
18. AI시대, 그래도 글쓰기이다   112
19. '불안'이라는 이름의 방황   117
20. 소렌토에서 제주도까지   121

PART 4 창작과 지식재산의 보호 / 김수섭

21. 문화예술 발전과 디자인권 보호   126
22. 부분디자인출원을 적극 활용해야   132
23. 창작물에 적합한 지식재산권 선택   137
24. 창작의 보호   141
25. 전통공예 시장의 성장성 고찰   145
26. 공개 전, 디자인·특허 출원 필수   150

목 차

PART 5 문화유산 산책 / 이귀영

27. 국가유산과 세계유산	156
28. 김 장	162
29. 세계유산이란 무엇일까?	167
30. 공주 공산성을 돌아보며	174
31. 무령왕릉, 지석과 기록의 중요성	180
32. 역사에서 보는 개방과 쇄국의 교훈	186
33. 정림사지 오층석탑과 평제탑	191

PART 6 지속가능한 지역관광 / 김향자

34. 어촌관광의 지속가능한 발전 이슈	198
35. 차박의 명(明)과 암(暗)	204
36. '관광수출 혁신전략' 다섯 가지 질문	211
37. '지역다움'으로 관광경쟁력 높이자	216
38. 소규모 관광단지 추진 기대와 우려	222
39. 크루즈 관광 국가로의 도약 과제	228
40. 행복 여행, 웰니스 관광	235

목 차

PART 7 스포츠와 문화의 접점 / 김학수

    41. 한국 계단식 골프장, 스포츠-기술 통합   242
    42. 정치인들이 즐기는 스포츠 언어   248
    43. 골프 치러 갈 때 설레는 이유   253
    44. 장욱진 화백과 체육특기자   259
    45. 체육인 국회의원 역사   266
    46. 1924·2024 파리올림픽 100년의 차이   273
    47. 인천상륙작전 맥아더는 '올림피안'   278

PART 8 평화의 씨앗, 문화로 꽃피우다 / 양재완

    48. 김포 한강 철책, 민족 애환을 딛고 미래 희망으로   284
    49. 평화의 상징인 장미꽃 철책을 만들자   288
    50. 장미꽃 철책 조성, 무엇부터 어떻게 해야하나   292
    51. 행정사법인CST 2년 회고와 전망   296

PART 9 문화행정의 도전과 과제 / 박광무

    52. 새만금잼버리의 교훈과 과제   306
    53. K-culture의 글로벌화와 과제   314
    54. CST의 철학적 지향과 과제   325

PART 1.
국가유산과 문화의 미래

1. 한국에서 장인으로 살아가는 법

언제부터인가?

우리나라가 경제선진국에 진입하며 한국과 한국인이 지구촌 사람들의 부러움의 대상으로 떠올랐다. 21세기 들어서서부터는 우리의 문화와 예술도 그야말로 획기적인 변화와 발전을 거듭하더니 이제는 K-Culture라는 이름으로 전 세계가 인정하는 자신만의 영역을 구축해 나가는 수준에까지 이르렀다.

BTS를 비틀즈로 읽어내는 사람은 이미 구세대의 사람이다. 기생충의 칸 영화제 황금종려상 수상이 전혀 어색하지 않았고, 오징어게임이 NetFlix 채널에서 최초로 대중들과 만났다고 하여 이 놀라운 작품이 한국인의 창의성의 결과물이라는 것을 모르는 사람은 많지 않다.

심지어 동양인에게 난공불락의 영역으로 여겨졌던 영국축구, EPL의 득점왕을 한국인이 차지하는 기적 같은 일이 일어나더니 어느새 세계 최고의 Centre-Back 명단에도 한국인의 이름이 떡하니 자리를 차지하는 꿈같은 일이 벌어졌다. 물론, 그렇다고 한국축구의 FIFA랭

킹이 세계 1위는 아니다. 놀라운 변화가 이뤄지고 있다는 것을 강조하고자 하는 것이다.

최근 몇 달간 각자의 분야에서 한국을 대표하는 장인 2분과 특별한 일들로 연결이 되어 비교적 빈번하게 의논을 하며 지내고 있다.

누비장 김해자 선생님

그중 한분이 국가무형문화재 107호 누비장 김해자 선생님이다. 대략 20년 전에 처음 만났으니 사람 사귀는 일에 재능이 부족한 필자에게는 짧지 않은 인연이라고 할 수 있겠다. 처음 이분을 만난 곳은 경복궁 동편, 지금은 국립현대미술관 서울관으로 변한 국군통합병원 인근의 조촐하지만 장인의 향기가 물씬 풍기는 누비작품 전시장 겸 작업실이었다. 산과 들에서 직접 채취한 재료들로 손수 우려낸 전통차 한잔을 나누며 맑은 눈빛으로 우리 누비옷에 대한 진한 애정을 조곤조곤 풀어내던 모습이 지금도 기억에 생생하다.

그렇게 인연이 되어 필자가 중국 북경의 한국문화원장으로 재임 시에는 자신의 귀한 누비작품들로 "한국누비옷 특별전"을 열어주었고 현지 중국인들을 대상으로 누비옷을 지어보는 체험강의도 직접 진행하며 멋지게 한국의 전통문화를 소개해 주기도 했다.

그 후에도 가끔씩 만나 뵐 기회가 있었는데, 몇 달 전, 아주 특별한 내용의 통화를 하게 되었다. 좋은 기회가 생겨서 누비교육 및 전시를 할 수 있는 별도의 건물을 마련할 수 있게 되었으니 한번 만나서 구체적인 내용을 상의하면 좋겠다는 것이다. 그렇지 않아도 서울에 있던 전시실 겸 작업장도 아쉽게 정리를 하고 경주에서도 꼭 필요한 공간을 확보하지 못해 힘들어 하던 안타까운 형편을 알고 있던 터라 본인 이상으로 기뻤다.

지난 10월 15일 강남의 봉은사 선불당에서 열린 김해자 누비옷 특별전에 참석했다. 인사말씀을 들으며 가슴이 아팠다. 능력이 부족해서 그 말씀을 온전히 전할 수는 없는데 대략의 내용을 정리해 보자면 다음과 같다. "젊어서는 한복작업을 했다. 모두가 어려운 시절이라 많이 힘들었다. 우연한 기회에 전통 누비옷을 접하게 되면서 이 옷을 만들면 형편이 좀 나아지지 않을까 생각이 되어 누비옷 작업을 시작했다. 아주 오랜 시간, 평생에 걸쳐 이 작업을 해왔지만 아직까지 형편이 나아진 것은 별로 없다. 한마디로 빈손이다. 그래도 누비옷의 아름다움과 품격을 제대로 알게 되었으니 후회는 없다. 다만, 그동안 수많은 중요인사들에게 한국 전통 누비옷을 제대로 가르치고 배울 수 있는 전수교육관의 필요성을 주장해왔다. 만약에, 단 한사람이라도 우리 누비옷의 가치를 제대로 이해했더라면 진작 이 꿈이 이뤄졌을 것이다."

비록 필자가 김해자 선생님이 만났던 그 중요한 인사들 중에 속하지는 못하지만, 문화체육관광부에서, 그리고 문화재청에서 그 업무의 일부를 책임지고 있었던 전력이 있는 필자로서는 부끄러움과 함께 큰 책임감을 통감할 수밖에 없는 시간이었다.

전시장을 가득 메운 수많은 제자들과 함께 그래도 희망을 가지고 한국 전통 누비옷의 밝고 영예로운 내일을 위해 더욱 노력하자며 새롭게 각오를 다지는 김해자 선생님을 보면서, 앞으로 진행할 김해자 누비장 전수교육관 건립 작업이 순조롭게 진행 될 수 있도록 작은 힘이나마 더해야겠다는 생각에 갑자기 어깨가 무거워졌다.

무화장 이영희 선생님

최근 1년여 동안, 그분의 작업현장들을 직접 찾아가 보고, 그 작업에 관한 본인의 굳은 의지와 깊은 생각들을 직접 들어보고, 오랜 경험에서 우러난 장인의 지혜를 직접 확인하면서 필자에게 또 다른 측면에서 감명을 준 명장이 있다. 무화장(巫花匠) 이영희 선생님이 그분이다. 이 분의 직업과 작업을 객관적으로, 정확하게 표현한다면, 아마도 "남자무당 새남굿 이수자 무화장(巫花匠) 이영희" 라고 할 수 있겠다.

이영희 선생님은 국내에서 제작되어 사용되는 종이꽃(紙花)중에서 무속에 사용되는 지화, 즉 무화(巫花) 제작 분야에서 손에 꼽을 수 있는 극소수 명장 중 한분이다. 주로 제작하여 사용하는 꽃은 30여종 남짓이지만 이분이 제작할 수 있는 꽃의 종류는 무려 100여종을 넘어선다. 한마디로 무속과 불교의식에 사용되고 있다고 알려진 181종의 꽃, 그 모든 꽃이 이분의 손끝에서 피어날 수 있다는 뜻이다.

장인의 손끝에서 마술처럼 피어나는 종이꽃 외에 보는 사람들로부터 경탄을 자아내기에 부족함이 없는 것이 망과 전, 복식 등 각종 종이 작품들이다. 오로지 종이를 접고 잘라서 만들어내는 팔보살망, 넋전, 금전, 은전 및 각종 복식 등의 제작과정을 보고 있노라면 자기도 모르는 사이에 경탄의 소리를 낼 수밖에 없게 된다. 중국의 전지공예(剪紙工藝)가 명품공예로 세계인들의 사랑을 받고 있지만 이영희 명장의 종이작업도 결코 이에 뒤지지 않는 명품공예다.

장인의 작업이 더욱이나 특별한 것은 모든 작업이 본인의 머릿속의 설계도에 의해서 진행될 뿐 사전에 도면이나 본을 떠서 준비하는 일이 일체 없다는 것이다. 이렇게 복잡하고 어려운 작업 공정이 머리에 담기고 손에 익을 때까지 얼마나 많은 노력이 필요했을까 상상조차 쉽지 않은데 장인이 웃으며 전하는 한마디가 가슴에 와 닿는다. "어려서 이 꽃 일을 배울 때 스승님께 하도 많이 머리를 맞아서 제 머리가 나빠졌어요."

대다수 장인들이 그렇듯이 이영희 선생님도 잇속에 어둡고 셈에 약하다. 손마디가 굵어지고 귀가 어두워질 때까지 오직 일에만 빠져 살아왔다. 최근 들어서는 힘에 부쳐 옛날 같지는 않지만, 누가 꽃이 필요하다고 하면 두말 않고 나서서 밤샘작업도 마다하지 않았다. 일이 좋아서 다른 것에는 신경을 쓸 생각이 들지 않았다. 지자체에서 무형문화재 지정을 하겠다며 신청하라는 말에도 그다지 귀 기울이지 않았다. 지금 생각해보면 조금은 더 시세에 밝았더라면 좋았을지 모르겠다는 후회는 아니지만 아쉬운 마음이 들기도 한다고 한다.

요즘 장인은 스승님에게 매맞아가며 배운 이 꽃 일이 자신의 대에서 끊어질까봐 전전긍긍하고 있다. 그런 걱정 끝에 필자가 몸담고 있는 행정사법인 CST에 도움을 요청했다. 자신의 꽃 일에 대해 종합적인 조사연구 및 정리와 세부적인 평가를 진행해서 이 후에도 필요한 사람들이 잘 찾아서 배울 수 있도록 해달라는 것이다.

탁월한 실력과 성실함을 고루 갖춘 연구진들과 함께, 풍부한 경험과 깊이 있는 지식으로 인정받고 있는 전문가들의 도움을 받으며 조사연구 및 정리, 평가작업을 진행했다. 작업이 진행되면서 장인의 무화작업이 보유한 문화적 가치와 예술적 향기가 분명하게 드러나기 시작했다.

좋은 보고서를 만들어 달라는 장인의 요구를 만족시켜 드릴 수 있는 수준의 성과는 도출했다.

그렇지만 이일을 여기에서 마무리하고 종결하기에는 남아있는 과제가 너무나 무겁다. 심기일전하여 국가가 제도적으로, 무관심속에서 사라져가고 있는 우리 전통문화의 맥을 이어주는 작업에 도전적으로 나설 필요가 있다고 생각된다.

문화적 선진 국가는 우리가 세계 속에 빛나는 위대한 K-Culture라고 자랑스럽게 생각하는, K-Pop이나, 영화, 드라마, 게임 등과 같이 서구의 문화와 예술에 힘입은 장르들이 높은 곳을 향해 날아오를 때 그 이면을 볼 수 있어야 한다. 지금도 국가의 무관심, 제도적 허점 등 다양한 사유로 인해 자신들이 쏟아낸 노력의 결과로 당연히 받아야할 국가로부터의 지원이나 작은 혜택조차 누리지 못하고, 침묵 속에 사라져가는 안타까운 우리의 전통문화와 예술, 장인이 있다는 사실을 잊어서는 안 된다. (2023.11.02.)

본 칼럼을 보시고 고맙다는 감사의 뜻과 함께 전수교육관 건립 진행 상황을 자세히 전하시던 김해자 선생님의 차분한 음성이 아직도 기억에 생생하던 2024년 4월 중순, 갑작스럽게 김선생님의 부음을 접하게 되었다. 크게 놀랐다. 생전에 그리도 원하시던 전수교육관 건립문제가 부디 잘 진행되기를 다시 한 번 기원해본다.

2. Expo·잼버리·엑스포, 21C 문화자산!

2030부산세계박람회 유치가 실패로 끝났다. 119표 대 29표, 우리나라 부산이 사우디아라비아 리야드와의 경쟁에서 거둔 최종 성적이다.

국가적으로는 물론이고 유치희망도시인 부산시 입장에서도 너무나도 아쉽고 허망한 결과다. 그동안 큰 기대를 가지고 기다려온 부산시민들의 안타까운 마음이야 말해 무엇하랴!

세계박람회와 관련하여 우리나라는 두 개의 중요한 문화적 자산을 가지고 있다. 하나는 1993년 대전세계박람회이고 다른 하나가 2012년 여수세계박람회다. 대전세계박람회도 우여곡절 끝에 유치에 성공했다고 하지만 여수세계박람회는 2010세계박람회 유치 경쟁에서 중국 상하이와 겨뤄 한차례 쓰라린 패배를 경험하고 나서야 절치부심, 재도전 끝에 유치에 성공했다.

국제적인 초대형 행사의 개최와 관련하여 20C 한국인들에게, 아니 어쩌면 우리나라 역사상 최초로 국민적 자부심을 안겨준 행사는

1988서울올림픽이 아닐까 생각한다. 동북아의 작은 분단국가 Korea가 1980모스코바올림픽, 1984LA올림픽 등 동서냉전의 산물인 반쪽짜리 올림픽들의 부담을 이겨내고 지구촌의 온전한 스포츠축제를 멋지게 꾸려낸 것이다.

1988서울올림픽을 성공적으로 개최했다는 국민적 자부심은 21C로 이어져 2002한일월드컵의 기적을 만들어냈다. 월드컵 4강의 신화 창조도 대단했지만 붉은악마로 대변되는 한국인들의 성숙한 응원문화는 그대로 대한민국을 상징하는 문화적 자산으로 세계인들의 뇌리에 깊숙이 새겨졌다. 드디어 우리에게 선진국으로 가는 좁은 문이 열렸다.

필자는 꽤 오랜 기간을 공직에 있었다. 국내와 함께 국외에서도 수년간의 근무를 경험했다. 어지간한 일에는 평상심을 견지하려고 꽤나 노력했으며 조금은 성공했었다는 자부심도 있다. 더위가 맹위를 떨치던 2023년 여름, 8월에 들어서면서 많이 놀랐다. 등골이 서늘해진다는 말의 진정한 의미를 이해하게 되었고 우리들과 우리아이들의 미래에 대한 두려움도 생겼다.

2023년 8월 2일, "개영식서 온열환자 속출....'재난적 상황'" 등등 새만금 세계잼버리에 관한 불길한 기사들이 보이기 시작하더니, 8월 4일 "영국 스카우트 4천명, '폭염'잼버리 행사장서 철수", 8월 5일 "떠나는 아이들 …영국 o 미국 철수", 8월 7일 "태풍 '카눈' 북상에 떠나는 잼버리 대원들" 같은 기사가 이어졌다. 결국 8월 11일 "잼버리 마지막 일정….'K팝 콘서트' 등 기사와 함께 전 세계 159개국 4만3천여 명이 참가했던 새만금 세계잼버리는 끝나버렸다.

대체로 한국인들에 대한 그간의 외부의 평가는 크게 박하지 않았다고 생각된다. 성격이 조금 급하고 경쟁심이 강하며 외부로 드러나는 상냥함이 부족하기는 하지만 대부분 부지런하고, 주어진 일에 대해서는 책임감이 있으며, 성과를 만들어 내는 일에 적극적이라 해결이 어려운 과제나 시간이 빠듯한 업무도 비교적 잘 처리한다는 정도의 의견이 일반적이었다고 본다.

그런 특성으로 인해 IMF 사태와 같은 국가적 위기도 빠른 시일 내에 극복할 수 있었다는 것이다. 2023년 여름, 세계가 경험한 새만금 잼버리 파행사태는 우리에 대한 이런 외부의 평가에 아주 크게 반한다. 한국인들의 내부에서 무언가가 크게 바뀌고 있다고 보아야 하는 것일까?

2023년 겨울의 초입, 한국인들은 부산세계박람회 유치 경쟁에서 다시 한 번 황망한 결과를 받아들여야 했다. 새만금 세계잼버리에서는 우리 자신이 스스로에게 처절한 패배를 안기더니 이번에는 중동의 "석유부국" 사우디아라비아에게 통렬한 패배를 당했다. 그러나 결과적으로 보면 이번의 이 패배도 실은 우리 스스로가 자초했다고 봐야 하지 않을까? 최소한, "졌지만 잘 싸웠다"는 국민적인 격려와 응원이 가능한 결과였다면 그 패배는 패배가 아닐 것이다!

일본, 한국, 중국, 올림픽과 세계박람회, 그리고 월드컵(중국은 미래)의 아시아지역 내 개최국가 순서다. 물론 대전과 여수의 세계박람회는 분야가 특정된 인정박람회라서 기본성격상 차이가 있다. 2010 상하이세계박람회는 등록박람회다. 2030리야드세계박람회를 우리가 유치했더라면 2번의 인정박람회에 이어 등록박람회를 개최한 국가가 되는 것이다. 지구촌의 일원으로서, 그리고 한국인으로서 또 하나의 소중한 문화적 자산을 창조하는 기회가 되었을 것이다.

국제적인 행사로 문화자산을 창조하는 일은 수많은 수고로움을 수반한다. 유치와 준비 및 실질적인 운영과정에 국민적 수준의 참여와 협력이 필수적이다. 여수세계박람회는 2012년 5월 12일부터 8월 12일까지 93일간 전남의 여수항일대에서 개최되었다. 필자는 2011년 9월 1일부터 2012년 10월 말까지 근무했다. 평생 단 한번 1년 간 7kg 체중 감량에 성공하는 놀라운 기록 - 쾌거 - 을 달성했다. 그리고 줄어든 체중 이상의 자부심도 가슴에 담을 수 있었다.

문화학술본부, 전시본부, 회장운영본부, 정보화본부 등 4개의 핵심본부를 총괄하는 제2사무차장에게 지워진 책임의 무게는 결코 가볍지 않았다. 박람회 기간 중에는 아침 7시에 첫 회의를 시작하여, 23시에 시작하는 마감회의를 끝내야 하루 일과가 종료되었지만 그 후에도 다음날 일정과 관련한 문제는 계속해서 발생했고 제대로 수면을 취하지 못하는 날들이 이어졌다.

더욱이 개장 초기, 예상했던 결과를 크게 밑도는 관람객 수는 조직위원회 내부는 물론이고 정부 고위층까지 걱정을 하게 만들었고, 그 결과 새롭고 창의적인 개선방안을 만들어 내야한다는 외부의 압박과 그에 따른 내부의 긴장과 부담은 시시각각으로 가중되고 있었다.

그 와중에 국제관 중 가장 좋은 위치에, 가장 넓은 공간(약1,000평방미터)을 차지하고 있었던 사우디아라비아는 개장 전날까지 결정을 미뤘다가, 결국 자국의 내부 사정으로 전시를 포기한다는 최악의 결정을 최후의 순간에 통보해 왔다. 악연의 시작이었다고나 할까?

다른 한편으로 아쿠아리움은 전혀 다른 성격의 문제로 몸살을 앓기 시작했다. 적정관람인원을 크게 상회하는 관람객을 입장시켰음에도 불구하고 대기하는 줄이 3중, 4중으로 조성되며 박람회장 내 자연스러운 흐름에 장애를 초래하더니 평균 대기시간이 3시간을 훌쩍 넘어서는 아주 불편한 상황을 연출했던 것이다.

1일 관람객수는 크게 증가시켜야 하고, 텅 빈 사우디아라비아관은 무엇인가를 채워서 문을 열어야 하며, 아쿠아리움으로 하루 종일 몰려드는 관람객은 효과적으로 분산시킬 수 있는 특별한 대안을 마련해서 대처해야 하는 시급하고도 중대한 과제가 발등의 불로 떨어졌다.

가장 시급했던 사우디아라비아관을 무엇인가로 채워서 문을 여는 일에는 국립현대미술관의 적극적인 협력이 지대한 기여를 했다. 〈빌 비올라〉의 걸작, '트리스탄의 승천' 과 '불의 여인' 등 당시 국립현대미술관이 소장 중이던 최고의 초대형 영상미술작품 2점이 여수세계박람회를 통해 처음으로 대중과 만나게 되었고, 박람회 기간 내내 애호가들의 큰 사랑을 받았다.

관람객들의 과도한 집중으로 몸살을 앓고 있던 아쿠아리움 문제는 공식지원방송으로 참여했던 KBS가 적극적으로 나섰다. 3D 아쿠아리움 영상관 개관이라는 정말로 창의적인 대안을 제시한 후 신속하게 작품제작에 들어갔고, 말 그대로 번갯불에 콩 볶아 먹듯이 작업을 완수, 시간당 400명 이상의 관람객들이 3D영상물로 실감나는 수중세계를 관람할 수 있도록 했다.

매일의 기본적인 관람객수 증가를 위한 특별한 대책도 마련되었다. 국제크루즈 선박이 사용하는 넓은 입출국장 겸용 부두가 있었다. 이곳에 30,000명 이상이 함께 즐길 수 있는 K-POP 특설무대를 만들었다. 그리고 전대미문의 대형 장기공연, K-POP 페스티벌이 56일간에 걸쳐 여수의 밤바다를 뜨겁게 달궜다.

물론, 여수세계박람회도 하나하나 자세하게 들여다본다면 아프고 쓰린 곳들이 적지 않을 것이다. 그럼에도 불구하고 여수시민들은 물론이고, 우리 국민들 모두와 그 기간 중에 이곳에 관심을 가졌던 수많은 지구촌 사람들에게 여수세계박람회는 자신들의 아름다운 문화자산으로 마음속 깊은 곳에 남아 있을 것이라고 믿는다.

지금, 우리에게 새만금 세계잼버리의 그야말로 엽기적 파행운영이나 부산세계박람회 유치실패 과정의 황당무계함이 더욱 특별하게 느껴지는 것은, 이것이 20C후반기부터 21C전반기에 걸쳐 우리 한국인들이 일궈온 놀라운, 아니 기적적인 문화자산 창조의 위대한 과정 그 성공사례들과 너무나 분명하게 비교가 되기 때문일 것이다.

마찬가지로 좋든 싫든 21C 한국과 한국인들에게 특별한 관심을 가져온 대다수 외국인들의 입장에서도 최근 한국의 이러한 의외의 실족들은 많은 것들을 생각하게 할 것이 분명하다. 원인은 무엇이고 앞으로의 변화는 어떻게 진행되어 나갈 것이며 자신들에게는 어떤 이해관계를 발생시킬 것인가?

오직 바라는 것은 최근의 이러한 비상한 현상들이 잠시의 부주의로 인해 일시적으로 발생한 사건으로 끝나는 것이다. 오히려, 한국인들의 근면하고 창의적이며 선의에 우호적인 기본 품성이 앞으로도 지속적으로 이어져 인류의 문화자산 창조에 기여할 것이며 이를 통해 공동의 이익 창출이 가능할 것이라는 기대로 국제적인 신뢰를 회복하는 좋은 기회가 되기를 원한다.

동시에, 이제는 21C도 중반으로 접어들고 있다. 모든 것이 급격하게 변한다. 우리 모두에게 미래에도 필요한 가치가 무엇인지, 그리고 그런 가치들을 우리의 것으로 만들기 위해서 필요한 방법과 수단이 무엇인지를 깊이 생각하여 한정된 자원을 효과적으로 투입할 수 있는 지혜가 필요한 때다. 우리가 솔선하여 올림픽, 박람회, 월드컵을 넘어서는 새로운 인류의 문화자산을 생각해 볼 때다. (2023.12.14.)

3. 국가유산 답게 대우해야

2024년 5월 17일은 우리나라의 모든 문화재에게 아주 특별한 날이 된다.

1962년 문화재보호법이 처음 제정된 이후 지금까지 62년간 사용해 오던 문화재라는 이름을 역사 뒤편으로 보내고 국가유산이라는 새로운 이름을 사용하게 되는 것이다.

정부는 문화재보호법을 국가유산기본법으로 변경하는 이유로 다음 3가지를 들었다. ①문화재(文化財)라는 명칭에 나타나는 강한 재화로서의 성격을 시간의 흐름을 고려한 유산(遺産)으로 변경하여 그 의미를 확장한다. ②기존의 유형문화재, 무형문화재 2분류체계를 문화유산, 자연유산, 무형유산으로 3분류함으로서 현실적 요구에 부응하고 유네스코 국제기준에 부합시킨다, ③문화재 체제를 국가유산 체제로 전환한다.

근거법의 제정은 당연히 관련조직의 명칭에도 변화를 초래하게 된다. 국가유산기본법이 시행되는 2024년 5월 17일이 되면 기존의 문화재청은 사라지고 국가유산청이 새롭게 등장하게 되는 것이다. 연관된 수많은 법령과 기관 등의 이름도 당연히 변화를 맞이하게 된다. 적지 않은 시간과 품이 드는 쉽지 않은 일들이 진행 중일 것이다.

모든 분야가 그렇듯이 국가의 문화유산 분야도 순전히 우리의 힘만으로 관련 법률을 만들고 관리체계를 갖춰온 것은 아니다. 입헌군주국에서 국민주권의 민주국가로 바로 전환하는데 실패한 우리나라는 안타깝게도 그 중간에 식민지국가의 비운을 겪게 되었고 국가사회 전반에 그 영향을 받을 수밖에 없었다.

국가유산기본법의 제정은 그런 의미에서 앞에서 기술한 3가지 이유와 함께 과거의 낡은 틀을 보다 큰 차원에서 바꾸기 위해 오랫동안 축적되어온 국가적 의지가 발현된 것으로 보아도 틀리지 않을 것이다. 어떻게 보더라도 상당히 중요한 의미를 내포하고 있는 변화라고 할 수 있으며 그에 어울리는 내용적인 변화가 요구되는 까닭이다.

국가의 문화유산을 제대로 가꾸는데 필요한 대외적 명분 확보 차원에서 국가유산기본법을 제정함으로서 이제 문패를 바꾸는 일에는 성공을 거뒀다. 그러나 문패를 바꿨다고 해서 우리가 꿈꿨던 이상적인 국가유산의 보전과 활용환경이 저절로 조성되는 일은 절대로 일어나지 않는다. 문패를 바꾸는 대격변의 시대를 맞아 우리가 반드시 이행해야만 할 중요한 과제들은 여전히 남아 있다.

미공개문화유산 찾아내 세상에 알리기

우리나라 전역에는 아직도 다양한 이유로 자신의 이름을 찾지 못하고 어둠속에 숨겨져 있는 수많은 미공개문화유산들이 존재하고 있다. 매장문화재는 오히려 인위적 발굴이나 자연적 노출과정을 거치며 모습을 드러낼 가능성이라도 있겠지만 누군가의 무관심 속에서 잊히고 묻힌 미공개문화유산들의 경우, 지금의 상태 그대로 놓아둔다면 결국은 훼손되거나 유실되어 사라질 가능성이 아주 크다.

이런 특별한 기회에 그동안 잊히고 묻힌 우리의 미공개문화유산들을 찾아내 국민의 이름으로 세상에 널리 알리는 특별한 노력을 펼쳐 나갈 필요가 있다. '23년 말 기준 5,132만 명에 달하는 우리 국민 모두가 자신의 주위를 돌아보며 혹시 불행하게도 잊히고 묻힌 귀중한 우리의 문화유산이 없는지 샅샅이 살펴볼 필요가 있다.

이와 함께 19세기와 20세기에 걸쳐 집중적으로 전 세계 곳곳으로 유출되어 완전히 역사의 어둠속으로 사라져버린 우리의 귀중한 문화유산을 찾아내어 제 이름을 붙여주는 일을 국가적 차원에서 다시 한 번 강력하게 추진해 나갈 필요가 있다. 국외소재문화재재단의 국외소재문화유산현황('24. 1. 1 기준)에 의하면 현재 일본, 미국 등 전 세계 29개국 803개 처에 246,304점의 우리문화유산이 존재하는 것으로 파악된다.

문제는 소재가 파악된 우리문화유산의 효율적 보존과 국내환수 방안을 마련하는 것 이상으로 중요한 과제인 미공개문화유산의 소재파악 및 확인 작업이 거의 이루어지지 않고 있다는 것이다. 심지어 우리의 귀중한 문화유산이 중국이나 일본의 문화유산으로 오인되어 엉뚱한 이름표를 달고 있는 경우까지 발견되고 있는 실정이다.

우리의 문화유산이 62년 만에 국가유산이라는 적합한 이름을 새로 갖게 되었다. 이런 좋은 기회를 그냥 흘려보내서는 안 된다. 국내는 물론 국외에서도 한국의 문화유산에 대해 관심을 가질 수 있도록 "한국문화유산특별축제주간(Korea Heritage Special Festival Week)"과 같은 특별한 행사를 대대적으로 추진하여 잊혔던 우리의 문화유산들이 얼굴을 드러낼 수 있는 기회를 만들어 주어야 한다.

물론, 사전에 단단하게 준비를 하고 나서야 한다. 대한민국이 타국인의 점유 하에 있는 한국문화유산을 무단히 되찾아가려고 한다는 식의 오해를 불러일으켜서는 절대로 안 된다. 오히려 아주 특별한 경우가 아니면 소유자의 권한과 영예를 존중해 줄 것이라는 분명한 믿음을 줄 수 있도록 국가적 차원의 준비가 있어야만 한다.

과거와는 다르게 현재 우리나라의 문화외교, 공공외교 능력은 크게 신장되었고, 국가적 신뢰도 또한 상당히 높은 수준에서 유지되고 있다. 대사관, 총영사관과 함께 문화원 등 현지에서 활동하고 있는 기관들의 협조를 받아 "한국문화유산특별축제주간(Korea Heritage Special Festival Week)"과 같은 행사를 추진할 경우 의외의 성과를 거둘 수도 있을 것이다.

무형유산의 발굴 및 효율적 지원 필요

지금 우리의 문화유산 중 상당부분은 과거에 살았던 특별한 장인들의 손에 의해 만들어진 특별한 결과물들이다. 국가도 그러한 사실을 인지하고 있기에 현재 활동 중인 장인들 중에서 특별한 능력을 인정받은 분들을 선정하여 무형유산(보유자)으로 대우하며 그 특별한 작업을 계속할 수 있도록 지원하고 장려하는 것이다.

문제는 아직도 수많은 장인들이 명장의 반열에 들어섰음에도 불구하고 제도의 관문을 넘어서지 못해 제대로 된 국가의 지원을 받지 못하고 있는 것이 현실이며, 국가의 무형유산으로 선정되었음에도 불구하고 다양한 문제들로 인해 제대로 된 지원을 받지 못함은 물론 당연히 무형유산의 전승에도 실패하는 경우도 상당하다는 것이다.

62년이라는 긴 시간 사용해 오던 문화재라는 이름을 벗어버리고 국가유산이라는 새로운 이름표를 받아든 지금이 좋은 기회가 될 수 있다. 문화유산 창조 작업의 핵심주체인 무형유산(보유자) 선정과 효율적 지원방안 마련에 다시 한 번 국가적 역량을 총결집하여 우리문화유산의 미래발전을 이끌어 나갈 기반을 굳건히 다져야 할 때다.

이제 행정적인 편의를 너무 앞세우지는 말자! 소수의 전문가로 단기간에 걸친 심의를 통해 국가무형유산을 선정하는 방식의 장점도 분명히 존재하지만, 조금 번거롭더라도 다수의 전문가가 비교적 장기간에 걸쳐 심사를 진행함으로서 그 결과에 대해 모두가 아쉬움이 남지 않도록 최선을 다하는 것도 국가의 책무가 되지 않을까?.

무형유산 찾아 국민에 알리는 대축제 마련

선입견을 갖지 말고 열린 마음으로 전국 곳곳에 산재해 있는 우리의 무형유산들을 다시 한 번 찾아내기 위한 특별한 계기를 만들어 보자고 제안한다. 정부도 나서고 학계와 관련전문가들이 모두 나선다면 기대이상의 성과를 거둘 수 있을 것이라고 믿는다.

더 나아가서 무명의 무형유산 보유자들이 자신이 가지고 있는 특별한 능력을 자유롭게 펼쳐 보일 수 있는 무대를 국가가 만들어 주면 어떨까? 그리고 그 무대를 전 국민이 함께 즐길 수 있는 대축제의 장으로 만들어 준다면 어떤 결과가 나올까?

2024년을 기점으로 2027년까지 3년이라는 시간을 우리의 잊히고 묻힌 무형유산들이 세상에 나와서 빛을 발할 수 있는 기회를 만들어 주는데 투입해 주었으면 좋겠다. 새롭게 생명을 얻은 우리의 무형유산들이 한국 무형유산의 지형을 더욱 풍요롭고 미래의 발전을 보장하는 신세계로 이끌어 줄 것이라고 생각한다.

동시에, 문화유산(유형), 자연유산, 무형유산이 균형을 이루며 우리 모두에게 기쁨과 즐거움을 주는 것은 물론 새로운 문화 창조의 놀라운 능력을 선사해 줄 것이다. (2024.02.15.)

4. 스포츠 창의권 개념설계

김영삼 대통령의 문민정부가 들어서면서 문화체육부에도 정권탄생에 지분을 주장할 수 있는 유력한 인사가 차관으로 부임했다.

갑작스러운 국교단절로 장기연수중이던 대만 현지에서 생각지 않았던 어려움을 겪게 된 필자는 연수기간을 6개월이나 연장하고 나서야 예정된 과정을 마칠 수 있었다. 연장된 6개월이라는 기간은 짧지 않았고 인사철이 지난 시점이었기에 개인적으로는 위기였다. 어려운 시간이었지만 A과장이 자리를 비워두고 기다려주었다. 그의 특청이 효력을 발휘해 당시로서는 비교적 참신한 부서인 저작권과 근무가 시작되었다. 1993년의 일이다.

생소한 저작권 업무를 맡아 난생 처음으로 행정소송을 세 건이나 동시에 수행하며 너무나도 부족한 전문성을 절감하기도 하고 국제저작권기구(WIPO)에서 진행하는 각종 국제회의에 수시로 참석하며 수준이하의 외국어 실력에 얼굴을 붉히기도 했다. 지금 다시 생각해 보면 나름으로는 능력을 갖춘 행정공무원으로 제대로 입문하기 위한 탈피의 시기였다고나 할까?

어느 특별하지 않은 날 차관의 호출을 받는 특별한 일이 생겼다. 잔뜩 긴장해서 차관실로 들어섰다. 환하게 웃는 모습에 우선 마음이 놓인다. 본인도 글을 쓰는 사람이다 보니 저작권에 관심이 많다며 필자가 수행하던 저작권소송과 최근의 국제저작권 환경에 대해 질문을 한다. 당시 새로운 권리영역으로 떠오르고 있던 복사전송권을 설명하자 지대한 관심을 보인다.

당일 저녁에 차관의 초청으로 식사를 같이하게 되었다. 난생 처음으로 비싼 와인까지 곁들인 조금은 호사스러운 만찬을 하면서 낮에 미진했던 부분들에 대해 설명을 추가했다. 마음에 들었던가보다. 다음번 출장이 끝나면 그 결과는 직접 가지고 와서 대면으로 보고해 달라는 지시를 하며 자리를 끝냈다.

대면보고의 기회가 생겼다. 새롭게 관심을 받기 시작하고 있는 복사전송권의 경우, 정부차원에서 대응하면, 우리가 주도적으로 끌고 나갈 수 있겠다고 강조하자 눈빛이 달라지며 큰 관심을 보인다. 그리고 핵심적 질문에 도달했다. 언제쯤 결과를 볼 수 있을까? "최소한 3-4년의 시간은 필요하다."는 답변이 나오자, 차관의 허리가 펴지며 소파에 등을 기댄다. 자신의 업적이 될 수 없는 일에 대해 관심을 갖는 리더가 극히 드물었던 시절의 평범한 이야기다.

대체로 한국의 산업적 발전이나 과학적 또는 학문적 진전이 선진국의 기술이나 업적을 학습하여 급격히 이루어졌다는데 대해서 반대하는 의견이 많지는 않은 것 같다. 오히려 한국에서부터 새로운 원리와 법칙이 개념화되어 설계되고 실행된 사례가 극히 적다는데 대해서는 많은 사람들이 동의하고 있는 것이 사실이라고 하는 것이 옳을 것이다.

국민소득이 높아져서 선진국에 도달하는 것은 좋은 일이다. 그렇지만 인류의 사고나 행위에 대해 새로운 의미를 부여하는 원리나 법칙을 찾아내어 개념화에 성공하고 제도화하여 실행하는 일에 나서는 일은 비록 시간과 품이 많이 들어 수고스럽기는 하겠지만 진정한 선진국으로 진입할 수 있는 대단히 중요한 통로가 틀림없다고 생각한다.

왜 스포츠인의 행위, 구체적인 사례로, 축구선수 손흥민이 골을 넣는 행위는 창의적인 행위로 배타적인 권리를 생성하지 못할까? 필자가 오랫동안 머릿속에 담아놓고 있는 조금은 황당할 수도 있는 의문이다. 일예로 저작권법은 저작권을 "인간의 사상 또는 감정을 표현한 창작물을 창작한 자가 갖게 되는 권리"라고 설명하고 있다. 조금 건조하게 말하자면 저작권은 정신적인 작업과 육체적인 행동이 결합해 만들어낸 결과물에 대한 '만든 자의 배타적 권리'다.

그렇다면 손흥민 선수가 성공시킨 위대한 골에서 저작권법상 저작물을 만들어낸 자에게 부여되는 권리를 생성하는데 필요했던 3개의 요소, 즉 정신적인 작업(사상 또는 감정 등의 정리), 육체적인 행동(표현하는 작업), 그 결과물(저작물) 중에서 부족한 요소는 무엇인가?

축구해설자 앨런 시어러는 손흥민의 축구지능이 역대 프리미어리그 선수 중 최고라고 평가하고 있다. 축구경기장 안에서 그가 보여주는 뛰어난 행동의 원천이 그의 특출한 정신적 작업과 연계되어 있다는 것이다. 어느 순간에 어떤 움직임을 행해야 상대선수의 방해 행동을 피해 목적을 달성할 수 있을지 지속적으로 사고하고 판단하는 능력이 최고라는 의미다.

현재 프리미어리그를 주름잡고 있는 맨체스터 시티의 핵심 미드필더 케빈 더 브라이너는 손흥민을 다음과 같이 평가했다. "손흥민은 현재 프리미어리그에서 활약하고 있는 선수 중 가장 뛰어난 하체를 보유한 선수로 좌우 양발이 모두 완벽하고 빠르다." 한마디로 손흥민 선수의 육체적 조건과 함께 육체적 작업의 질도 최고수준이라는 뜻이다.

축구경기에서 골은 최후의 목표이며 최종 결과물이다. 축구선수의 어떤 행위가 골로 이어질 확률을 수치로 표현한 것이 기대득점(xG)이다. 즉, 각각의 슛에 0.00에서 1.00 사이의 값을 매겨 주는 것으로 어떤 슛에 0.01의 값이 매겨졌다면 100번의 슛 중 하나만 골이 될 수 있다는 의미다. 축구 통계매체인 후스코어드닷컴은 손흥민 선수를 현재 프리미어리그 선수 중 xG보다 실제 득점이 4.4골이나 많은 최고의 피니셔라고 평가했다.

어떤 축구선수가 최고의 정신적 작업을 수행하여 판단을 내리고 최고의 육체적 조건을 활용하여 최적의 행동을 한 결과, 현장에서 그 경기에 동참하고 있는 수만의 관중은 물론 매체를 통해 동시 또는 후시로 그 경기를 관람할 수십만 명 내지 수억 명(월드컵 등의 경우)의 관중들에게 말로 표현할 수 없는 정신적인 쾌감을 선사했다. 이런 창의적 작업에 대해 개인적인 권리를 인정할 수 있는 방법이 정말 없다는 말인가?

2008년 8월, 가마솥더위로 유명한 베이징, 장미란 선수가 금메달을 들어 올리는 순간, 나는 그곳에 있었으며 평생 잊지 못할 감격의 순간을 경험했다. 그리고 느낄 수 있었다. 저렇게 무거운 바벨을 순식간에 들어 올릴 수 있도록 하는 것은 단순히 근육의 강력한 힘만이 아니다. 육체의 총체적 밸런스를 극한의 수준으로 유지하는 균형감각, 그리고 주위를 둘러싼 모든 압박을 극복해 낼 수 있는 초인적 수준의 정신력이 하나가 되어 만들어낸 창조의 순간이다.

1940년에 발표된 "나그네 설움"은 이재호 작곡, 조경환 작사로, 2명의 저작권자와 함께 가수 백년설이 실연자로서의 권리를 소유하게 된다. 반면에 스포츠 종목, 일례로 축구의 경우에는 경기자체에 대한 권리는 팀의 운영주체에게 주어지고, 방송과 그 후에 남게 되는 영상물에 대한 권리는 방송을 하는 매체 등에게 주어지게 되겠지만 참가하는 선수 개인에게는 어떤 권리도 주어지지 않는다. 야구, 배구, 농구, 육상, 역도 등 등 등 모든 스포츠종목이 마찬가지다.

필자의 동료 중에 대한체육회 사무총장직을 역임했던 분이 있다. 재임시절에 경험했던 "원로체육인들의 어려운 생활환경"에 대해 이야기하면서, 그 때나 지금이나 그들을 제대로 도와주지 못하는 체육 정책에 대해 늘 안타까워하고 아쉬워한다. 비인기 종목은 물론이고 인기종목이라고 해도 은퇴 이후까지 여유로운 삶을 향유하는 경우는 많지 않다고 한다.

오히려 강한 정신력으로 어렵게 통제하고 있던 육체적 상처와 그 후유증이 나이가 들어감에 따라 겉으로 들어나 평범한 생활인으로서의 일상마저도 위협받고 있는 경우가 많다는 것이다.

스포츠인이 자신의 피와 땀으로 일구어낸 빛나고 놀라운 창의적 결과가 있다. 이를 통해 다수의 현대인들이 강한 쾌감과 함께 일상의 스트레스를 해소하고 삶의 에너지를 보충한다. 그들의 창의적인 결과에 대해 개인적인 권리를 인정해 일정한 보상체계를 설계하고 제도화하는 일은 선진국 시민으로서 우리가 당연히 감당해야할 의무라고 하면 너무 지나친 비약일까?

K-culture가 서구를 모방한 하나의 아류가 아니라 21세기의 문화적 흐름을 선도하는 진정한 창의한국의 특출한 능력의 결과라면, KOREA가 단순히 소득이 높아서 선진국이 아니라 인류의 정신적, 육체적 진전의 선두에서 분투하고 희생하는 개인들을 존중하고 배려하는 일에 앞장서고 있다는 의미에서도 선진국이라면, 그에 걸맞게 쉽게 시작하기 어려운 새로운 일, 즉 새로운 원리나 개념을 발굴하여 설계하고 제도화하는 수고로운 일에 한 번 나서보면 어떨까?

앞에서 언급한 축구경기 중 골의 xG값은 컴퓨터가 20가지 이상의 변수를 반영, 준비된 모델을 활용하여 계산해 낸다고 한다. 그 중 중요한 변수를 살펴보면 슛과 골대 간의 거리, 슛과 골대 간의 각도, 골키퍼의 위치, 슛 순간의 여유 및 압박, 슛의 전개 과정(오픈 플레이, 코너킥, 직접프리킥 등), 슛 직전 패스의 종류(롱패스, 숏패스 등) 등이 있다. 이 외에도 중요한 리그의 경기에서는 참여하는 모든 선수의 경기 기여도를 수치로 계산하여 공개하고 있다. 어떤 선수가 만들어 낸 위대한 골의 창의적 가치를 개인의 권리로 인정해 줄 수 있는 기술적, 통계적 준비는 실은 이미 상당한 수준까지 이뤄져 있는 것이다. 다른 종목들도 유사하다. (2024.04.11.)

5. 국가유산청 격에 맞는 유산정책 기대

2024년 5월17일, 문화재라는 단어가 관련법령과 관계기관의 명칭에서 사라졌다. 그리고 그 자리를 국가유산이라는 단어가 대신하게 되었다. 1962년 문화재보호법의 제정으로 62년이라는 긴 시간을 통해 우리에게 익숙해졌던 문화재라는 말 대신에 국가유산이라는 말을 사용하게 된 것이다.

1970년대 이 후 우리의 국가유산체계에 천연기념물이나 자연경관 및 광물 등 그동안은 문화의 범주에 속하지 않았던 대상들이 편입되게 되었다. 당연하게 문화재라는 용어의 사용에 한계가 드러났고 법리상으로도 맞지 않게 되어 이를 바로잡는 조치가 필요하다는 의견들이 지속적으로 제기되었다. 따라서 이번 변경이 오히려 시기적으로 조금 늦지는 않았나 하는 생각을 하는 국민들도 있을 수 있겠다.

아무튼 어떤 변화나 변경도 쉽게 받아들여지지 않는 우리의 문화적 환경에 비추어 볼 때 60년 이상 국가유산 보호와 활용의 기본법으로서 중요한 역할을 수행했던 〈문화재보호법〉을 폐지하고 〈국가유산기본법〉을 제정하게 된 것은 그 자체로만으로도 충분히 의미가 있다. 아울러 국가유산정책의 기본적 사항과 함께 국가유산의 보존ㅇ관리 및 활용에 대한 국가와 지자체의 책임을 명확하게 제시하게 된 것도 나름으로는 큰 진전을 이룬 것이라고 생각된다.

격변의 시기를 성공적으로 이끌어서 앞으로 우리나라 국가유산의 보호ㅇ관리ㅇ활용정책에 크나큰 발전이 지속적으로 이뤄지기를 바라면서 보다 선명하고 획기적인 대한민국 국가유산정책에 대한 기대와 희망을 담아 몇 가지 소소한 의문과 의견들을 제시해 보고자 한다.

국가유산기본법 제3조 용어의 정의에 관한 논의가 지속될 필요가 있다. 이 조항을 보면 "국가유산이란 인위적이거나 자연적으로 형성된 국가적ㅇ민족적 또는 세계적 유산으로서 역사적ㅇ예술적ㅇ학술적 또는 경관적 가치가 큰 문화유산ㅇ자연유산ㅇ무형유산을 말한다."라고 규정했다.

이어서 "문화유산이란 우리 역사와 전통의 산물로서 문화의 고유성, 겨레의 정체성 및 국민생활의 변화를 나타내는 유형의 문화적 유산을 말한다." 고 규정하고, 다시 "자연유산이란 동물ㅇ식물ㅇ지형ㅇ지질 등의 자연물 또는 자연환경과의 상호작용으로 조성된 문화적 유산을 말한다."고 규정하고 있다. 다음으로 "무형유산이란 여러 세대에 걸쳐 전승되어, 공동체ㅇ집단과 역사ㅇ환경의 상호작용으로 끊임없이 재창조된 무형의 문화적 유산을 말한다."고 규정했다.

첫 번째, "문화유산"과 "문화적 유산"은 어떻게 다른가? 하는 의문이다. 법령에 의해 우리나라 국가유산은 문화유산, 자연유산, 무형유산으로 분명하게 분리되었다. 그리고 문화유산은 ....유형의 문화적 유산을 말한다고 규정하고, 자연유산은 ....조성된 문화적 유산을 말한다고 규정하며, 무형유산은 .... 무형의 문화적 유산을 말한다고 규정했다. 이 규정들을 보면 문화유산과 문화적 유산은 분명한 차이가 있는 것으로 보인다. 그렇다면 과연 어떤 차이가 있을까?

상당한 연구와 분석 또는 해석을 통해서 그 차이를 구분해 낸다고 하더라도 그 차이를 분명하게 이해하는 것은 쉽지 않을 것이라고 생각된다. 법률의 공정하고 공평한 이해와 집행이 국민들에게 미치는 영향의 중요성 등을 충분히 고려하여 차라리 각각의 "문화적 유산"을 "국가유산"으로 통일하여 "....유형의 국가유산", "....조성된 국가유산", "....무형의 국가유산", 등으로 기술하면 어떨까?

두 번째 의문이다. 문화유산, 자연유산, 무형유산의 구분은 어떤 기준에 근거했는가? 하는 문제이다. 우선 살펴보면 문화유산과 자연유산을 구분하는 근거는 "문화"의 정의가 인간의 인위적인 활동 등과 연계되어 있다는 점에서 비교적 분명하다고 할 수 있다. 반면에 문화유산과 무형유산의 경우에는 조금 애매하다고 할 수 밖에 없다.

문화유산의 범주에서 무형유산은 제외되었다고 보아야 하는 것인가? 아니면 문화유산의 범주에 포함되지만 무형유산은 형체가 없다는 의미에서 문화유산으로 부르지 않고 구별해야만 하는 현실을 이해하고 그냥 넘어가야 하는 것인가? 어떻게 해석하고 이해하려고 노력해도 무언가 미진하고 어색할 뿐이다. 무형유산을 유형유산과 대비하고 이를 통합하여 문화유산이라고 하여 자연유산과 구별하는 방법을 채택할 때 어떤 문제가 발생할 수 있을지 궁금하다.

20세기 중후반부터 무형문화유산에 대한 세계 각국의 관심이 갈수록 강화되어 왔다. 그 중에서도 한o중o일 3국의 무형문화유산에 대한 관심은 특별하게 남달랐다. 경쟁적으로 무형유산 관련 법률을 제정하였고 새로운 무형유산을 발굴하여 국가유산으로 지정하고 서로가 뒤질세라 유네스코 세계문화유산 지정에 나섰다. 이런 최근의 국제적 경향을 염두에 둔다고 하더라도 법률의 제정에는 분명한 기준과 논리가 우선되어야 한다고 생각한다.

그리고 이제는 문화유산과 자연유산이 국가유산이라는 큰 우산아래 하나로 모이게 됨에 따라 그동안 가끔씩 문제가 되었던 자연유산의 보호 및 관리에 대한 관할권 문제도 자연스럽게 정리가 되었다. 힘겨루기에 대한 두려움이나 논리적 다툼의 어려움 등 현실적 한계를 미리 예단하여 부자연스러운 법률에 눈감고 있을 이유는 없을 것이다.

세 번째는 순전히 개인적 의견의 제시다. 최근에 무형유산의 보호o관리 및 활용에 관한 정책적 대응을 강화하기 위해 관련 행정체계를 전면적으로 확대o개편할 것이라는 이야기를 들었다. 대단히 중요하고 시의적절한 내용이라고 생각하며, 이와 아울러서 지금까지의 진흥 및 지원정책 등에 대해서도 전면적인 재검토가 이뤄지기를 기대하며 소소한 의견을 제시해 본다.

〈무형유산의 보전 및 진흥에 관한 법률〉 제17조 제1항은 "국가유산청장은 국가무형유산을 지정하는 경우 해당 국가무형유산의 보유자, 보유단체를 인정하여야 한다. 다만, 대통령령으로 정하는 바에 따라 해당 국가무형유산의 특성상 보유자, 보유단체를 인정하기 어려운 경우에는 그러하지 아니하다."고 규정하고 있다. 무형유산 보전ㅇ진흥 정책의 핵심인 국가무형유산 보유자, 보유단체 인정을 배제할 수 있는 중요요건을 대통령령에 포괄적으로 위임해 버린 것이다.

물론, 그렇게 규정할 수밖에 없었던 충분한 이유가 있었을 것이며, 중요요건의 하위법령 위임의 다른 사례가 없는 것도 아니다. 그럼에도 불구하고 핵심적인 사항에 대해 최소한도의 조건이나 제한 등에 대한 고려 없이 단순히" 대통령령으로 정하는 바에 따라 해당 국가무형유산의 특성상 보유자, 보유단체를 인정하기 어려운 경우에는 그러하지 아니하다."고 규정하고 있는 것은 해석하기에 따라서는 대통령령이 법률 위에 있다는 오해를 일으킬 수도 있겠다싶다.

2023년 말 기준, 총 16개 종목이 동 단서조항에 의거 국가무형유산 공동체 종목으로 지정되었다. 다시 말해서 보유자나 보유단체 등을 인정받을 수 없는 종목이 된 것인데 아리랑, 제다(製茶), 씨름, 해녀, 김치 담그기, 제염, 온돌문화, 장 담그기, 전통어로-어살, 활쏘기, 인삼재배와 약용문화, 막걸리 빚기, 떡 만들기, 갯벌어로, 한복 생활, 윷놀이 등이 이에 해당된다.

국가무형유산으로 지정이 되고 보유자나, 보유단체로 인정을 받는다고 해서 개인적으로 특별한 혜택이 부여되지는 않는다. 다만, 해당 무형유산의 전승을 위해 꼭 필요한 경우에 한해 최소한의 지원이나 혜택이 이뤄진다고 보는 것이 맞을 것이다. 그러나 수많은 어려움을 견디며 해당무형유산이 국가유산으로 지정될 수 있도록 지켜온 분들과 단체들에게는 보유자나 보유단체 인정이 물질적인 지원이나 혜택을 넘어서는 크나큰 명예와 자긍심의 근원이 될 것이다.

국가유산청 관계자들과 유산위원들이 얼마나 큰 관심과 정성을 쏟아 부어야 하나의 국가무형유산이 탄생하게 되는지 그 저간의 사정을 잘 아는 필자로서는 기존의 결정에 변화를 줄 수 있는 일에 대해 의견을 제시하는 것이 참으로 어려운 일이기는 하다. 그렇지만, 당시의 기준으로는 어떤 판단착오나 실수도 없는 최선의 결정이었지만 시간이 지나고 나서 보면 더 좋은 결정이 가능했을 수 있었던 사안들이 없다고만 말할 수 없는 것 또한 현실이다.

그렇다고 해서 관계법령의 규정에 따라 결정을 내렸던 사안을 수시로 변경하는 것 또한 국민들에게 안정적인 행정업무를 제공해야하는 책무를 지고 있는 국가기관이 함부로 취할 수 있는 자세는 아닐 것이다. 다만, 이번처럼 국가유산정책에 대한 큰 변화가 있을 때 과거에 진행했던 결정들에 대해 새로운 각도에서 세심하게 살펴보고 더 좋은 방향으로 변화를 주는 정책적 판단을 한다면 이 또한 국민을 위한 행정으로 평가받아 마땅하다 할 것이다.

필자가 일하고 있는 행정사법인 CST를 찾아오는 분들 중에도 과거의 행정결정이나 현재 진행 중인 행정사안에 대해 불만을 토로하는 분들이 적지 않다. 아직 종결되지 않은 사안에 대해서는 만족할 수 있는 방안을 찾아드리려고 최대한 노력하며 결과도 좋을 때가 많아서 보람을 느낀다. 반면에 과거의 행정결정에 변화를 주는 것은 참으로 어렵다는 것을 새삼 절감하게 된다. 새롭게 국가유산청으로 재탄생한 지금이 과거의 결정에 대해 변화를 추진할 수 있는 좋은 기회가 될 수 있다. (2024.05.30.)

6. 문화유산이 아름다운 이유-본각사 존치

"사막이 아름다운 것은 어딘가에 샘을 감추고 있기 때문이야." 프랑스 작가 생텍쥐페리가 1943년 발표한 어른을 위한 동화 '어린왕자'에 나오는 명대사 중의 하나다.

황량한 사막에 맑은 물이 퐁퐁 솟아나는 샘이 존재한다는 것은 그 자체로도 아름답고 황홀한 풍경임이 틀림없을 것이다. 하지만 그 샘이 우리와 또는 살아있는 생명체와 아무런 관계도 없이 그저 존재하기만 한다면 누가 숨어있는 샘을 찬미하고 아름다운 사막을 노래한단 말인가?

서울의 젖줄인 한강과 안양천이 만나기 바로 직전, 양천구 목동에 높이 78m의 용왕산(龍王山), 일명 엄지산(嚴知山)이 마치 사막의 오아시스처럼 봉긋이 솟아 있다. 주변지역이 모두 개발되면서 과거로부터 멀어졌고 지역을 대표하던 소금산업의 흔적도 이제는 찾아보기 어려우니 홀로 이름만 남은 용왕산을 사막속의 오아시스라고 표현하는 것이 조금 과하다 싶기는 하다.

그런데도 필자가 용왕산을 굳이 사막속의 오아시스라고 부르고 싶은 이유는 실은 다른데 있다. 지나친 도시화의 여파로 심리적 사막화가 진행되고 있는 주변지역에 사시사철 정서적 생명수, 정신의 자양분을 공급하고 있는 아름다운 샘 본각사가 숨어있기 때문이다. 금싸라기 대지에 아파트가 아닌 오래된 사찰이 버티고 있다는 사실이 벌써 기적처럼 느껴지지 않는가?

최근 수년간 이 놀라운 샘을 둘러싸고 벌어지는 일들이 심상치 않다. 지난 해 부터는 조금씩 변화의 조짐이 보여서 크게 다행이라는 생각이 들기는 하지만, 아직도 지역주민들의 사랑을 받는 용왕산 근린공원의 핵심으로서 본각사의 현실은 바람 앞의 촛불처럼 위태롭기만 하다. 서울시장의 결정에 따라서는 언제라도 샘의 수명이 끊어질 수 있는 무참한 가능성 때문이다.

사막에 숨어있는 샘이 아름다운 이유는 그곳을 찾아오는 사람들과의 아주 특별한 관계 때문이다. 끊어질 듯 이어지는, 누군지도 모를 평범한 사람들이 남기는 수많은 흔적들 때문이다. 오랫동안 쌓이고 또 쌓인 그 흔적들이 솟아오르는 샘물의 그윽한 생명력에 삶의 향기를 더해 결코 잊을 수 없는 놀랍고 참신한 분위기를, 새로운 이야기들을 창조해내기 때문이다.

문화유산이 아름다운 이유는 무엇일까? 국가유산기본법 제3조는 국가유산을 "인위적이거나 자연적으로 형성된 국가적ㅇ민족적 또는 세계적 유산으로서 역사적ㅇ예술적ㅇ학술적 또는 경관적 가치가 큰 문화유산ㅇ자연유산ㅇ무형유산을 말한다."고 규정했다. 이어서 문화유산을 "우리 역사와 전통의 산물로서 문화의 고유성, 겨레의 정체성 및 국민생활의 변화를 나타내는 유형의 문화적 유산을 말한다."고 규정한다.

자연유산과 무형유산과 대비해 볼 때 유형의 문화적 유산인 문화유산이 갖는 의미 또는 성격의 특성은 대단히 분명하다. 역사와 전통의 산물이어야 하고 문화의 고유성 및 겨레의 정체성 그리고 국민생활의 변화를 나타내는 유산이어야 한다. 다시 말해서 우리들의 삶과 연계되어 있어야 한다는 것이다. 물론 무형유산은 물론이고 자연유산이라고 하더라도 우리들과 완전히 분리되어 인식조차 될 수 없는 그 무엇이 국가의 유산이 되는 일은 결코 없다.

과문한 탓인지는 몰라도 한강수계의 어느 곳에서도 용왕산이나 엄지산이라고 불리는 산을 마주치거나 들어본 적이 없다. 마찬가지로 용왕사라는 사찰도 찾아볼 수가 없었는데, 심지어 조선실록을 통째로 검색해 봐도 전국 어디에서도 용왕사라는 명칭으로 불렸던 다른 대상을 찾아낼 수 없었다. 용을 특별한 존재로 숭상했던 선조들에게 한강수계 안양천변의 용왕산, 용왕사는 그래서 충분히 특별한 사찰이었을 것이고 남다른 의미가 있었을 것이다.

용왕산, 용왕사가 지금의 본각사로 이어질 때까지 500년 이상의 시간이 흘렀고, 그런 시간의 긴 흐름 속에서 수많은 사람들의 온갖 흔적들이 저절로 쌓이고 또 쌓이게 된다. 온갖 삶의 풍파를 묵묵히 겪어낸 수많은 사람들의 수많은 이야기들이 본각사와 용왕산을 둘러싸고 있는 것이다. 그런 이유로 저간의 깊은 사정을 모르는 오늘날의 우리들에게도 본각사가 문화유산의 향기를, 그 아름다움을 일깨워주게 되는 것이다.

유네스코는 2001년 11월 2일 파리에서 열린 유네스코 제31차 총회에서 〈유네스코 세계 문화 다양성 선언〉을 채택했다. 동 선언 제1조는 " 문화는 시간과 공간을 초월하여 다양하게 나타난다. 이러한 다양성은 인류를 구성하는 집단과 사회의 정체성의 독창성과 다원성 속에서 구현된다. 생물 다양성이 자연에 필수 불가결한 요소인 것처럼, 문화다양성은 인류에게 있어 교류, 혁신, 창조성의 근원으로 작용한다. 이러한 의미에서, 문화 다양성은 인류의 공동 유산이며, 현재와 미래세대를 위한 혜택으로서 인식되고 보장되어야 한다." 고 선언했다.

언론의 보도에 의하면 지난 5월 24일 양천구청이 '본각사' 부지에 문화복합센터를 건립하기 위해 지역주민들의 의견을 수렴하려고 마련한 '용왕산 공원 조성 주민설명회' 가 본각사 보존불자회의 강력한 반대에 부딪혀 성과를 거두지 못하고 무산되었다고 한다.

문화체육관광부는 〈전통사찰의 보존 및 지원에 관한 법률〉에 의거, 2024년 현재 전국에 982개소의 전통사찰을 지정하여 보존 및 지원 사업을 펼치고 있다. 서울시의 경우 강남구 등 16개 구청이 전통사찰을 보유하고 있으며, 양천구는 아쉽게도 전통사찰을 1곳도 보유하지 못하고 있는 9개 구청 중의 하나에 포함된다. 최근 10년간 전통사찰 지정 건수가 매년 4% 이상 증가하고 있는 현실을 볼 때 아쉬움이 남는 결과다.

500년 역사를 가진 사찰을 없애고 현대적인 문화복합센터를 건립하는 것이 과연 유네스코가 인류의 공동유산으로 규정하고 "현재와 미래세대를 위한 혜택으로서 인식되고 보장되어야 할" 것으로 선언한 〈문화 다양성〉, 이 중요한 목표를 지키려는 인류 공동의 목표에 부합하는 일인가? 아니면, 양천구와 서울시가 지역주민들과 함께 부족한 부분을 채우고 개선하여 본각사를 양천구 최초의 전통사찰로 만들어 나가는 것이 문화 다양성을 제대로 인식하고 보장하려는 노력으로 평가받을 것인가?

문화의 영역에 절대적인 기준이란 존재하기 어렵다. 필자가 이야기하는 문화 다양성의 중요성에 대해서도 다른 생각을 주장할 수 있다. 그러나 한번 훼손된 문화유산은 결단코 완전한 복원이 불가능하다. 용왕산 -> 용왕사 -> 본각사로 이어지는 문화적 기운과 전통이 우리 대에서 훼손되지 않고, 양천구와 서울시 더 나아가서 대한민국의 문화 다양성 인식과 보장의 상징으로, 미래세대를 위한 혜택으로, 귀하게 평가받게 되기를 기대해 본다. (2024.07.25.)

PART 2.
문화예술 현장 톺아보기

7. 소형 복합문화공간과 브리콜레르

　대안공간은 주로 미술 분야에서 새로운 예술이 펼쳐지는 실험적인 창작공간을 일컫는다. 대부분 권위주의와 상업주의를 거부하고 순수한 비영리를 추구한다. 한 마디로 '돈이 안되는' 문화공간이다. 다양한 대안공간들이 생겨났다 없어지기를 반복하는 건 어쩌면 숙명일 수 있다.

　이러한 어려움에도 불구하고 요즘에는 공연분야에서도 대안공간들이 속속 등장하고 있다. 복합문화공간이라고 불리기도 한다. 대개 대학로의 웬만한 소극장들보다 작은 규모이다 보니 일반 공연장에서 흔히 볼 수 있는 액자형(프로시니엄) 무대가 없는 경우가 대부분이다. 편안한 착석감을 뽐내는 공연장 전용 의자는 공연 때마다 관객 수에 맞춰 펼쳐놓았다가 접어두기를 반복하는 값싼 접이식 간이의자가 대신한다. 조명이나 음향을 고려한 공간설계는 그저 먼 나라 얘기다. 관람객이나 연주자 입장에서는 당연히 일반 정규 공연장에 비해 불편할 수밖에 없다.

　이처럼 어려운 여건에서 민간 복합문화공간들이 건재하는 건 다양한 개성을 가진 관객들이 있고, 그들의 취향을 저격하는 참신한 기획력 때문이다. 공연예술의 다양성과 새로운 가능성을 담지한다는 면에서 바람직한 현상이 아닐 수 없다.

게토얼라이브(Ghetto Alive)도 그런 공간 중 하나다. 오픈한 지 올해로 7년째. 요즘 핫한 서울 성수동 대로변의 화려한 첨단 고층건물들 사이에 비집고 들어앉은 저층 상가 건물의 지하에 똬리를 틀고 있다. 가파른 계단을 내려가 문을 열고 공간에 들어서면 '게토'라 이름 붙인 이유를 금방 이해할 수 있다. 유대인 강제거주지역이나 흑인이 사는 미국의 빈민가의 남루한 이미지가 진하게 풍겨나온다.

하지만 이곳은 창작재즈를 중심으로 창작국악, 전자음악 등 다양한 장르의 음악을 소화하며 젊은이들 사이에서 '핫플'로 떠오른 지 오래다. 좁지만 무용 공연이 열리기도 하고 기술 혹은 다양한 장르가 융합된 공연이 열리기도 한다. 장르야 어찌 되었든 적어도 이 공간을 찾는 이들에게는 정신적 엑소더스를 꿈꿀 수 있는 해방구다. 그래서 '게토얼라이브'다.

그러나 이러구러 입소문을 타고 공간의 명성이 높아지는 것과 달리 정작 공연장을 꾸려나가는 정지선 대표의 고민은 갈수록 깊어지고 있다. 사실 공공의 지원 없이는 공간을 꾸려나가기가 정말 버겁다. 일반인에게 낯선 창작음악과 융합예술을 지향하다 보니 수요는 한정되기 마련이어서 늘 재정난에 시달려야 하기 때문이다. 나름의 참신한 기획과 수준 높은 연주력을 인정받으며 다양한 정부지원사업에 선정되고 있음에도 그렇다.

인력 수급도 쉽지 않다. 혼자서 기획과 예술감독은 물론이고 홍보, 연출, 무대기술, 하우스 매니징까지 모두 도맡아야 하는 경우가 비일비재하다. 예술과 공연기술에 대한 전문적 지식을 갖춘 직원을 구하기가 너무 어려운 탓이다. 설령 초보를 데려다가 가르친다 해도 어느 정도 수준이 되면 번듯한 정규 공연장으로 떠나버리기 일쑤다. 대표의 씁쓸한 고백처럼 음악전공자로서 새로운 음악을 추구하는 남다른 열정이 없었다면 진작에 폐업을 하고도 남았을 일이다.

일찍이 구조주의 인류학자 레비 스트로스(Claude Levi Strauss)는 브리콜라주(bricolage) 라는 개념을 제시한 바 있다. 문제를 해결하기 위한 기회를 발견할 때 '있는 것을 활용해 손으로 하는 것'을 가리킨다. 사전에는 '도구를 닥치는 대로 써서 만들기'라고 나와 있다. 현재는 다양한 영역에서 한정된 자원을 창의적으로 해결하는 일종의 전략을 가리키는 말로 쓰인다.

쉽게 말해 브리콜라주는 무에서 유를 창조하는 것(making do), 또는 제약의 한계를 극복하는 것이기도 하다. 즉흥적으로 해보는 것(improvisation)이나 다른 주요 행위자를 설득하는 것(persuasion)도 포함된다.

한편으로 사람들은 기술이 발전함에 따라 전통적 노동의 가치가 사라지는 세계에 적응하기 위한 생존전략의 차원에서 브리콜라주를 주목하기도 한다. 기업가적 브리콜라주라는 말도 있다. 다른 기업이 활용하지 않는 요소를 재조합하는 과정을 통해 새로운 것을 만들어내는 양상을 가리킨다.

레비 스트로스는 이러한 브리콜라주 전략에 능한 사람을 브리콜레르(bricoleurs)로 불렀다. 열악한 공연시장 상황을 감안하면 어쩌면 이미 게토얼라이브의 대표는 탁월한 블리콜레르라고 불러야 할지도 모르겠다. 그런데 과연 게토얼라이브 같은 소규모 복합문화공간의 운영자에게 언제까지 브리콜레르가 되라고 강요할 수 있을까?

개성과 예술성을 두루 갖춘 소규모 대안공간이 내 주변에 있다는 건 분명 행복한 일이다. 소확행, 워라밸, 진지한 여가... 요즘 시대를 풍미하는 가치가 구현되는 공간이기도 할 터이다. 이제 지쳐버린 브리콜레르를 대신해서 우리 관객들이 나서야 할 때가 아닐까? 이렇게 소담스런 장소를 주변에 가지려면 말이다. 살아있는 영혼의 해방구, '게토 얼라이브' 같은 공간을 주변에서 오래도록 보고 싶다. (주: 게토 얼라이브는 경영난을 이기지 못하고 2024년 봄 문을 닫았다.) (2023.10.19.)

8. 지역문화의 '한 지붕 두 가족'

'한 지붕 세 가족'은 80년대 후반부터 90년대 초반까지 약 8년간 지상파를 통해 방영된 아침 드라마다. 한석규, 심은하, 차인표, 감우성 등 후일에 인기스타 반열에 오른 연기자들이 신인 시절에 출연했던 작품이기도 하다.

서울에 사는 이웃들이 평범한 일상을 시츄에이션 형식으로 풀어가면서 인기몰이를 했던, 요즘 말로 '국민 드라마'였다.

'한 지붕 세 가족'에서는 제목 그대로 단독주택 하나에 3개의 가정이 모여 산다. 본채 1층에는 집주인이, 본채 2층과 문간방에는 두 셋방살이 가족이 산다. 당시로서는 주변에서 흔히 볼 수 있는 익숙한 풍경이었다. 이 드라마의 인기 비결을 꼽으라면 단연 화목한 이웃이라는 설정이다. 얘긴 즉, 한 지붕 아래 전혀 다른 가정들이 모여 살며 화기애애한 분위기를 연출하는 건 사실 그리 현실적이지 않다. 그래서 아옹다옹하면서도 따뜻한 이웃 간의 정을 이끌어가는 풍경은 매번 시청자들의 호응을 이끌어 내기에 충분했다.

지역문화에도 한 지붕 세 가족까지는 아니지만 '한 지붕 두 가족'이 존재한다. 지역의 문화를 이끄는 문화원과 문화재단 얘기다. 현재 국내에는 지역문화 진흥 실행 주체로서 지방문화원과 지역문화재단 등 두 단체가 협조관계와 긴장관계를 오가며 양립하고 있다. 두 단체 모두 관련 법에 설립 근거를 두고 지역의 문화예술 증진을 위한 사업들을 운영·관리한다.

주인까지는 모르겠지만 아무래도 둘 중의 '형님'뻘은 가장 오랜 역사를 지닌 기초단위 문화조직인 지방문화원이다. 그 효시는 강화문화원. 해방 이후 혼란한 시기에 민주주의 제도 및 문해 교육 등 계몽운동을 펼쳤던 몇몇 지식인들의 주도로 만들어졌다. 1947년 설립되었으니 80년 가까운 역사를 가지고 있다. 이후 1960년대부터 설립이 본격화된 지방문화원은 한동안 각 지역에서 독보적인 문화조직의 위상을 유지했다. 현재 전국에 231개가 설치되어 있으니 기초자치단체별로 하나씩 있다고 보면 된다.

지방문화원은 지역민 중심의 자율성을 토대로 한 민간단체로 출발했다. 그동안 각 지역의 문화원들은 일제강점기와 한국전쟁을 거치면서 소실되었거나 소멸 위기에 처한 문화자원을 수집, 보전, 계승하는데 중요한 역할을 담당했다. 한국문화원연합회에 따르면 이제까지 무려 140여만 건에 달하는 향토자료를 수집했다고 한다. 척박했던 문화 공백기를 지나오는 동안 지역 문화유산 발굴에 기여한 점을 인정하지 않을 수 없다. 게다가 문화학교, 실버프로젝트, 생활친화적 문화공간 조성, 우리문화역사마을만들기, 문화자원봉사 등의 사업을 통해 지역

문화정책의 전초기지 역할도 해왔다.

그러나 90년대 후반부터 지방문화원의 위상은 급격하게 달라졌다. 경기문화재단(1997년 설립)을 필두로 지방문화원의 '동생'뻘인 지역문화재단들이 전국적으로 확산되었기 때문이다. 문화재단은 짧은 시간에 지방문화원을 넘어 지역 문화예술 진흥의 주요 주체로 성장했다.

사단법인인 문화원과 달리 재단법인 형태의 문화재단은 지자체의 출연과 보조를 통해 상대적으로 많은 재원의 확보가 가능했다. 이 때문에 문화재단은 지역의 예술가와 주민이 필요로 하는 다양한 문화사업을 전개하는 데 문화원보다 상대적으로 유리한 위치를 점했다. 게다가 지역의 오랜 토호들이 중심이 된 '낡은' 인적 조직이라는 문화원에 대한 이미지와 달리, 문화재단은 전문성을 가진 인재들로 구성되어 실행력도 보유하고 있는 '젊은' 조직이었다. 때마침 건립 붐을 이룬 문화예술회관 등 문화시설을 운영하기에도 제격이었다.

그러나 지역문화재단이 지역 문화의 중심 기관으로 빠른 속도로 성장한 보다 근본적인 이유는 지방자치단체장들의 의중과 깊은 관련이 있는 것으로 보인다. 선거를 통해 뽑힌 지자체장들은 저마다 자신들의 정치적 비전을 문화 분야에서 구현해 줄 전문기관을 필요로 했다. 하지만 사단법인 형태의 문화원 조직체계는 지자체의 직접적인 행정 지시를 수용할 수 있는 업무체계와 거리가 있었다. 게다가 지자체가 수행해야 할 문화정책을 입안하고 관련 시설을 운영할 인적, 물적 자원을 갖추고 있지 못하다고 판단되었다. 이에 자자체장은 새로운 문화예술 진흥 주체가 필요했고, 이는 지역 주민과 예술인의 요구와도 맞아떨어졌다.

문화재단이 지난 20여 년간 전국 17개 광역지자체를 비롯해 기초자치단체 120여 개 등 총 130여 개로 불어나는 동안 문화원은 대조적으로 여러 어려움에 시달려 왔다. 무엇보다 사업 수행의 필수 기본 조건인 전문인력과 재원 그리고 사업 운영 공간이 부족하다. 평균 예산은 문화재단 77억 원의 10분의 1에 불과한 문화원 7억 1천만 원 수준이며, 직원 수 역시 평균 3.8명으로 문화재단의 40명과 확연하게 차이가 난다(2021년 기준). 이쯤 되면 지방문화원이 본래의 기능을 잃고 유명무실해졌다는 내부 구성원들의 뼈아픈 자성론은 헤아리고도 남음이 있다.

하지만 최근 들어 한동안 '잘 나가던' 문화재단의 위상도 다소 흔들리는 모양새다. 일부 지역에서 폐지되거나 존폐 위기에 처한 문화재단들이 등장하기 시작했다. 한쪽에서는 관광 기능과 합병하여 '문화관광재단'으로 재출범하는 사례도 생겨나고 있다. 또한 정치권 인사 등 비전문가들이 대표 혹은 경영진으로 참여하는 지역에서는 전문성의 훼손이 불가피하다는 우려의 목소리도 높다. 무엇보다 문화재단의 위기는 독립성과 점점 멀어져가고 있다는 데서 찾아야 한다는 게 많은 연구자나 현장의 지적이다. 이는 아이러니하게도 문화재단의 탄생에 깊이 관여한 지자체장과도 밀접한 관련이 있다. 지자체장의 의중을 헤아리다 보면 독립성이 훼손되기 쉽기 때문이다.

문화재단이 독립성을 잃게 될 경우 불거질 문제점 중 하나는 지역 고유의 문화를 계승 발전하는 데 장애가 된다는 것이다. 지자체장의 의도대로 움직이다 보면 사업의 연속성을 확보하기가 어렵다. 지자체장의 마음이 바뀌거나 지자체장 자체가 선거를 통해 교체될 때마다 사업은 수정되거나 폐지되는 경우가 많다. 그러다 보면 연속성을 지녀야 할 지역의 향토 문화는 좌표를 잃고 희석되거나 심한 경우 소멸될 수도 있다. 그런데 지역문화에서 고유의 개성과 특성이 없다면 과연 지역문화라고 부를 수 있을까?

이 대목에서 '형님'뻘인 문화원을 소환하지 않을 수 없다. 문화원은 재정적으로 비교적 자유롭다. 게다가 지역에서 문화계의 어르신으로서 갖는 위상과 무게도 있다. 따라서 독립성을 유지하는 데 상대적으로 유리하다. 또한 지역 고유의 문화(향토문화)를 이제껏 발굴, 유지, 보전해 온 주체도 문화원이다. 거듭 말하거니와 문화원과 문화재단의 역할은 법적으로 별 차이가 없다. 그러기에 현장에서는 역할 분담의 모호함에서 오는 혼란이 있었던 것도 사실이다.

이제라도 문화원과 문화재단 간의 명확한 역할 분담이 이루어져야 한다. 각자가 잘 할 수 있는 영역을 찾아 이를 더욱 발전시켜야 한다. 예술가나 지역민에 대한 문화예술 지원은 동생뻘인 문화재단이, 지역 고유의 문화를 발굴, 계승, 발전시키는 주체는 형님뻘인 문화원으로 역할을 분담하는 제도적 장치를 마련하는 것도 방법이다. 드라마의 '한 지붕 세 가족'은 푸근한 인심만으로도 화목할 수 있지만, 현실의 '한 지붕 두 가족'은 법적·제도적 선긋기가 있을 때 비로소 제 기능을 발휘할 수 있다. (2023.12.07.)

9. 원로예술인이 행복한 세상

이번 정부는 세대별 정책을 내세우면서 청년에 대한 지원을 집중적으로 펼치고 있다.

반가운 일이다. 그러나 청년에 대한 집중지원이 다른 세대를 소홀히 한다는 의미는 아닐 것이다. 단지 상대적으로 소홀했던 청년층에 대한 관심을 확대한다는 의미로 받아들이는 게 합리적이다. 그런데 예술 분야에서는 청년층 못지않게 관심을 기울여야 하는 세대가 있다. 바로 원로예술인들이다.

최근에는 원로라는 용어가 노인의 높임말 정도로 사용되는 것이 일반적이다. 심지어는 '꼰대'라는 표현과 맞물려 구태의연하거나 식상한 말로 인식되기도 한다. 그러나 예전에 '원로'는 특별한 권위를 가지고 존경을 받으며 공동체를 이끌던 지도자들이었다. 사전적으로도 원로는 어떤 분야에 오래 종사하여 공로가 많고 덕망이 높은 사람을 일컫는다.

일각에서는 원로예술인을 복지의 차원으로 접근하기도 한다. 틀린 얘기는 아니다. 사실 대부분의 원로예술인은 기존 행정 제도가 요구하는 절차를 감당하기가 매우 어렵다. 특히 상당수가 디지털 기기 사용과 온라인 접근에 어려움을 겪고 있다. 원로예술인 지원 사업 도중에 건강 문제나 사망에 따른 사업 중단이 발생하기도 한다. 이에 한국예술인복지재단도 '원로예술인'을 오랜 기간 전문적인 예술활동을 한 '만 70세 이상의 자'로 규정하고 원로예술인으로 인정받을 경우 예술활동증명의 종신 유효 혜택을 주는 등 배려하고 있다.

그러나 원로예술인은 평생을 예술로서 힘들고 지친 사람들에게 힘과 용기를 주고 인간 존재의 다층적 측면을 헤아리는데 앞장서 온 분들이다. 오랫동안 축적한 경험과 지식, 기술에 연륜과 사색의 깊이가 더해져 더욱 심오한 예술이 기대되는 계층이기도 하다. 예술을 삶의 총화라고 한다면 그분들의 예술이야말로 시대의 정수(精髓)이자 고갱이가 아니겠는가!

게다가 원로예술인의 경험과 지혜는 다음 세대에 전달되어 예술의 연속성을 담보한다. 여러 번 강산이 변할 만큼의 오랜 세월 동안 뚜벅뚜벅 걸어온 그들의 예술 여정에 쌓인 작품을 경험하는 후배들은 새로운 영감을 얻는다.

예술에는 정년이 없다. 멀리 갈 거 없이 작년 국내 공연계만 돌아봐도 그렇다. 구순을 앞둔 이순재 배우는 지난해 세계 최고령 '리어왕' 기록을 세운 바 있고, 손숙 배우는 데뷔 60년 기념작으로 창작연극 '토카타'를 무대에 올렸다. 구순의 김우옥 연출가는 '겹괴기담'을 발표하며 파격적인 실험성과 나이가 무색할 만큼의 넘치는 에너지를 선보였다. 합산 나이 315세의 신구, 박근형, 박정자 배우는 연극 '고도를 기다리며'를 공연하며 두 달간 매일 무대에 섰다.

일반적으로 65세 이상의 인구가 7% 이상이면 고령화사회라고 한다. 한국의 경우 2000년에 이미 전체 인구 중 65세 이상 노인이 차지하는 비율이 7.2%로 고령화사회에 진입했다. 2026년에는 초고령사회가 될 것으로 예측된다. 예술가들의 고령화도 사정은 마찬가지다. 예술활동증명을 받은 분들을 기준으로 하면 전국적으로 60대 이상의 예술가는 약 18%인 3만여 명에 이른다. 원로예술인의 비율은 앞으로도 계속 증가할 것이 자명하다.

이에 지역문화재단의 관심도 높아지고 있다. 대표적으로 서울문화재단은 지난해부터 만 60세 이상 원로예술인의 지속가능한 창작 환경 조성을 위한 지원사업을 시작했다. 게다가 온라인 시스템 접근이 쉽지 않은 원로예술인들을 위해 안내창구를 운영하고, 정산을 대폭 간소화하기도 했다. 또한 예술인지원센터를 개소해 관련 문의를 상담 중에 있다.

고령화 시대, 원로예술인들의 나이를 뛰어넘은 다양한 예술이 발현될 수 있는 기회를 제공해야 한다. 이를 위해서는 어떤 게 필요할까?

첫째, 다양한 분야의 원로예술인을 찾아 데이터화하고 이를 체계적으로 관리해야 한다. 둘째, 원로예술가의 지역 내 활동 기반을 마련해야 한다. 지역의 경우 제작비가 많이 드는 대규모 공연물보다는 제작비도 적게 들고 내용도 알찬 소규모 공연 기회를 원로예술인들에게 제공하는 것이 필요하다. 시각예술의 경우 기획부터 홍보까지 원스톱 지원체계를 마련하는 것도 긴요하다. 셋째, 기존의 젊은 층으로 구성된 예술 강사 외에 '마스터'라고 할 수 있는 원로예술인들이 예술교육에 적극적으로 참여할 수 있는 장치가 만들어져야 한다. 특히 고학력의 노인인구 대상 예술교육의 경우 정서적인 유대감을 가질 수 있는 또래집단이 보다 효과적인 대안일 수 있다.

한 원로예술인은 인터뷰에서 "여건이 되는 한, 한 번이라도 더 무대에 서는 기회"가 소원이라고 했다. 그러나 그분의 소원을 복지적 차원에서 들어드리는 게 아니라, 인생의 총화를 보여주십사 정중하게 청하는 사회가 되어야 하지 않을까? 원로예술인들에 대한 사회적 예우야말로 문화강국으로 가는 초석이다. (2024.02.08.)

10. 갤러리카페를 '제3의 공간'으로

요즘 카페 창업이 늘어나면서 미술 작품과 커피 판매를 겸하는 '갤러리카페'도 많아지고 있다.

비단 그림 전시뿐 아니라 미니콘서트 등 다양한 예술을 즐길 수 있다 보니 MZ세대를 중심으로 인기다. 갤러리카페는 갤러리와 카페를 공간적으로 명확하게 분리하기도 하고, 카페 곳곳에 작품을 전시해 인테리어 효과까지 겸하는 경우도 있다.

분리형은 스타벅스 과천DT 매장을 생각하면 되고, 융합형은 탐앤탐스 프랜차이즈에서 운영하는 갤러리탐이 해당된다. 어느 경우든 미술 플랫폼의 확장이자 이른바 대안공간으로서 대중과 예술 사이의 간격을 좁히려는 시도로 주목된다.

물론 갤러리카페는 최근 등장한 유행은 아니다. 1720년 이탈리아 베네치아의 카페 플로리안으로부터 시작된 유럽의 카페는 카사노바, 피카소, 모네, 존 러스킨 등의 아지트로서 예술의 산실이었다. 샤르트르, 카뮈 등 당대 지성인이 만나는 장소였음은 물론이다. 특히 프랑스에서는 갤러리를 겸한 카페가 예술가들에게 전시 기회를 주면서 자연스럽게 그들의 모임 장소로 각광받았다. 손탁의 정동구락부를 효시로 하는 국내의 카페도 마찬가지다.

하지만 최근에 생겨나고 있는 갤러리카페는 치열한 경쟁에서 살아남기 위한 차별화 전략으로 보는 게 더 적절해 보인다. SNS의 활성화에 따른 이른바 아트슈머(Art+Consumer)의 등장도 갤러리카페의 유행에 한몫을 하고 있다. 문화적 경험을 중시하는 이들에게 커피도 마시고 그림도 감상하면서 SNS 인증샷을 남길 수 있는 갤러리카페는 '취향 저격'의 장소임이 분명하다.

물론 카페의 갤러리화가 카페 업주들의 마케팅 전략만은 아니다. 갤러리 입장에서도 갤러리카페는 수집가 저변을 확대하기 위한 방안이다. 대다수 사람들은 아직도 갤러리를 일부 컬렉터들만의 다소 경직된 공간으로 여긴다. 하지만 갤러리카페는 카페라는 소프트한 공간과 만나 편안한 분위기를 연출하기 때문에 예술에 대한 특별한 기호가 없는 사람들도 보다 쉽게 접근할 수 있다.

미술 애호가의 입장에서도 시간 구애 없이 자유롭게 작품을 감상할 수 있어 부담이 덜하다. 장시간 서 있을 필요도 없으니 일반 미술관이나 갤러리보다 피로도 훨씬 적다. 갤러리카페는 이 밖에도 소비자나 예술가 모두에게 장점이 많은데 대표적인 몇 가지만 살펴보자.

갤러리카페의 장점은 작품 가격이 상대적으로 저렴하다는 점이다..

심지어 수수료를 완전히 포기하기도 한다. 갤러리카페가 수수료율을 낮게 책정할 수 있는 이유는 물론 미술품 판매에만 의존하는 것이 아니라 커피 등속의 판매 수익이 있기 때문이다. 또 갤러리카페는 미술품을 판매하는 동시에 공연, 강연 등 다채로운 문화예술 행사가 열리는 복합문화공간이다. 이러한 유연함은 종종 공동체 모임 공간이자 지역사회 구성원 간 상호작용을 늘리는 데 기여한다. 다음으로 갤러리카페는 지역성(지역적 특성)을 반영한다. 지역을 소재로 한 전시를 기획하는가 하면 지역의 신진 작가들을 비롯한 다양한 층위 예술가들의 전시 경력에 도움이 되기 때문이다. 미술문화의 확산에 기여할 수 있는 이러한 갤러리카페가 더욱 많아지고 활성화되면 좋겠다는 바램이다.

하지만 유감스럽게도 갤러리카페에 대해 회의적인 시각도 만만치 않다. 우선 다른 전문 전시공간과 비교해 볼 때 작품이 수준 이하라는 선입견이 있다. 카페라는 상업공간에서 전시를 하다 보니 대중성을 우선적으로 고려할 수밖에 없는 데다가 전문공간이 아니기 때문에 정규 갤러리의 게이트 키핑(gate keeping) 기능이 제대로 이루어지기 어렵다는 게 그 이유다.

작가들 역시 전시 경력을 인정받기 어려워 갤러리카페에 자신의 작품을 전시하는 걸 주저한다. 한편 예술에 기호가 별로 없는 일반 방문객의 입장에서는 고급스러운 이미지로 인해 자칫 부담스러울 수 있다. 실제로 지나다 들렸다가 그림이 걸려 있는 걸 보고 주저하다가 발길을 돌리는 경우를 종종 보게 된다. 그러니까 갤러리카페는 자칫 예술 공간도 일상 공간도 아닌 모호한 공간이 되기 쉽다.

스타벅스의 창립자 슐츠는 카페를 '제3의 공간'이라고 규정하고 자신의 성공 원인도 이를 추구했기 때문이라고 자랑한다. 원래 제3의 공간은 미국의 사회학자 올덴버그가 제시한 개념이다. 물론 우리의 김수근 건축가를 원조로 보기도 한다. 어찌되었든 집이 제1의 공간, 직장이 제2의 공간이라면 '제3의 공간'은 집과 같이 편안함을 느끼며 비공식적 공공생활을 할 수 있는 공간이다. 다시 말해 공동체를 형성하고 소통을 촉진할 수 있는 목적 없는 사교의 장소이자 자아실현의 공간인 것이다. 대표적인 제3의 공간으로는 카페, 서점, 동네 펍, 미용실 등이 있다.

올덴버그에 따르면 '제3의 공간'은 접근성, 상호작용성, 유희성 그리고 다양성을 특징으로 한다. 그러고 보니 슐츠의 자랑이 일리가 있어 보인다. 시나브로 여느 동네나 하나쯤 있게 된 스타벅스는 시간적으로나 위치상 방문하기 편리하고, 여유와 사색을 즐기며 비언어적·자기 커뮤니케이션과 이용자 간의 대화를 통한 상호작용이 일어난다. 또 좀 과장해서 말하면 공부를 비롯해 다양한 행위를 위해 마련된 마법과 같은 공간의 느낌을 준다.

갤러리카페가 이러한 제3의 공간이 될 수 있을까? 갤러리카페에 갈 때마다 떠올리게 되는 단상을 몇 가지 적어 보면 이렇다. 우선 전시공간이라는 심리적 장벽을 더 낮출 필요가 있다. 그러기 위해서는 재미있는 놀이의 공간이 되어야 하고, 미술과 친하지 않은 사람도 편하게 앉아 있을 수 있는 분위기를 연출해야 한다.

　일반 이용객과 작가와의 접점을 만들어 상호작용성을 높이는 것도 방법이다. 지역작가의 참여를 적극적으로 유도하는 한편, 지역적 특성을 반영한 프로그램의 기획도 중요하다. 요컨대 작가와 일반방문객 간 니즈의 차이를 극복하고 대중성과 예술성을 동시에 확보하는 것이 갤러리카페의 성패를 가르는 관건으로 보인다. 갤러리카페가 문화공간의 입지를 다져서 미술 저변의 확대에 기여할 수 있기를 기대해 본다. (2024.04.04.)

11. 예술 스콧과 예술 공간의 경영학

　필자는 유년 시절을 경기도 외곽의 작은 읍내에서 보냈다.

　2차선 신작로를 따라 민가와 상점, 학교와 시장이 성기게 들어서 있었다. 지금이야 대규모 아파트 단지가 빼곡하게 들어서는 바람에 어디가 어딘지 가늠조차 하기 어렵지만, 그 시절에는 주변에 야트막한 동산과 멱을 감는 개울가가 있고 그 사이사이 비어 있는 공간이 심심치 않게 있었던 걸로 기억한다.

　즐길거리가 마땅히 없던 우리 또래들은 그곳에 '몰래' 숨어 들어가는 놀이를 즐기곤 했다. 나중에 생각해 보니 방치된 공간으로 누구나 들어갈 수 있었기에 '몰래'랄 것도 없긴 했지만. 잠입한 공간에서 딱히 뭘 했다고 얘기하긴 어렵다. 그저 몰래 스며드는 그 자체가 스릴과 희열을 가져다주었고, 폐쇄된 공간에는 호기심이 버무려진 아늑하고 따스한 공기가 퍼졌다.

　빈 공간을 무단으로 점유하는 행위 혹은 그 장소를 '스콧(squatting)'이라 부른다는 걸 아주 나중에 알게 되었다. 물론 어른들의 스쾃은 어린아이들의 놀이보다는 점거 시간이 매우 길고 놀이처럼 가벼운 행위가 아니지만.

17세기 인클로저 운동이 한창이던 유럽에서 시작된 것으로 알려진 스쾃은 19세기 초반 본격화되었다. 산업혁명으로 인해 양산된 일자리를 찾아 도시로 몰려든 노동자들은 비바람과 추위를 막아 줄 주거공간이 부족했다. 그들은 생존을 위해 산업자본가와 귀족이 소유한 빈 건물에 스며들었다.

80년대 일기 시작한 산업구조의 재편으로 인해 도심의 공장이나 대규모 창고 등속이 외곽으로 이전했다. 그 결과 유럽의 도심 곳곳에는 많은 빈 공간들이 생겨났다. 이때 프랑스를 중심으로 한 유럽의 예술가들이 방치된 공간을 점거하면서 '스쾃'은 하나의 예술운동으로 자리잡게 되었다.

대표적으로 파리의 '아르 크로쉬(Art Cloche)'는 2차 세계대전 때 폭탄 창고였다가 방치된 공간이었다. 유럽과 미국 등 20여 개 나라 출신의 예술가 60여 명은 부랑아들과 함께 이곳을 점거하고 예술을 엘리트들의 전유물에서 벗어나게 하자는 기치를 내걸었다. 이들은 이어서 시트로엥 사의 폐쇄된 정비소에 '가짜 미술관 아르 크로쉬'을 만들고 젊고 가난한 예술가들의 플랫폼을 자처했다.

'아르 크로쉬'의 예술가들은 스스로를 '유랑민(노마드)'으로 부르며 이곳들 말고도 여러 공간을 점거했는데, 90년대 초반이 되자 이를 모델 삼아 파리를 중심으로 수많은 '예술스쾃'이 유행처럼 번져나갔다.

예술스쾃 중 빼놓을 수 없는 곳이 '로베르네 집(Chez Robert)'이다. '유쾌한 무법자들의 아틀리에'라는 부제의 책으로 국내에도 소개된 바 있는 이곳은 원래 고급 백화점이 즐비한 거리에 위치한 프랑스 은행 '크레디 리오네' 소유의 건물이었다. 1999년 겨울, 오랫 동안 아무도 찾지 않던 이곳에 가스파르, 브뤼노, 칼렉스라는 세 명의 예술가가 스며들어 무단으로 작업실을 만들었다. 곧이어 세계 각국에서 온 30여 명의 예술가들이 동참해 자율적 관리에 나섰다.

이후 '로베르네 집'은 갤러리이면서 콘서트장이자 퍼포먼스 등 각종 이벤트가 열리는 예술창작소로서 국제적 명성을 얻게 되었다. 현재는 파리시가 공공시설로 인정하고 공식적으로 지원하고 있고, 예술가들은 매일 오후 자신의 작업실을 개방하여 일반인들과 소통하는 장소가 되었다.

스쾃 중에서 '라 제네랄(La Generale)'은 우리에게도 매우 친숙하다. 2015년에는 대전시와 민간 레지던시 국제교류를 위한 업무협약을 체결하는가 하면 2010년엔 막걸리 컨퍼런스를 개최하기도 했다. 시인 이상을 기리는 '파리로 간 이상'을 기획한 곳도 '라 제네랄'이었다. 이처럼 국제교류의 장에서도 활발하게 활동하는 걸 보면 연유야 어찌 되었든 스쾃의 불법성은 많은 부분 희석된 듯하다.

몇 해 전부터 국내에서도 스쾃이 곳곳에 스며들고 있다. 가령 충남 공주시에서는 '올드타운 스쾃'이라고 해서 방치된 숙박시설과 공장(궁월장여관과 직조공장)을 배경으로 북 토크, 영화 상영, 모노드라마 등 다양한 예술행사를 펼친다. 도시의 버려진 공간에서 영화를 보고 책을 읽으며 음악을 듣는 행위는 분명 스릴 있고 색다른 경험이다.

스쾃을 바라보면서 주변의 문화공간 운영자들을 떠올리게 된다. 그들 중에는 나름의 뜻을 가지고 전시공간이나 공연장을 운영하다가 문을 닫거나 어려움에 처한 사람들이 여럿 있다. 주로 자금난 때문인데, 형편에 맞는 개런티로 예술가를 섭외하기 어렵다는 것도 한몫을 하고 있다. 그러니까 공간 운영자의 입장에서 볼 때 예술가는 예술 행위를 펼칠 공간이 없는 게 아니고 기대하는 수준의 출연료를 지급할 공간이 없는 거다.

스쾃이 예술가의 기질이 발휘되는 공간점유행위라면 충분히 납득이 된다. 하지만 예술가들이 예술 활동을 할 공간이 없어서 버려진 공간을 점유한다는 건 다소 설득력이 부족해 보인다. 8·90년대도 아닌 오늘날엔 더욱 그렇다. 결국 수요와 공급이 잘 들어맞지 않는 예술공간 시장을 어떻게 해결할 수 있을지가 관건이다.

점유 행위를 통해 경제적 가치를 어떻게 창출할 것인지도 해결해야 할 과제이다. 경제적 측면에서만 보면 예술스쾃은 요즘 유행하는 관객 몇 명 놓고 공연하는 이머시브 씨어터와 크게 다를 바 없다. 편리한 기존 공간을 두고 불편을 감수하면서, 입장료까지 지불하고 스쾃을 찾는 관객이 얼마나 될지 의문이 아닐 수 없다. (2024.05.23.)

12. 문화예술 공공 지원의 명암

정부를 비롯한 공공의 문화예술에 대한 지원의 명분은 이루 헤아리기 어려울 정도로 많다.

일찍이 1960년대 보몰과 보웬이 이른바 비용질병(cost disease)론으로 이론적 토대를 마련한 이래 래리 드보어를 비롯해 많은 학자들에 의해 문화예술에 대한 공공 지원의 근거는 지속적으로 보완되어 왔다. 기실 문화예술에 대한 공공의 지원은 서양의 경우 그리스·로마 시대로 거슬러 올라가니 새삼스러운 일은 아니다.

그동안 대한민국은 문화예술 공공 지원이 지속적으로 증가해 온 몇 안 되는 국가로서의 위상을 누려왔다. 물론 만족스러운 수준은 아니었지만 말이다. 그런 점에서 수십 년 만에 문화예술 정부 지원이 감소된 올해는 기록적인 해다. 하지만 국제적인 상황을 보면 그리 이상한 일도 아니다.

'팔길이 원칙'으로 유명한 영국은 마가렛 대처가 집권한 때부터 정부의 지원을 축소하기 시작했고, 우리가 예술지원의 교과서로 종종 인용하는 프랑스도 그 뒤를 따랐다. 오페라의 본고장 이태리는 공공 공연장에 대한 지원이 감소하면서 오페라 가수의 출연료가 체불되기도 한다는 소식이 들려온 지도 한참 전이다. 사정이 좀 낫다고 알려진 독일은 물론 동유럽 등 나머지 유럽 국가들의 사정도 크게 다르지 않은 것으로 알려졌다.

미국은 1960년대 국립예술기금(NEA)을 시작으로 민간에 의존하던 문화예술 후원을 정부 차원으로까지 확대하기도 했다. 하지만 예술의 정치화(politicization) 논란 등이 일면서 정부 지원 확대 기조는 이내 꺾여버렸다. 이후 미국에서 정부 차원의 지원이 증가했다는 증거를 찾기는 쉽지 않다.

이런 상황에서 문화예술에 대한 정부를 비롯한 공공 차원의 지원을 지속적으로 확대해온 우리는 그나마 다행이 아닐 수 없다. 최근 들어서는 촘촘한 복지에 대한 관심이 사회적 관심이 커지면서 예술인에 대한 복지 차원의 지원도 강화해야 한다는 공감대가 형성되고 있기도 하다. 물론 바람직한 현상이다. 그런데 빛이 밝으면 어둠이 짙어지기 마련. 정부의 지원이 확대되자 한 편에서는 부작용도 나타나고 있다.

예술경영학자 번스(William Byrnes)는 '정부실패(Government Failure)'를 주장한 바 있다. 그에 따르면 정부가 예술을 지원하면 평범한 예술을 양산하기 쉽다. 이는 문화예술에만 해당되지는 않겠지만 '보상의 숨은 비용 효과(Hidden cost of rewards)'로 설명된다.

무엇인가를 하려는 욕구가 강한 사람에게 그 일을 하도록 보상금을 지불하면 오히려 처음의 욕구가 감소할 수 있다는 거다. 다시 말해 정부의 지원금은 창의성을 높이기는커녕, 오히려 약화시키는 부작용을 유발할 수 있다. 게다가 정부의 지원금은 소수의 의사결정권자들에 의해 향방이 결정되는 집중화 경향을 보인다. 그러다 보면 지원의 혜택이 소수의 사람들에게만 돌아가는 불합리한 상황이 발생하고, 이는 소수에 의한 문화권력 독점으로 이어진다.

번스가 지적한 부작용 중에서 간과할 수 없는 또 하나의 문제는 민간과 기업 영역의 사회 공헌 축소 가능성, 나아가 민간 부문이 약화되거나 기반을 아예 상실할 수 있다는 것이다. 이미 현장에서는 이러한 우려들이 현실화 되고 있다. 민간 문화예술 활성화를 위한 지원이 오히려 민간의 경쟁력과 자생력을 약화시키는 건 참으로 아이러니가 아닐 수 없다.

필자의 제자 A씨는 석사를 졸업하자마자 지역 문화예술을 살려보겠다는 나름의 사명감으로 자신의 고향인 작은 시에 내려갔다. 그곳 역시 다른 중소도시나 농어촌 지역과 마찬가지로 문화예술이 활성화되어 있다고 말하기 어려운 지역이다. 민간이 운영하는 문화공간이 하나도 없고, 민간에 의한 문화 프로그램도 거의 찾기 어려웠다. 지역의 문화기획자가 적은 터에 얼마나 가상하냐며 필자도 '세상 물정 모르는' 박수를 보냈다.

A씨는 작은 규모의 복합문화공간부터 만들기로 했다. 지역에 도움

이 될만한 문화예술 프로그램을 운영할 요량이었다. 소액이라도 입장료와 관람료를 받으면 초반 적자는 면키 어렵더라도 어느 정도는 끌어갈 수 있다고 생각했다. 그러나 시작부터 난관에 부딪혔다.

지자체나 지역의 문화재단과 가격 경쟁이 아예 되지 않았다. 웬만한 프로그램을 저렴한 가격은 고사하고 대부분 무료로 운영하고 있었다. 주민들도 재단이 주최하는 공연과 전시의 무료 입장을 당연시 했다. 시민의 세금으로 운영하는데 유료는 어불성설이라는 인식은 문화예술 자체를 공짜를 당연히 여기는 풍토로 이어졌다. 알고 보니 재단에서 운영하는 문화공간들도 모두 원래는 민간에서 운영했으나, 수지가 안 맞아 폐업한 것을 재단에서 인수해 운영하고 있었다.

A씨가 선택할 수 있는 방법은 재단의 프로그램을 훨씬 뛰어넘는 양질의 프로그램을 기획하는 거다. 그러나 이 역시 현실과 맞지 않았다. 양질의 프로그램을 하려면 그만큼 비용이 더 드는데 이를 충당할 길이 없었다. 게다가 예술가들을 섭외하기도 쉽지 않았다. 출연료를 더 비싸게 받고자 했기 때문이다. 공공에서 운영하는 프로그램에 참여하면 공신력이라도 얻을 수 있지만 민간은 그런 간접적인 이익도 없을 뿐더러 영리를 취한다는 게 대략 그 이유였다.

구축효과(Crowding-out effect)라는 말이 있다. 내수 진작을 위한 정부지출 확대로 인해 민간투자가 위축되는 부작용을 가리킨다. 짐작은 하고 있었지만 막상 체감하게 되는 지역 문화예술 현장의 구축효과는 훨씬 심각했다.

A씨는 요즘 심각한 고민에 빠졌다. A씨가 할 수 있는 건 하릴없이 문화재단의 사업에 이러구러 지원해서 선정된 프로그램만 진행하는 것이다. 그런데 임대료와 전기세 그리고 본인의 생활비는 어떻게 충당할지는 여전히 고민이 아닐 수 없다. 그렇다면 다시 수도권으로 올라가 일자리를 찾아봐야 한다. 또 하나 있다! 그동안의 경험을 살려 지역 문화재단의 직원이 되는 것! 정부 혹은 공공의 지원은 민간의 자생력을 살리는 방향으로 이루어져야 한다는 A씨의 주장을 들으며 세상 물정 모르고 박수 쳤던 손이 부끄러워졌다. (2024.07.18.)

13. 의정부역 이음의 '제3의 장소' 만들기

 1980년대에 미국의 사회학자 레이 올덴버그(Ray Oldenburg)는 '제3의 장소'라는 개념을 제안한 바 있다. 편안하게 휴식할 수 있는 집을 제1의 장소라 하고, 생계를 유지하는 직장을 제2의 장소라 한다면 이도저도 아닌 그밖의 장소라는 의미이다.

 사람들은 경쟁적이고 스트레스를 유발하는 직장에서 벗어나고 싶어한다. 그렇다고 집의 편안함이 소비주의에 지배당한 현대인의 모든 걸 해결해주지 않는다. 오히려 대부분의 사람들은 예측가능하고 그래서 새로움이 없는 집을 잠시라도 떠나고 싶은 욕망을 버릴 수 없다. 다양성과 예측불가능성 속에서 가벼운 유대감과 자유를 느끼고 싶어 한다. 그리하여 때를 막론하고 편안한 마음으로 들려서 다양한 사람들과 소소한 대화를 주고받을 수 있는 장소를 찾아다닌다. 제3의 장소는 이처럼 이른바 비공식적 공적 생활(informal public life)을 즐길 수 있는 곳이다.

 올덴버그는 산업화 이후 미국에서 제3의 장소가 급격하게 사라지고 있다고 진단했다. 집과 직장을 오가는 다람쥐 쳇바퀴 같은 생활은 사람들로부터 '집 밖의 집'에서 누릴 수 있는 평범한 즐거움을 빼앗았다. 주지하다시피 사회적 고립과 초연결사회의 고독은 미국뿐 아니라 우리 사회에서도 현재진행형이다. 도시 지역은 상업성과 기능성에 경도되고 자극적 오락, 경쟁과 과시문화가 넘쳐나는 공간에 의해 지배당한 지 오래다. 농어촌 지역도 급격한 공동체문화의 실종을 경험하고 있다.

사실 올덴버그가 말하는 제3의 장소는 그리 특별한 장소는 아니다. 동네 카페나 서점, 선술집, 미용실 등 사람들이 삼삼오오 모일 수 있는 주변의 평범한 공간들이다. 하지만 이런 공간들은 점차 인스타그래머블한 공간으로서 플렉스(flex)를 추구하거나 경직된 분위기로 변질되어 버렸다. 오늘날 지자체 곳곳에서 15분 도시를 추구하는 이유 중 하나도 이러한 공동체 해체와 소외를 극복하기 위한 것으로 보인다.

그러니까 공공이 만드는 시설이 추구하는 목표 중 하나는 지역민의 '제3의 장소'가 되도록 하는 데 있다고 해도 과언이 아니다. 문화도시에서 집중 육성하는 문화 앵커나 문화적 도시재생 사업지 역시 제 기능을 발휘하려면 많은 주변 사람들이 편하게 들락거릴 수 있는 제3의 장소가 되어야 한다.

그런데 안타깝게도 공공에서 운영하는 공간 중 제3의 공간이라고 부를 만한 사례를 찾기는 쉽지 않다. 카페, 독립서점, 휘귀 프랜차이즈 등의 알려진 사례들은 대부분 민간이 운영하는 곳들이다.

그 이유는 무엇일까? 공공 특유의 딱딱한 분위기, 쉽게 접근할 수 없는 일종의 경외감(?), 지역 주민의 니즈를 반영하지 않는 공급자적 시각 등 여러 가지가 있겠다. 하지만 가장 중요한 이유는 무의지가 아닐까 한다. 수익에 대한 부담이 없으니 사람들이 얼마나 오든 별로 개의치 않는다. 그러다 보니 지역민들이 집과 직장이 아닌 제3의 공간을 왜 찾으려 하는지 그 원인을 알아보려는 시도조차 하지 않는다.

그런데 최근 생겨난 공공 공간 중에서 제3의 장소화를 적극적으로 시도하고 있는 곳이 있어 눈에 띈다. 의정부문화도시센터가 운영하는 '이음'이 바로 그곳이다. 의정부역사 3층에 마련된 이 공간은 공공으로서는 드물게 제3의 공간을 표방하며 오가는 승객들과 시민들이 편안하게 오갈 수 있도록 배려하는 다채로운 프로그램을 진행하고 있다.

커피와 차를 마시면서 지하철 여행의 피로를 잠시 날려버리는 휴식 공간이기도 하고, 책을 읽으며 시간을 보내거나 친구와 담소를 나누는 장소가 되기도 한다. 미술전시가 열리기도 하고, 예술품이 판매되기도 하며, 간편한 음악회가 개최되기도 한다. 실제 이음은 이 모든 기능을 감당하도록 설계되고 운영될 예정이다. 이음의 정체성은 사실 모호하다. 굳이 정체성을 꼽자면 누구나 찾을 수 있는 편안함인데 그게 이 시대에는 소중해 보인다.

하지만 여전히 풀어야 할 숙제가 있다. 찾는 사람들이 지속적으로 많아져야 한다. 그러려면 어떻게 해야 할까? 올덴버그는 제3의 공간의 특성으로 접근성, 편의성, 상호작용성, 유희성, 다양성 등을 들었다. 그런가 하면 에드워드 소자(Edward Soja)는 상호작용성, 개방성, 다양성을, 크리스티안 미쿤다(Christian Mikunda)는 편의성, 평등성, 상호작용성, 유희성을 꼽았다. 스타벅스의 하워드 슐츠(Howard Schultz)는 평등성, 비일상성, 다양성, 상호작용성을 제시하기도 했다.

또 있다. 이들보다 할 걸음 앞서 제3의 공간이 필요함을 역설했던 우리의 건축가 김수근은 비생산성, 창조성, 가변성, 유희성, 복합성 등을 특징으로 들었다. 이들의 생각을 종합해 보면 제3의 공간은 '누구나 편리하게 접근가능'해야 하고, '비일상적이고 재미있는 놀거리'가 있고, '다양한 사람들이 제한 없는 주제를 놓고 격의 없는 상호작용'을 할 수 있을 때 비로소 만들어진다.

우선 이음은 최적의 교통접근성을 가지고 있는 장소다. 지하철에서 내려서 한 층만 에스컬레이터를 타고 올라가면 되니 누구나 편리하게 접근가능하다. 그러면 이제 남은 건 심리적 접근성이다. 우선 에스컬레이터 입구에 안내데스크를 두고 편안하고 따뜻한 환대를 해 보면 어떨까? 지역민들이 돌아가면서 안내를 맡아준다면 금상첨화다.

둘째, 비일상적이고 재미있는 다양한 놀거리를 위해서는 다양한 이벤트가 수시로 지속적으로 열리면 좋겠다. 시민들이 아이디어를 내면 더 바람직할 것이다. 미술전시도 세대와 지역을 아우르는 다양한 작가들의 작품이 1주 정도의 간격으로 지속적으로 교체 전시된다면 보다 많은 시민들이 방문할 수 있을 것이다. 음악회도 마찬가지이다. 대중/순수예술, 하위/주류문화를 가리지 않는 포용성은 기본이다.

마지막으로 다양한 사람들이 격의 없는 상호작용을 할 수 있는 개방적인 분위기 조성이 필요하다. 매일 주제를 바꿔가며 시민 대상의 오픈 토론회를 상시 개최하는 것도 방법이다. 정식 토론회말고 느슨한 연대 모임 같은 거 말이다.

시작이 반이라고 이음은 제3의 장소를 표방한 그 자체로 이미 제3의 장소에 절반 이상 이르렀다. 이제 남은 건 보다 많은 시민이 편안한 마음으로 와서 이음을 즐기게 하는 디테일이다. 의정부문화도시센터의 도전을 응원하며, 공공에서 운영하는 많은 공간이 '제3의 장소'가 될 수 있기를 기대한다. (2024.09.04.)

PART 3.
현대사회와 문화 해법

14. 문해력 버그

오늘 아침도 신문을 읽으며 '애드버토리얼 섹션,' 이 단어는 무슨 말이지? 하며 사전을 찾아보았다. 아예 대놓고 영어로 특집호의 명칭을 붙였다. 그 명칭 밑에 작은 활자로 advertorial section이라고 무슨 의도의 섹션인지를 알 수 있게 하기는 했다. 그 말은 신문이나 잡지 속에 기사 형태의 광고를 말하는 것이란다. 내 머릿속이 '버그 bug'가 났나 보다. 신문도 제대로 읽어내지를 못하다니….

우리가 흔히 쓰는 '버그'라는 말은 대개는 소프트웨어가 예상한 동작을 하지 않고 잘못된 결과를 내거나, 오류가 발생하거나, 작동이 실패하는 등의 문제를 말한다. 그러니까 내 머리, 내 소프트웨어에 문제가 생겼다는 말이다. 그렇다면 내 소프트웨어인 이 머릿속의 회로들을 어떻게 관리할 것인가? 기계, 디지털보다도 한층 더 복잡한 내 머리, 이 아날로그를 도저히 어떻게 해볼 도리가 없다. 기계에는 없는 아날로그로만 느낄 수 있는 '감정, 느낌, 감성, 지혜…'. 이러한 것들은 디지털이 대세인 세상에서 어찌해야 하나?

모든 문화의 기초인 '문해력'이라는 말이 근래에 들어 새롭게 대두되고 있다. 뜻으로 말하면 모르는 말은 아니나 별로 쓰지 않던 말이 튀어나와 좀 당황스러웠다. 1990년 말, 대학 입학시험에서 '논술시험'을 보겠다고 하니 학원가에서 난리가 났었다. '논술이라니? 논술이라는 게 뭐지?'라고들 당황해하고 있는 찰나에 초등학교 저학년 아이들도 논술학원이라고 이름이 붙은 학원에 보내는 것이 유행이 되어버렸다.

'책 읽기'라는 말도 어려운 어린아이들에게 '독서 지도'라는 타이틀을 붙였었는데, 그 독서지도학원들이 논술학원들로 바뀌어 버린 것이다. 그런데 이젠 문해력이라니? 왜들 이러나 싶어서 '문해력'이라고 인터넷에 들어가 찾아보니 이런저런 설명들과 더불어 초등학교 문해력 책들까지 여러 종류가 뜨는 것이었다. 이제 논술에서 문해력으로 세상 흐름이 바뀐 모양이다. 하기야 나까지도 신문하나 제대로 읽기가 어려운 세상이니 문해력 문제를 들고나올 수밖에 없지 않을까.

문해력의 첫째는 글을 잘 읽는 것이다. 글을 제대로 읽을 수 있기 위해서는 공을 들여야 한다. '우리 아이는 책은 많이 읽었는데….' 라고들 말한다. 그러나 읽었다고 착각하는 것일 뿐 실제로는 글자들이 머릿속을 통과해서 지나갔을 뿐일 수도 있다. 독서 교육이 크게 유행하던 시절, 한 학기에 100권 읽기 등의 프로그램을 진행하는 초등학교들도 있었다. 학생들 모두가 그렇다는 것은 아니지만 내용이 무엇인지, 그 글을 읽고 무슨 생각을 했는지 전혀 느낌도 없이 읽은 책의 권수 채우기에 급급했던 아이들도 많았다. 심지어는 100권 읽었다고 상을 주기도 했다. 그러면서 읽은 책에 대해서 '아이에게 질문하지 않는 것이 좋다?'고 하는 독서지도의 지침을 본 적도 있다. 질문하면 책 읽고 싶은 마음이 사라진다고 재미를 느낄 수 있도록 그냥 내버려두어야 한다고들 했다. 자기가 새롭게 알게 된 것, 느끼게 된 것을 말할 수 있도록 어떻게 이끌어낼 것인가를 생각했어야 하는데 그저 책을 안 읽을까 봐 쩔쩔매는 부모들도 많았다.

어느 시대나 자녀들을 잘 기르고 싶은 것이 부모 된 마음이다. 그리고 그 잘 기름의 목표가 일류 대학 보내기임을 슬쩍 감추고 자기 철학이 확고하다는 듯 "저는 공부해라, 공부해라! 그러지 않아요."라고 말하는 엄마들도 많다. 공부하라고 하지 않는 것과 읽은 책에서 무엇을 말하는지를 서로 이야기하는 것은 다르다. 그러면서 아이들의 방을 도서관처럼 책으로 장식해 주고 있는 집들을 많이 보았다. 책을 많이 장식해 준다고 문해력이 길러질까?

문해력을 기르기 위해서는 책을 그냥 읽기만 해서는 안 된다는 이야기다. 문해력이 글을 이해하는 힘, 느낀 것을 말할 수 있고 써내는 힘까지를 이야기하는 것이라면, 그냥 읽는 것만으로는 부족한 것이다. 요즈음 신문을 읽으려고 해도 모르는 단어들이 많아서 이해하고 넘어가기가 어렵다. 하물며 교과서의 글을 읽을 때는 더욱 글의 의미를 제대로 파악할 수 있어야 한다.

다양한 많은 말들을 알아듣고 이해하기 위해서 어떻게 해야 할까? 아기가 태어났다고 해서 일 년 만에 성인이 될 수 없는 것처럼, 지식도 지혜도 하루아침에 완성되고 성숙될 수 있는 것은 아니다. 게다가 사람에게는 복잡한 것이 살아가는 마음의 행복감, 충족감, 사랑 등, 디지털에는 없는 이런 감정들이 끼어드니 말이다. 그 미묘한 감정들까지 깊이 읽어낼 수 있는 힘이 생겨야 한다. 그러기 위해서도 인문학이 기초가 되지 않으면 안 된다. 모든 것에 기초가 되는 문해력도 근본적인 것을 차근차근해 나가면 해결이 될 수 있다고 본다.

우리의 초등학교 시절에는 문해력이라는 말을 대놓고 하지는 않았지만 일기 쓰기, 독서하고 감상문 쓰기 등을 열심히 하는 것으로 길러졌다고 생각한다. 한문도 배우고 영어도 배우면서 나도 모르게 문해력이 생겼던 것 같다. 내가 다니던 중고등학교의 교훈이 "참되고 착하고 아름다워라!"였다. 기계가 참되고 착하고 아름다울 수 있을까? 기계는 인간이 입력input하는 대로 출력output이 된다. 그러나 인간은 많이 읽었다고 그대로 다 아웃풋이 되질 않는다. 디지털이 제 마음대로 거짓되고 사악하고 추할 수 있는가? 그런데 인간은 이 아날로그와 디지털의 두 차원을 제 마음대로 왔다 갔다 하며 아름답게도 되고 추하게 되기도 한다. 아웃풋이 마구 헝클어지는 것이 참으로 문제다. 한국어는 한자를 알아야 이해가 되고 더구나 21세기 언어는 디지털을 이해해야 하고 외국어도 당연히 알아야 무슨 말을 하는지 알아들을 수 있으니 매일 새롭게 언어를 공부해야 한다.

우연히 나의 문해력에 중요한 무기가 하나 더 생기게 되어 지금까지도 잘 부리고 있는 방법이 있다. 읽고 쓰는 데에 내 머리를 잘 정리해주는 무기인 마인드맵을 만나게 된 것이다. 마인드맵은 내 생각을 바꾸어 놓은 최고의 방법이었다. 어떻게 생각을 정리할까? 무엇을 쓸까? 그리고 글을 읽을 때는 쓰여진 글이 무엇을 말하는가를 한눈에 파악하는데 마인드맵만 한 방법이 없었다. 생각을 종이에 손으로 그릴 때 눈으로 볼 수 없는 생각을 눈으로 보면서 집약해서 최고의 생각을 끄집어낼 수도 있었다. 마인드맵에 디지털을 접목한 프로그램도 개발이 되어서 얼마나 고마운지 모르겠다.

얼마 전 스승이신 이어령 선생님의 1주기 추모전을 CST에서 기획하면서 전시 기획서를 마인드맵으로 제출하였었다. 그 마인드맵 기획서를 본 많은 분들이 한눈에 파악할 수 있는 점이 아주 환상적이라고 좋아하셨다.

마인드맵에 덧붙여 문해력을 기르는 정점에 나는 하브루타식 방법을 말하고 싶다. 유대인들이 탈무드를 가르치는 것에서 비롯된 '하브루타식 방법'은 서로 질문을 주고받으며 주제에 대하여 입으로 내뱉어 말하도록 하는 것이다. 즉 다른 사람에게 설명해 보는 방법이다. 하브루타식 공부 방법은 시청각 교육법보다 더 우위에 있는 것으로 남을 가르쳐보는 것이다. 머릿속에 말할 내용이 들어 있지 않으면 말하려는 주제에 대해서 다른 사람에게 제대로 설명할 수 없다.

인간은 지식을 인풋했다고 그대로 아웃풋이 되질 않는다. 그게 문제다. 내 머릿속에까지 제대로 입력이 되어야 하고, 그리고 정리가 되어 있어야 한다. 문해력으로 내용을 제대로 파악해야 하고 마인드맵으로 생각과 지식을 정리한 다음 그것을 더 넘어서 설명할 수 있게까지 해야 한다. 그렇게 하다가 보면 인간의 매력은 지혜까지 있어진다는 점이다. 어떤 주제에 대해서 말해보라고 하면 간단하게, 아니면 뚱딴지같은 대답을 부끄러움도 모르고 소리치는 어른들을 볼 때 참 안타깝다.

문해력을 기르기 위해, 초등학교에서 아날로그 교육으로 돌아가고 있는 나라들도 많다고 한다. 손으로 글을 쓰고, 종이책을 읽게 하려고 한다고들 한다. 종이에 글을 쓸 때, 글씨가 삐뚤빼뚤하게 써져서 부끄러웠던 기억이 난다. 그래도 작문할 때 내가 생각하지도 못했던 아이디어가 막 불일 듯 일어났었고 글을 쓰다 보면 '내가 정말 이렇게 생각했었나?' 하는 생각이 들 정도로 연필과 종이 사이에 새로운 생각들이 떠오르는 화학작용이 일어났던 경이로운 경험들이 많다.

인간의 아날로그 됨을 누리는 글쓰기, 말하기를 '착하고, 참되고, 아름답게' 할 때 사람만이 누릴 수 있는 뿌듯함이 있지 않을까? '디지로그'인 세상을 살아내기 위하여 아날로그의 문해력에 디지털의 버그가 나지 않게 하려고 오늘도 나는 종이신문 읽으며 모르는 말을 인터넷에서 찾아본다. (2023.10.12.)

15. '생명이 자본이다'의 유레카

『생명이 자본이다』이 책의 첫 문장은 '이 책은 책이 아닙니다, 한 장의 지도입니다'로 시작된다. 이 책은 우리의 삶에 대한 내비게이션이라는 의미이다.

바닷속 깊이에 따지 않고 숨겨둔 전복을 따기 위해서 숨 고르기를 하는 해녀처럼 이 책의 저자인 이어령 선생님은 이 책에서, '생명이 자본'이라는 말을 하고 싶으셨던 것이다. 육로, 해로, 항로 등 세상의 지도처럼 그려보고 싶으나, 어디에도 그릴 수 없는 해녀의 물길. 그려 볼 수 없는 물길처럼 우리의 살갗보다 더 깊은 마음, 마음보다 더 높은 영혼 속에 그린 '생명의 유레카를, 우리에게 생명이 가장 소중하다는 것'을 지도로 그려 보여주고 싶으셨던 것 같다.

80이라는 나이를 감당하기 위해서 애쓰던 시간에 이어령 선생님은 마지막으로 찾아낸 단어가 경제인류학자 칼 폴라니의 'Resignation'이라고 하셨다. 칼 폴라니의 저서『대전환』의 끝부분에 나오는 이 단어 'Resignation'을 '체념'으로 번역한 것에서 이 선생님은 '감수 (甘受)'라고 하는 것이 옳을 것 같다고 했다. 이 '감수하다'라는 것을 '쓴 것을 달게 받아들이는' 삶의 존엄한 태도로 해석한 것이다.

'감수한다는 것은 언제나 인간의 힘과 새로운 희망의 원천이었다. 인간은 죽음의 현실을 받아들일 때 비로소 육체적 생명의 의미도 알게 된다. 그래서 인간은 잃어서는 안 될 영혼을 가지고 있으며 그것을 잃는 것은 육체적인 죽음보다도 한층 더 두려운 것이라는 진실을 감수하게 된다. 그때 비로소 나의 자유를 발견하게 된다. 우리 시대의 인간은 자유의 종언을 뜻하는 현실의 진실을 감수해야 하며 극 경우라 해도 여전히 생명은 그 감수하는 것에 의해서 태어난다', 『대전환』의 끝부분에는 감수라는 말이 여러 번 등장한다.

그렇게 시작된 『생명이 자본이다』는 '금붕어 유레카'라는 추운 겨울 밤 연탄불이 꺼져 어항의 살얼음 속에 화석처럼 박힌 금붕어 세 마리를 어떻게 살려냈는가 하는 이야기다. 선생님은 어느 날 아침, 사무실에 오시더니 뜬금없이 '어항 속에 얼어 있는 금붕어를 살렸던 이야기'를 하셔서 나는 참 난감했었다.

얼었던 금붕어가 따뜻한 물을 부어서 살아난 그것이 '유레카'를 외칠 정도일까? 라고 나는 생각했다. 살만한 세상을 살기, 사람답게 살기, 이런 생각을 하고 있던 내게 '금붕어 유레카'는 선생님이 돌아가시고도 2년이 다 되어가는 즈음에 정말 내 삶의 '유레카'가 되었다.

요즘 세상 뉴스를 보면 이것이 사람이 사는 세상인지, 기계가 사는 세상인지, 동물 같은 인간들이 사는 세상인지 절망스러울 때가 많았다. 그런 이때라서 더 생명을 이야기하며 생명의 소중함과 생명을 존중하고 싶은 생각이 절로 든다.

제발 인간들이 이렇게 하지는 말았으면 싶은 뉴스들이 매일 넘쳐난다. '동물문화, 식물문화…, 또는 악마들의 문화' 이런 말은 쓰지 않는다. 문화라는 말은 인간을 인간답게 만드는 말이라고 생각한다. '문화'에는 긍정적이고 좋은 느낌의 단어가 붙는다. '문화란 자연 상태의 사물에 인간의 작용을 가하여 그것을 변화시키거나 새롭게 창조해 낸 것을 의미한다.'고 한다.

담론에 따라서 교양으로서의 문화, 진보로서의 문화, 예술 및 정신적 산물로서의 문화, 상징 체계 혹은 생활양식으로서의 문화로 분류한다고 사전에서도 정의하고 있다. 그 근간에는 생명이 있어야 하고 그것을 존중해야만 문화라는 말을 붙일 수 있는 것이라고 생각한다.

생명이 존중되는 사회로 존엄한 삶으로 올 한 해가 마무리되기를 감히 바래 본다. 우리 각자가 하고 있는 일이, 그 자리가 인간이 살만한 세상으로 만드는데 퍼즐 조각이 맞춰질 수 있으면 한다.

'우리는 이미 생명의 바다 속에 있기 때문에 생명이 사랑인지 무엇인지 모른다. 다만 잠자코 그 언저리를 가늠할 뿐이다. 지금 나는 무엇을 마음에 품었는가? 돈인가? 물건인가? 혹은 사람인가? 무엇이든 그를 향한 마음이 반反 생명적인 사랑, 라이크라면 안 된다. 생명과 사랑은 붙어 다닌다. 즉 러브로 향해야 하는 것이다.'(『생명이 자본이

다』p. 321)

'생명과 사랑은 붙어 다닌다'고 이어령 선생은 늘 말씀하셨다. 죽은 자는 사랑할 수가 없다. 문화를 이루기 위해서는 자기의 길을 사랑하지 않으면 안 된다. 끝없이 노력해야만 이루어질 수 있다. 문화는 그저 그렇게 얻어질 수 있는 것이 아니다.

K팝을 온 세계에 우뚝 서게 한 BTS의 멤버들도 그들이 얼마나 노력을 했는지를 이야기한다. 강수진이라는 발레리나의 발을 잊을 수 없다. 도마 체조 선수인 여서정 선수가 도마 경기가 펼쳐지는 4초 동안을 위해서 보내야 했던 시간들을 생각하게 된다. 4년 만에 열리는 올림픽을 위해서 만으로 생각해도 그 1초를 위해서 1년씩은 훈련해야 했다고 생각해 본다.

며칠 전 TV 프로에서 바르셀로나의 건축가 가우디의 삶을 보았다. 그가 사랑했던 건축을 끝까지 추구하며 살았던 것으로 바르셀로나라는 도시는 빛이 나고 있다. 바르셀로나 전체를, 스페인 사람들의 위상을, 그 문화의 가치를 가우디의 '사그라다 파밀리아'가 한 단계 이상 올려놓은 것이다.

문화는 올바른 것이어야 문화가 될 수 있다. 비상식적이고 인간의 마음을 거스르고는 문화가 될 수 없다고 믿는다. 그 안에는 눈물도 있고. 아픔도 있을 것이다. 그 자체도 살아 있기 때문에 느낄 수 있고, 이겨낼 수 있는 것이다.

'내가 가는 길을 오직 그가 아시나니 그가 나를 단련하신 후에는 내가 순금 같이 되어 나오리라'(욥기 23:10) 라는 말도 성경에 있다.

문화는 이런 것이지 않을까! 바라는 것을 이루도록 애쓰는, 감수하는 시간을 거쳐야 하는 것이지 않을까? 자기의 길을 사랑하며 쉽게 포기하지 않고, 함부로 하지 않는 자세를 지켜내는 삶이 생명이 자본이라는 아름다운 문화를 이루어 낸다고 생각된다.

이어령 선생은 『생명이 자본이다』, 이 책을 발표하시고 9년을 더 사셨다. 그 9년이라는 시간을 작별의 시간으로 여기며 사셨던 것 같다. 선생님의 책 제목에 '마지막'이라는 단어를 쓰신 것들을 보면, 많은 것을 감수해 내시며 어느 해녀처럼 그의 숨겨둔 전복이 무엇인지를 깊이 생각하셨던 것 같다. 그런데 그것을 알아채지 못한 나의 우둔함을 나는 감수(甘受)하기가 어렵다. 선생은 이런 나의 마음을 헤아리기라도 하신 듯 '실망하더라도 거기 찾던 전복이 없다고 해도 두 번, 세 번, 생명의 바다에 뛰어들 기회가 있습니다'라고 하셨다. 2023년, 올해가 다 가는 즈음에 '생명이 자본이다'를 새삼스레 또다시 읽어본다. 그래서 나는 생명의 바다에 또 뛰어들 숨 고르기를 하며 새 아침을 시작한다. (2023.11.30.)

16. 단순하게 살기

우리는 이런저런 문화 속에서 살아간다. 이미 되어진 문화 속에 놓여진 나는, 그 문화들을 선택하고 기획하기도 한다. 해마다 새해가 되면 그 한 해를 어찌 보낼 것인지 계획을 세운다.

"삶은 디자인이다. 디자인한다는 것이 이미 '문화'를 내포하고 있는 것이다. 문화란 만든다는 것이다. 자연이 있는 것에다가 인간이 무언가를 한 것이 디자인이며 문화"라고 북디자이너인 정병규는 말했다. 또한 "도스토옙스키에게 산다는 것은 이득을 챙기기 위해 계산서를 작성하거나 장부를 마음대로 쓰는 것과는 전혀 다른, 하나의 예술작품을 만드는 일과 같았다."라고 '무엇이 인간인가'에서 작가 오정우는 말했다.

새해를 맞이하며, 올 한 해도 어떻게 살 것인가에 대해 나도 디자인을 해보려고 했다. 과연 그것이 한 점의 그림과 같은 삶에 한 부분이 될 수 있을지, '단순하게 살기'로 정한 나의 한 해를 담담한 수채화처럼 힘을 빼고 그릴 수 있을지 모르겠다.

그런데 일 년은 고사하고 오늘 하루도 단순하게 살기란 쉽지가 않다. 그저 매일 먹고 사는 일만으로도 많은 일을 했다고 생각해도 괜찮은 그런 나이가 되었지만, 나에게 남겨진 시간이 너무 찬란해서 그럴 수는 없다. '오늘은 무엇을 하면 좋을까?'라고 생각하면 벌써 머릿속에는 별별 생각들이 마구 뛰어들어 뒤죽박죽이 된다. 사람들은 내게 '이젠 하고 싶은 것을 하며 살아, 여행하며 살아라' 등등 충고들을 한다. 내 친구 중에는 '천재인데도 열심히 살기'까지 하고 있는 '여백서원'의 전영애 교수가 있다. 그 친구는 다시 태어나도 전생에 다하지 못하고 간 일이 있었다고 하며, 현세의 전공인 '괴테'를 또 연구하며 괴테의 삶을 실천하며 살 것 같다.

그 친구는 그동안 정신의 집인 책들뿐만이 아니라 여백서원에 있는 여섯 채의 크고 작은 집들을 지었다. 그런 그는 여백서원에 이어 '젊은 괴테의 집'을 작년 가을에 완공했는데 새해 벽두부터 그 입구의 길을 확장하느라 포크레인으로 작업하는 것을 보니 말이다. 그런저런 생각을 하며 나는 이 시간에도 세 가지 일을 한꺼번에 하고 있다. 유튜브로 새벽예배의 설교인 '하나님 나라의 도전'을 들으며, 싱크와이즈 프로그램으로 읽었던 책을 맵핑하며, 또 SNS에 올리는 글을 쓰고 있다. "새해, 어떻게 살 것인가?"에 대한 답으로 '단순하게 살기'를 택하면서도 말이다. 이 불합리함, 이게 아날로그적 인간이 아닐까? 참으로 단순하지 않은 게 인간이고 인간의 생각이고 인간이 살아가는 일들이라고 생각한다.

21세기에 단순하게 산다는 게 쉬운 일이 아니다. 핸드폰에서 AI, 챗

GPT를 해보려니, 앱을 다운을 받으라하고 또 가입하라 했다. 그리고 아이디와 비밀번호를 입력하라고 한다. 물건을 사려고 인터넷의 쇼핑몰에 들어갔다. 주문을 하려니 비밀번호를 누르라 한다. 그런데 아날로그인 내 머리는 비밀번호를 기억해내지 못하고 있다. 무언가 기호와 영문자를 합하라는 바람에 기본적으로 쓰는 번호에다 무언가를 더 붙였었는데 무엇을 몇 개 붙였었는지 잊어버렸다. 기계에서는 또 '잊어버렸으면, 어떻게 하고 어떻게 하라'고 한다. 기계에서는 정확하게 누르지 않으면 원하는 곳으로 갈 수 없다.

인터넷으로 쇼핑하려고 하다가 비밀번호를 잊어버려 들어갈 수 없어 난감했다고 친구에게 말했더니 그 친구는 "비밀번호들을 핸드폰 노트에 쫘~악 입력해 놓으라"고 하면서 자기 핸드폰의 노트에 입력된 번호들을 보여주었다. 그 적어 놓은 번호들이 열 개도 넘는 것이 아닌가? 그러고도 업데이트할 때마다 또 고쳐놓는다고 한다. '아이고! 복잡해라! 안 사고 말겠다'고 나는 투덜거렸다. 물건 사는 것을 포기하고 빨래나 하려니 새로 산 세탁기에 기능이 너무 많아서 무엇을 눌러야 할지 모르겠다. 매뉴얼은 왜 그리 복잡한지 읽어봐도 무슨 말인지 이해가 가질 않는다. 아무리 첨단의 기능이 많아도 사용할 줄을 모르니 무용지물이다. 문명의 기기들도 나를 단순하게 살도록 내버려두질 않는다.

생명이 있다는 것은 욕망이 많다는 것이다. 그것을 좋은 의미로 말하자면 비전이 많다고 할 수 있지 않을까?

'새해에는 무엇을 하고 싶은가, 무엇이 되고 싶은가?'를 덕담처럼 사람들이 물어본다. 그렇게 물어보니 나도 그저 '단순하게 살기'로 정한 것뿐이다. 21세기, 요즘 유행이 '미니멀 라이프'이니까 나도 따라 해보았다. 그런 결심이 작심삼일이 되지 않아야지 생각하며 책상에 앉았다. 그런데 나의 발목을 잡는 것은 인터넷뿐만이 아니라 내 책상 둘레의 책들이었다. 책상 부근과 책장에 이런저런 책들이 넘쳐나고 있으니, 머릿속이 단순해질 수가 없었다.

이 책을 보다가 보면 저 책이 눈에 들어와서 그것을 집어 들고 그러느라 책상에 앉아서도 머릿속이 복잡하다. 작년에 이미 책을 많이 정리하고 버렸음에도, 종류별, 장르별, 별별 책들이 나를 바라보고 있으니 단순하게 살 수가 없다. 책들마다 사연이 있는 생명체처럼 버티고 있으니 마구 버릴 수도 없다. 내 방에도 거실에도 그 외의 다른 방들에도 책들이 넘쳐서 책장 앞에도 두 줄 세 줄 쌓아놓고 살고 있다. 그것조차도 북디자이너인 남편이 책 디자인이라는 하나의 문화를 지향하다 보니 일어난 현상이지 않을까 하고 위안을 삼아본다. 그런 것을 바라보면서도 단순하게 살려고 했는데 책들이 내 욕망을 부추기고 내 비전을 흔드니 나는 단순하게 살 수가 없다.

사람들마다 자기 전문 영역의 무언가 때문에 복잡하게 사는 게 아닐까? 괴테의 삶을 보아도 결코 내가 아는 것처럼 파우스트를 쓴 작가이지만은 않았다. "인간은 지향이 있는 한 방황한다"라고 말했던 괴테는 소설가이며 자연과학의 분야에도 큰 업적을 남겼고 색채학자이며 그림을 그려서 남긴 화가이기도 했다. 괴테도 그 지향점이 성숙해지기 위해서는 얼마나 많은 노력과 방황과 좌절을 느꼈을 것인가? 벽 같이 느껴지는 그 어려움을 극복하기 위해서 얼마나 좌충우돌했었을까? 지향점에 다다르기 위해, 목표를 달성하기 위해서 부단히 노력했을 것이다. 그런 괴테를 생각하며 나도 이제는 목표 외의 것들을 정리하려고 한다. 눈에 보이는 것들을 단순하게 하려고 한다. 지향하는 것으로 채우려면 생각의 공간도 보이는 공간도 비워야 한다.

멋진 그림에는 군더더기가 없다. 아름다운 음악에는 쓸데없는 장식을 붙이지 않는다. 이우환의 무심히 그어 내린 선에서, 김창열의 물방울 그림에서, 쿠사마 야요이의 땡땡이로만 그득찬 화폭에서 단순함을 본다. 수많은 글을 썼고 강의를 하셨던 이어령 선생님은 마지막에 '눈물 한 방울'이라는 책을 남기셨다. 눈물 한 방울, 그 안에 무한히 반복되었던 삶의 무게를 느끼게 된다. 너무 가득 차서 단순한 것을, 단순하지만 단순하지 않은 인생을 본다. 기교를 절제하고 그저 툭 던지는 것처럼 말을 걸어오는 트로트 한 곡에도 그렇게 부르기 위해 얼마나 연습했었는지를 가수들은 말한다.

많은 연습을 통해 자기라는 힘을 뺄 수 있어야 예술로 승화되는 것을 보게 된다. 예측하기 어려운 인생을 다듬어 그 삶이 예술이 되기까지는 얼마나 많은 실패와 성공의 반복이 있었을까? 삶, 이보다 더 아름다운 예술은 없지 않을까? 단순한 것이 그저 단순한 것이 아니다. 나도 욕망을 무한히 빼내고 삶을 단순하게 디자인하고 싶다. (2024.02.01.)

17. 극복과 초월, 그 사이에서

세상을 살아낸다는 것은 그런 것 같다. 극복한 것 같기도 하고 초월한 것 같기도 한 착각 사이에서 하루가 지나간다. 그러나 자신의 시간을, 사건을, '극복한다'는 어려운 말을 쓰지 않아도 좋다. 자신을 다독이며 살아내는 매일이면 족하지 않을까?

『나는 메트로폴리탄 미술관의 경비원입니다』, 이 제목을 처음 보자마자 『행복한 청소부』그림책을 떠올렸다. 내가 행복한 청소부를 좋아했었던 만큼 나는 『메트로폴리탄 미술관의 경비원입니다』가 무언가 감동을 줄 것이라는 기대감에 얼른 읽기 시작했다. 사실 나는 늘 글과 그림, 그 언저리에서 살아왔기 때문에 그런 호기심이 들었을 것이다.

먼저 『행복한 청소부』(모니카 페트 지음, 안토니 보라틴스키 그림, 김경연 옮김, 풀빛 2000)부터 이야기해야 될 것 같다. 이 책의 주인공은 독일의 거리 표지판을 닦는 청소부이다. 이 사람은 몇 년 전부터 똑같은 거리의 표지판을 닦고 있는데, 그 표지판에는 작가와 음악가들의 이름이 쓰여 있었다. 어느 날 청소부는 '글뤄크'를 '글루크'로 거리의 표지판에 글자 한 부분이 지워진 것이 아니냐고 어린아이가 엄마에게 질문하는 것을 들었다. (독일어로 '글루크'는 아무 뜻이 없지만 글뤼크는 '행복'이라는 뜻이 있다고도 책에는 한 줄 슬쩍 붙여 놓았다.) 이 이야기를 들으며 청소부는 자기가 닦고 있는 표지판 이름의 작가들에 대해 알지 못한다는 것을 깨닫고는 그 작가들에 대해서 알려고 하기 시작했다.

청소부는 음악가들의 이름을 한 사람씩 벽에 써서 붙여놓고 그들에 대해 알기 위해 레코드판을 사서 듣기도 하고 연주회에 가기도 했다. 거리를 청소할 때는 그 음악가의 곡들을 외우며 휘파람으로 불었다고 한다. 그는 그렇게 거리의 표지판에 나오는 음악가들을 다 알게 된 후에는 표지판의 작가들을 알기 위해 도서관에 가서 책을 빌려보기 시작했다. 무슨 뜻인지 알지 못할 때는 몇 번이고 되풀이해서 읽고 저녁에는 책 속의 이야기들에 잠겨 있기도 하면서 그렇게 작가를 알려고 했다. 그런 그는 자기가 알고 있는 그 작가들의 음악을 휘파람으로 부르기도 하고 시를 읊기도 하고 읽은 소설을 다시 중얼거리면서 사다리 위에서 표지판을 닦았다고 한다. 표지판을 닦으면서 자기 자신에게 음악과 문학에 대해 강연하는 것을 지나가는 사람들이 보게 되었고 드디어는 텔레비전 방송국에서까지, 그리고 대학에서도 강연을 해달라고 부탁이 올 정도까지 되었다. 그런 그였지만 '나에게 강연을 하는 건 오로지 내 자신의 즐거움을 위해서랍니다.' 하면서 거절했다는 것이 주인공의 마지막 이야기였다.

그 이야기를 생각하면서 지금까지 나는 내가 무언가를 내세우기 위해 책을 읽거나 글을 쓰거나 했다는 사실에 머무르게 되었다. 그 무엇이 내가 바르게 살기 위해 또는 즐거워서라기보다는 어떤 의무감에서 이지 않았을까? 주인공인 그 청소부 아저씨가 표지판의 작가에 대해 알려고 했다는 이야기는 나에게 '너는 왜 사는 거니, 무엇을 위해 살고 있니?'를 물어보는 것 같았다. 나는 과연 행복한 마음으로 해내고 있는가, 나는 과연 나를 사랑하고 있는가를 점검하는 계기가 되었던 기억이 있다.

그리고는 꽤 오랜 시간이 또 무심히 지나갔었다. 그런 매일이, 그 날이 그날 같던 날에 붙잡게 된 책이『나는 메트로폴리탄 미술관의 경비원입니다』(패트릭 브링리 지음, 김희정·조현주 옮김, 웅진지식하우스, 2023)이었다. '메트'(met는 메트로폴리탄Metrop0litan Museum of Art의 애칭과도 같은 약칭이라고 번역자는 말했는데 여기에서는 책의 제목을 메트로 줄여서 부르겠다)는 뉴욕에 사는 한 청년이 암으로 투병하던 형이 세상을 떠나는 비극을 겪으며, 그 처절함 속에서 어떻게 자신의 삶을 이겨내는가 하는 것이다. '가장 경이로운 세계 속으로 숨어버린 한 남자의 이야기'가 책의 부제이듯이 주인공 나는 그 스스로를 지금까지 추구하며 살았던 세계가 아닌 전혀 다른 직업을 택하며 10년을 살았다고 한다.

이 책에 호기심을 느낀 첫 번째는 행복한 청소부 제목과 순식간에 오버랩되었기 때문이었다. 사실 이 책의 원래 제목은『세상의 모든 아름다움(All the Beauty in the World)』인데 우리나라 번역 책에는『나는 메트로폴리탄 미술관의 경비원입니다』라고 제목을 붙였다고 한다. '세상의 모든 아름다움'으로 우리나라에서도 제목을 붙였다면 아마 나는 안 보았을 것이다. 제목이 추상적이기도 하고 그저 그런 이야기 같아서 읽고 싶지 않았을 것이다.

예전에 『닭고기 수프』라는 번역 책이 있었는데, 재판을 찍을 때인가 『마음을 열어주는 101가지 이야기』로 제목을 바꾸었더니 베스트셀러가 되었다는 이야기를 들은 적이 있었다. 미국에서 음식에 맛을 내기 위한 것이 닭고기 수프여서 미국 사람들에게는 친숙하게 들렸을지 모르지만 우리에게는 전혀 의미가 느껴지지 않는 말이지 않은가? 그런 것처럼 가장 멋진 공간인 '메트로폴리탄 미술관'에 그 공간을 누리는 사람이 아니라 그저 지킬 뿐인 '경비원'을, 함께 붙여서 만든 그 아이러한 제목이 나의 호기심을 자극한 것이다.

이 책이 나를 사로잡은 두 번째는, 모두 13장으로 되어 있는 이 책의 두 번째 장이었다. 여기에 메트의 전시실 중 B구역에만 '210명의 예수가 산다'는 말에 눈이 번쩍 떠졌다. 이 구역을 지킬 때 관람객들이 '맙소사, 여기도 예수 그림이잖아'라고 불평하는 소리를 가장 많이 듣는 그가 그림들에서 예수가 몇 번 나오는지를 세어봤다고 한다. 그래서도 나는 이 책을 자세히 보게 되었다. 예수의 행적을 그림과 짤막한 글로 묶은 '예수님과 함께'라는 내 원고가 있기 때문이기도 하다. 난 내가 예수를 몇 명 그렸는지 헤아려 볼 생각도 안 했었는데, '메트에는 예수가 210명이 산다'는 말에 깜짝 놀랐다. 210명이 사는 그 미술관이 그 그림들이 너무 궁금해졌다. 어떻게 그렸는지 그 그림들을 한꺼번에 보고 싶어서 뉴욕에 가봐야 할 것 같다.

이 책을 본 세 번째 이유는 주인공이 모리스 센닥의 『괴물들이 사는 나라』를 읽으며 자랐다는 이야기가 있어서였다. 이러한 것들은 어머니의 영향이었다고 그는 말하고 있다. 내 남편이 일찍이 써놓은 원고가 '그림책 이야기'인데 그것은 전체가 괴물들이 사는 나라를 모티브로 그림과 글과 책의 구조를 말하고 있다. 그 영향으로 나도 그림책 강의를 많이 했었다. 심플하지만 그렇게 간단하지만은 않은, 삶의 극복을 담은 그림책들을 나는 좋아한다. 괴물들이 사는 나라를 읽으며 자랐다는 것만으로도, 이 책은 나를 빠져들게 만들었다.

메트의 마지막 부분에 안젤리코가 그린 '십자가에 못 박힌 예수' 이야기로 자연스럽게 10년 경비원 생활의 마지막이며, 책의 마무리를 했다는 점 때문에 끝까지 열심히 볼 수밖에 없었다. 이 책의 결론처럼 메트에서 10년이라는 시간을 보내고 나올 때 자기가 가지고 나오고 싶은 그림이, 이 안젤리코의 '십자가에 못 박힌 예수'라고 했다. 그는 어린 시절, 그의 어머니가 미술관 구경하러 갔을 때마다 '가지고 가고 싶은 그림을 하나씩 고르게 했었던 것'을 기억하며 이 그림을 선택했다고 한다.

나도 '수난을 당하고 있는 예수' 그림에 발치에서 어머니 마리아와 그 어머니를 위로하고 있는 마리아를 그려 넣었었다. 죽어가는 아들을 바라보는 어머니의 마음을 느끼며 그렸었다. 그리고 이 극복하기 어려운, 초월하기도 어려운 이 상황을, 나는 내가 어려운 일이 있을 때마다 생각하곤 했다. 그런 내 생각과 이 작가 브링리와 또 화가 안젤리코의 생각이 이 그림에서 겹쳐지고 있어서 나는 또 이 책을 붙잡을 수밖에 없었다. 마지막에 이 그림을 선택했다고 하는 것은 자기의 자리를 언제나처럼 지키며 주어진 시간을 살아가는 '행복한 청소부' 처럼 아마 이 작가도 지나온 10년이라는 극복과 초월의 순간들을 말하는 것 같았다. (2024.03.28.)

18. AI시대, 그래도 글쓰기이다

올해처럼 야구 선수들이 혀를 삐죽 내밀며 낭패당한 것 같은 표정 짓는 장면을 본 적이 없다. 이유는 올해부터 프로야구 경기의 볼·스트라이크 판정을 기계가 하기 때문이다. 한국 프로야구에 볼·스트라이크 판정을 맡는 ABS 시스템(자동 투구 판정 시스템 Automatic Ball-Strike System)이 2024년 경기부터 도입되었다. 카메라로 공 궤적을 추적해 판정을 내린 뒤 인간 심판에게 전달하는 방식이다. 그때에 운동장에 설치된 카메라가 각 선수의 스트라이크 존을 설정해서 실시간으로 위치의 값을 전송하면 컴퓨터가 볼·스트라이크 판정을 내리는 것이라고 한다.

선수들도 시스템에 익숙하지 않아서 당황스러워하는 모습을 보일 때가 많았다. 내가 좋아하는 삼성팀의 김지찬 선수는 키가 유난히 작은 데 '그의 스트라이크 존을 ABS 시스템이 제대로 파악해서 판단을 내려줄까,'에 대해 나는 무척이나 걱정한다. 볼인 것 같은데 스트라이크 판정을 받지나 않을까 하고 말이다. 그래도 5월이 되니까 선수들도 좀 익숙해진 것 같다.

글쓰기도 이와 마찬가지다. AI의 챗봇 시스템이 우리의 머리를 대신해 글을 써줄 수도 있다. 내가 쓰려고 하는 글의 핵심어들을 챗봇에 입력시키면 그에 합당한 글들을 쏟아낸다. 이렇게 나온 글들을 보고 나도 당황했다. 어찌 보면 나보다 더 군더더기 없이 아웃풋 했을 때도 많으니 말이다. 또 더러는 입력이 부실해서인지 엉뚱한 방향으로 써진 글들을 본 적도 많다. 요즘 학교나 회사에서 리포트나 자기소개서 등을 제출할 때도 이렇게 AI를 이용해서 써내는 경우가 많다고 한다. 그래서 이를 골라내고 이 문제를 극복하느라 골머리를 앓고 있다는 기사를 본 적도 많다.

2년 전, 교회에서는 성경을 통독하는데 목사님이 읽는 것을 매일 일정한 분량씩을 녹음해서 SNS로 보내준 적이 있었다. 그것은 일단 원고의 어느 정도 분량의 원고를 읽으며 목소리를 입력시켜 놓으면, 원고의 양이 어느 만큼이든 기계적으로 녹음이 된다는 것이라고 한다. 그것을 잘 모르는 교인들이 목사님께 '목사님, 읽어주시느라 매일 새벽마다 수고가 많으십니다!'라고 인사를 해서 "제가 읽은 것이 아닙니다."라고 일일이 변명하기가 민망하다고 하셨다. 그러나 이런 것도 인간이 다 기계를 다룰 줄 알아야 한다는 전제가 깔려 있는 것이다. 사람의 머리가 움직여야 제대로 활용할 수 있다는 문제를 해결하기 위해서 우리는 또 기계를 다룰 수 있도록 우리를 훈련해야 한다.

문학적인 글을 그렇게 기계적으로 썼다면 아무 감동도 받을 수 없을 것이다. 야구도 기계적인 계산으로 볼을 던지고 치고 달리고 받는 것으로만 된다면 야구를 볼 흥미가 일어나지 않을 것이다. 선수들은 본인들이 엄청나게 훈련을 했음에도 그 훈련만으로 이루어지지 않는 경기의 변수들과 만나게 된다. 그 변수 때문에 보는 사람들은 가슴을 졸이며 또 열광하는 것이지 않을까? 순간순간마다 개입되는 인간의 판단과 컨디션과 감정과 선수와 선수들과의 관계에 의해서 달라지는 것을 짜릿하게 보게 된다. 공을 잘 때리기 위해서는 끝없는 연습과 훈련이 필요하고, 그러한 경험들이 완전히 체화될 수 있어야만 한다. 김지찬 선수는 공도 잘 때리지만 그 작은 키로 굉장히 잘 달리기 때문에 내야수들이 긴장하고 덤벼들 자세를 취하는 것 같다. 그는 내야수들이 방심할 수가 없을 정도로 느닷없이 도루도 해낸다. 그의 노력으로 이루어낸 천재적인 야구 실력에 모두들 그 선수를 좋아한다.

글을 잘 쓰는 것도 야구 경기와 마찬가지다. 아무리 챗봇이 정확하게 내용을 내놓는다 해도 사람의 마음을 감동시키기는 쉽지 않다. 사람 마음의 변수를 어떻게 표현할 수 있을까? 인간의 삶이 공식대로만 되지 않음은 글쓰기에서도 그대로 드러난다. 한국인들의, 한국어의 서정적인 부분을 가장 잘 드러내고 있는 김소월의 시에서 "나보기가 역겨워 가실 때에는 말없이 고이 보내드리우리다."를 어떻게 받아들일 수 있을까? 무어라 표현 할 수 없는 마음을 드러내는 이런 부분에서 공감을 어떻게 다룰 것인가? 대부분의 독자들이 이별의 시라고 알고 있지만 사랑하는 사람이 헤어지자고 한다면 '고이 보내주겠다. 그때는 눈물 아니 흘리우리다'라고 지금은 사랑하고 있는데 만일 나보기가 싫어서 간다고 한다면 하는 가정법을 사용한 시이다. 김소월의 시 산유화를 하나 더 예로 들어본다.

"산에/산에/피는 꽃은/저만치 혼자서 피어 있네(김소월 산유화)"에 서처럼 '저만치' 혼자서 피어 있는 꽃의 그 거리감을 어떻게 설명할 것인가? AI는 '저만치'라고는 표현하지 않을 것이다. '산에 피는 꽃은 1m 또는 2미터 간격으로 떨어져서 핀다'라고 분명하게 말하지 않았을까? 그렇게 말한다면 쓸쓸한, 외로운 마음이 느껴질 수 있을까? 사람의 글에는 데이터의 조합만으로는 공감할 수 없는 온도가 있다. 한국 사람들은 '저만치'의 거리감을 머릿속으로 생각하며 '저만치 피어 있는 꽃'이 자기인 것처럼 공감을 한다.

'마음이 또 수수밭을 지난다. 머위잎 몇 장 더 얹어 뒤란으로 간다. 저녁만큼 저문 것이 여기 또 있다. (천양희 「마음의 수수밭」)'고 하는 시에서도 '내 마음이 어떠하다'라고 똑 부러지게 말하고 있지 않다. 인간의 마음을 표현하기란 참으로 어렵다. 「마음의 수수밭」, 이 시에서도 그 느낌을 공감할 수 있다. '내가 어제도 갔었던 수수밭을 오늘도 지나간다. 머위잎 다섯 장을 따서 앞뜰로 나선다. 아침만큼 빛나는 것이 여기에 또 있다.'라고 썼다면, 심란하고 무거운 마음이 느껴졌을까? 이 '마음의 수수밭'에서는 수수수… 소리를 내며 손을 대면 비어질 것 같은 수수 잎사귀가 느껴지고, '또 지나간다'는 말에서 해결되지 않은 마음이, 그리고 '머위잎 몇 장 더 얹어'라는 표현에서 넓적한 머위잎, 그리고 한 장이나 두 장이 아닌 몇 장이라는 정확하지 않은, 그리고 '얹어'라는 말의 무게감이 느껴지는 말로써 만으로도 충분히 무어라 다 표현할 수 없는 무거운 마음이 전달되어 온다.

밝음으로 느껴질 수 있는 '앞뜰'이 아니라 '뒤란'이라는 말만으로도 어두움이, 그리고 '저녁만큼 저문 것'으로 표현되는 그늘, 어두움이 '또 있다'는 말들은 우울이 겹쳐지고 또 겹쳐져 있다. 과연 AI도 이렇게 표현할 수 있을지 모르겠다. AI도 학습 연습을 많이 시킬수록 추론 실력이 는다고 하니까 말이다. 과연 AI가 인간의 아픔을, '눈물 한 방울'의 의미를, 인간의 영감을 담을 수 있을까?

이렇게만 보아도 인간은 신비로운 존재이고 인간은 애매모호한 마음을 가지고 살고 있다. 데이터를 입력시키는 대로 표현(output)이 되는 AI처럼 인간은 그대로 아웃풋 시키지 못한다. 오늘 있었던 일을 오늘 저녁 반 이상 잊어버리는 사람들. 그러면서도 인간의 머리는 '가만히 생각해 보니까 이렇게 되더라' 하면서 서로 연결될 것 같지 않은 것을 연결시키며, 상상력을 발휘해서 무언가를 만들어낸다.

인간은 글을 잘 쓰기 위해서는 어떻게 잘 읽어내야 하는지, 어떻게 잘 들어야 하는지, 어떻게 잘 써야 하는지, 어떻게 잘 말해야 하는지를 훈련해야만 한다. 끊임없이 반복해야 한다. 기계가 아무리 잘 개발되어 모든 걸 대신해 줄 것 같아도 인간의 이 미묘하고 애매한 감정을 제대로 읽어낼 수 없다. 이런 인간을 이해한다는 것은, 기계에 익숙해지기 위해 훈련하는 것과는 비교할 수 없을 정도로 어렵고 힘든 일이다. AI에 엄청난 데이터를 입력시켜도 잘 해결이 안 될 것이라고 본다. '너 자신을 알라!'라는 말이나 로댕의 '생각하는 사람'이 인류가 살아가는 한 늘 따라다닐 것이다. 그리고 인간의 마음을 표현하는 글쓰기는 끝까지 인간을 따라다닐 것 같다. 이런 생각을 하며 나는 오늘 저녁도 변수가 많은 야구 경기에 빠져들고 있다. (2024.05.16.)

19. '불안'이라는 이름의 방황

확신에 찬 어투 안에는 불안이 그림자처럼 남아 있다. 자기 삶에, 내일의 일들에 자신이 없기 때문에 사람들은 늘 불확실한 어투로 말하는 것인지도 모르겠다. '상을 받아서 기쁘시지요?'라고 물어보면 '기쁜 것 같아요.'라고 대답한다. 자기의 감정을 말하는데 기쁘면 그대로 기쁘다고 하면 되지 않을까? '기뻐요.'가 아니라 '기쁜 것 같아요.'로 말하는 것은 자신의 감정을 말하는데 확신이 서지 않아서인지, 아니면 겸손하게 보이기 위해서인지 잘 모르겠다. 작품을 발표할 때도 본인의 생각이나 느낌을 과연 사람들이 이해하고 공감을 해줄지 몰라서 불안해할 수 있다.

불안은 두려움과 짝이다. 불안 또는 '불안감'이란 특정한 대상이 없이 막연히 나타나는 불쾌한 정서적 상태, 안도감이나 확신이 상실된 심리 상태라고 사전에서는 말하고 있다. 불안이나 두려움은 나를 자신감 없는 사람으로 만들고 내가 상상하거나, 내가 하고 싶어 하는 일을 하지 못하게 만들 때가 많다. 사실 나는 불안하지 않은 적이 없다. 매일 세상은 두렵고 불안하다. 내가 하려는 일이 '과연 괜찮을까, 결과가 나쁘면 어떻게 하지?'라고 생각하며 전전긍긍한다. 그리고 이 불안함이 무심하게 지나갈 수 있다면 얼마나 좋을까, 하는 생각으로 시간이 멈추어 있을 때가 꽤나 많았다. 그래서도 사람들은 목적을 가져야 하는 것 같다.

목적이 있는 삶으로 무언가 자신의 목적을 만들어야 한다. 그래야만 불안과 두려움에서 탈출할 수 있다. 목적에만 집중하고 전념하는 동안 불안하고 두려운 생각을 잊어버릴 수가 있기 때문이다.

'되고 싶은 것'이 아니라 '하고 싶은 것'으로 나의 목적을 세우면 좋겠다. 그 목적은 매일 많은 일들이 생기는 삶 중에서 내가 하고 싶은 것으로 선택해야 한다. 목적을 세우면 그것에 집중해서 잡다한 생각의 잔가지들을 쳐내고 하려고 하는 것에 집중하게 될 테니까 말이다. 『사람은 무엇으로 사는가?』는 톨스토이가 쓴 단편의 제목이기도 하다. 그러니까 대문호인 톨스토이도 이렇게 '사람은 무엇으로 사는가'에 대해 불안해했다는 것에 동질감을 느끼며 위안을 받는다. 과연 내가 사는 이유는 무엇인가? 내 자녀들을 위해서 사는 것일까? 요즘 유튜브를 보면 어떤 신부님이 노년의 삶에 대해서 강의를 흥미롭게 하고 있다. 거기에서는 '자식 생각하지 말고 그냥 즐겨라! 자식은 자식이고 나는 나다! 자식에 기댈 생각하지 말고 스스로 잘 살도록 해라!'라고 강의하고 있다. 많은 노년의 청자들이 그 강의를 보면서 아주 즐거워하고 있는 것을 보았다. 그러나 노인들 중 더러는 즐길 수만은 없는, 형편이 어려운 경우도 많을 것이다. 자식을 나의 전부로 생각하며 모든 생을 다 바쳐서 살아온 인생들이 많기 때문이다. 그러다 보니 자신의 노후를 미처 챙기지 못한 경우가 허다할 테니 말이다. 과연 사람들은 무엇으로 살까?

"인간은 지향이 있는 한 방황한다."고 괴테가 60년을 쓴 파우스트를 한마디로 요약할 수 있다고 했다. '인간은 노력이 있는 한 방황한다.'로 번역되었던 것을 이렇게 '노력이 있는 한'을 '지향이 있는 한'으로 바꾸는 것이 좋겠다고 괴테 학자인 전영애 교수는 말한다. 그러나 노력이라고 하든, 지향이라고 하든 인간은 방황한다는 말로 귀결이 된다. 방황하는 게 인간이다. 세계의 많은 사람들이 로댕의 조각 '생각하는 사람'에 공감하는 것도 이런 이유이지 않을까? '무엇인가를 지향한다'는 것은 목적을 가진다는 뜻이기도 하다. 목적을 가지면 문제가 생기기 마련이다. 그때 내가 터득한 것은 '문제가 생겼을 때 부딪쳐 보라'는 것이다. 어찌 해결할 것인지 부딪쳐서 생각해 보고 방법을 찾아야 한다. 부딪쳐 보지도 않고 대부분의 사람들은 걱정할 때가 많다. 더러는 결정을 못 하고 두려워한다. 그러나 '할 수 있다'는 확신을 가지고 오늘을 부딪치며 살아봐야 결론이 내려질 것이다. '종이 위에 쓰면 이루어진다'라고도 어떤 이는 말했다. 종이 위에 자신의 목표, 지향점을 쓰는 사람이 나쁜 일을 하려고 하지는 않을 테니 말이다.

'두려워하지 말라'는 말이 성경에 수도 없이 나오는 것을 보고 깜짝 놀랐다. 내가 너무 두려워서 벌벌 떨고 있는 것을 들킨 것 같았다. 성경을 자세히 읽어보니 두려워서 불안해서 위축된 인물들이 대부분이었다. 내가 세어본 것은 아니지만 '두려워하지 말라'는 말이 365번 이상 나온다고 한다. 하나님은 "두려워하지 말라! 내가 너와 함께함이라! 두려워하지 말고 부르짖으라!"라고 하신다. "찾으라, 두드리라고 하셨지!" 이렇게 중얼거리면서 나도 위안을 받게 된다. 알랭 드 보통의 책 『불안』에서도 성공을 원한다면 실패를 두려워하지 말라고 한다. 두려움에서 벗어나기 위해서는 부딪쳐 보라는 말이다. 깨지고 싶지 않지만 깨져야 또 다른 세계를 알 수 있는 것이지 않을까? 인생은 하나의 불안을 다른 불안으로, 하나의 욕망을 다른 욕망으로 대체하는 과정이라고 알랭 드 보통도 말한다.

이제는 그래서 불안 대신 확신을 붙잡기로 했다. '정면으로 부딪쳐 보자'는 것이다. 내가 극도의 불안에 떨었던 고등학교 3학년 때 읽었던 『데미안』의 한 구절이 있다. "새는 알에서 나오려고 투쟁한다. 알은 세계다. 태어나려는 자는 한 세계를 깨뜨려야 한다."이다. 많은 이들이 인용하는 구절이어서 그 시절 나도 유행병처럼 붙잡았던 구절이다. 그러나 그 시절에 나는 그 말들을 제대로 이해하지 못했었다. 지금도 다 이해가 가는 것은 아니지만 그 구절처럼 나는 내가 생각하는 대로, 확신하면서 또 새로운 세계로 나아가려 한다. "짓던 집은, 무슨 집이든 마저 지어야지요."라고, 지금도 '괴테의 정원집 짓기'를 마무리하고 있는 그 친구는 말하고 있다. 우리는 지금까지 무수히 많은 불안을 깨뜨리면서 오지 않았나? "베스트 원(Best One)이 아닌 온리 원(Only One)이 돼라"고 이어령 선생님은 생전에 많이 말씀하신 것처럼, 나는 나의 세계에서 온리 원 Only One으로 또 방황하고 있다. (2024.07.11.)

20. 소렌토에서 제주도까지

　세면도구도 하나 없이 맨몸으로 폼페이에서 소렌토에 간 것은 학교 때 즐겨 불렀던 노래, '돌아오라 소렌토로(Torna a Surriento)'때문이었는지도 모르겠다. 지금도 이 노래의 그 가락들과 가사가 내 기억에 선명하게 남아있다. "아름다운 저 바다와 그리운 그 빛난 햇빛/ 돌아오라 소렌토로 돌아오라"라는 가사 때문에도 나는 소렌토가 무척이나 궁금했었다. 도대체 어떤 풍광을 가진 곳일까?

　20여 년 전에 로마의 호텔에 모든 짐을 맡겨놓고 당일치기로 폼페이를 보려고 나섰던 길이었다. 그런데 폼페이로 가는 열차 안에서 만난 한국 사람들이 폼페이를 보러 간다면 소렌토에서 배를 타고 카프리까지 가보는 것이 좋을 거라고 이야기해 주었다. 나는 그 바람에 카프리를 가기 위해 소렌토에서 하룻밤 자게 되었다. 사실 나는 카프리보다 '돌아오라 소렌토로' 때문에 소렌토를 더 보고 싶었기 때문이라고 말해야 할 것이다. '돌아오라 소렌토로'의 가사는 그만큼 우리에게 매혹적이었으니까.

　소렌토, 아름다웠다. 그러나 소렌토 항구에서 배를 타고 지중해의 짙푸른 프러시안 블루의 바다를 건너가면서 나는 그 경치들이 눈에 들어오지 않았다. 나는 내내 우리나라 제주도 생각만 했었다. 어떤 이야기, 어떤 노래로 제주도를 세계에 알릴 수 있을까? 소렌토의 노랫말처럼 이야기성, 스토리텔링은 사람의 마음을 끄는 강력한 힘이 된다. 그래서 소렌토나 카프리처럼 사람들의 머릿속에 각인될 수 있도록 우리나라에서 가장 아름다운 제주도의 이미지를 나는 구축하고 싶었다. 어떻게 이야기하면 제주도의 아름다움을 세계인들이 느낄 수 있게, 맛볼 수 있게 할 수 있을까 하는 생각이 머릿속을 떠나지 않았었다.

2024년, 이제는 너무 많이 관광객들이 와서 제주도 주민들이 몸서리칠 정도라고 하니 그 고민은 접어도 될 것 같은 생각이 들었다. 그래도 고민을 접을 수 없는 이유는 이 관광객들이 제주도의 아름다움을 제대로 느끼기에는 제주도가 너무 개발이 많이 되어버린 듯하기 때문이다. 요즘은 보러 오는 사람들이 그 스토리의 재료로 자연보다는 인위적인 것에 더 방점을 두고 있는 것 같아 안타깝기 그지없다. SNS에 제주의 음식 차림을 사진으로 찍어 올리고, 얼마나 맛있게 먹는지를 자랑스러워하고 있다. 그러니 제주도 자체에서 오는 어떤 호기심을 이끌어내는 것보다 '기다란 갈치'를 통째로 구워 올려놓은 상차림을 찍어서 올린다. 이야기성의 재료가 달라진 것이다.

왜 제주도에 가는지 알 수 없을 정도로 제주가 이상해져 버렸다. 제주도의 정체성을 잃어버린 듯싶다. 제주도에 출렁다리가 웬 말인가? 잘못하다가 육지에서부터 제주까지 터널을 뚫을지도 모르겠다. 그러면 더 이상 제주도는 섬이 아니다. 자연을 훼손시키고 제주도의 아름다움과 관련이 없는 이상한 박물관들은 왜 그리 많은지 모르겠다. '건강과 성 박물관' 앞을 지날 때면 괜히 못 볼 꼴을 본 것처럼 민망하다.'곰 인형 박물관, 키티…박물관' 등등은 꼭 제주도가 아니어도 되지 않을까? 이 아름다운 숲들과 제주도다운 풍광들을 다 헤집어 인위적으로 만든 정원에다 이상한 박물관들…. 무엇으로 제주도를 이야기할 것인지 알 수가 없다.

우리가 배웠던 제주도의 특징 세 가지는 "바람, 돌, 여자"이다. 제주도의 들녘을 보면 밭고랑 사이에 돌담 모습이 녹색의 작물들과 어우러져 친근하게 다가온다. 제주도의 집 지붕에 얹혀 있는 돌들, 이런 생각을 하다 보면 자연스레 추사 김정희의 '세한도'를 떠올리게 된다. 추사의 작품 '세한도'는 제주도에 대해 너무나 많은 말을 하고 있지 않은가? 추운 겨울 모래바람을 맞으며 개구멍 같은 집에 엎드리고 바다를 바라보았을 추사가 그려진다. 그리고 바람에 일렁이는 제주도의 바닷가, 파도와 돌, 그리고 그 속에 살고 있는 사람들을 그린 제주도 출신의 화가 변시지 그림의 바람이 제주도를 가슴 깊이 스며들게 한다. 또 바람이 일렁이는 오름들을 찍은 김영갑의 사진들을 보면 오름들의 풀과 나무들이 흔들리고 있다. 그림과 글과 사진들 속에서도 이야기하고 있는 제주도도 알리고 싶다.

그와 더불어 제주 속살의 아픔도 알리고 싶다. 송악산 그 깊숙한 땅속에 굴들이 이리저리 연결되어 있었다. 일제 강점기 시절 일본군들이 연합군들을 공격하기 위해 만든 군사시설이다. 이런 군사시설이 근처에 60여 개나 된다고 한다. 어느 해 겨울 이 진지동굴들을 일일이 찾아서 들어가 볼 수 있었다. 이것으로 논문을 썼던 제주도 친구를 통해 알게 된 곳이었다. 그 친구가 제주도의 땅속 상처를 보여주었다. 그 아픔 위에 짙푸른 숲들…. 태평양에 맞닿아 있는 이 동굴에 숨어서 바다를 보면 연합군 배들의 동태를 훤히 알 수 있는 그런 시설이었다. 바람이 세차게 불던 겨울에 이 동굴에 들어가 암울했던 일제강점기 시절의 제주를 생각하며 몸서리치기도 했었다.

　제주도는 섬으로써 있는 그대로의 자연을 보여주는 제주도가 가장 감동을 준다. 밭들 사이에 바람구멍이 숭숭 난 돌들로 바람길이 들어가고 나갈 수 있게 쌓은 돌담들, 이런 것이 가장 제주도답지 않은가? 오래된 숲을 헤쳐 나가는 경이로움과 오름들의 그 곡선들이 주는 마음의 위로와 해변의 울림들, 이런 아름다움을 알리는 '돌아오라 소렌토로' 같은 노래가 제주도에도 나왔으면 좋겠다. 다행스러운 것은 곶자왈의 숲들이 그나마 제주도의 원래 모습을 보여주고 있어서 고마웠다. 변질되지 못하도록 제주도의 자연을 붙들고 싶다. (2024.08.29.)

PART 4.

창작과 지식재산의 보호

21. 문화예술 발전과 디자인권 보호

 문화예술 분야는 전통의 계승과 더불어 문화예술인들의 독창성이 더해지면서 발전한다고 필자는 생각한다. 나아가 문화예술이 산업적으로도 성공할 수 있다면 경제적으로 뒷받침될 수 있어서 자생적인 발전이 가능해질 수 있다고 확신한다. 문화예술산업이 성공하려면 독창적인 창작에 대한 불법적인 복제를 막을 수 있는 보호가 선행되어야 하는데 현행 지식재산권 제도가 보호의 근간이라 할 수 있다. 본 소고에서는 문화예술계가 마땅히 관심을 가져야 할 분야인 지식재산권에 대하여, 특히 디자인권에 대한 소개를 해 보려고 한다.

 산업발전을 견인하는 기업들은 산업의 꽃이라 할 수 있다. 기업의 가치는 통상 주가로 가늠해 볼 수 있는데, 주가를 기준으로 계산한 기업의 가치가 장부가치를 크게 웃도는 경우가 많다. 장부가치를 초과하는 기업의 가치 부분은 눈에 보이지 않지만 기업에 내재된 무형의 어떤 것에 대해 시장이 평가하는 가치 부분이라고 판단할 수 있을 것이다. 이러한 기업 내부의 무형의 어떤 것들이 기업의 수익 창출에 기여한다면 무형자산이라고 부를 수 있고, 이러한 무형자산에는 영업권, 신용도와 더불어 특허권, 디자인권, 상표권 등의 지식재산권도 포함된다. 통상적으로 무형자산들은 대부분 다양하고 창의적인 인간의 창작활동의 결과물이다. 산업의 발전을 위해서는 창작활동의 결과물인 무형자산을 보호함으로서 지적인 창작활동을 장려해 나갈 필요성이 매우 크다. 하지만 이러한 창작활동의 결과물들을 제대로 보호하는 것은 매우 어려운 과제인데, 이는 창작활동의 다양성과 창작내용의 독창성에 대한 판단기준을 세우기가 곤란함에서 기인하는 것으로 보인다.

창작활동의 다양성에 대해 생각해 보기 위해, 먼저 창작이란 단어의 사전적 의미를 살펴보면 크게 두 가지 범주로 나누어진다. 첫째는 '방안이나 물건 따위를 처음으로 만들어 냄 또는 그렇게 만들어 낸 방안이나 물건.'이고 둘째는 '예술 작품을 독창적으로 지어냄 또는 그 예술 작품'이다. 첫 번째의 범주는 산업에 가깝고, 두 번째는 순수 예술에 가깝다. 국가는 이들 창작활동들을 보호하고 장려하기 위해 지식재산권 제도를 운영한다. 지식재산권이란 문학 예술 및 과학작품, 연출, 예술가의 공연, 음반 및 방송, 발명, 산업디자인 등에서 발생하는 창작활동을 보호하는 권리로서 저작권, 특허권, 디자인권(과거 의장권) 등이 있다.

우리가 알고 있는 저작권은 창작의 두 번째 범주인 순수예술적인 창작, 문화예술인들의 창작을 보호하는데 유용한 지식재산권이다. 저작권의 보호대상은 문학 작품, 음악 작품, 연극 작품, 예술 작품 등으로 가장 광범위하고, 보호기간이 사후 70년으로 상대적으로 길며, 출원이나 등록 등 특별한 절차적 요건을 갖추지 않아도 되는 장점이 있다. 그러나 실제 분쟁이 발생하면 어디까지 독창성을 인정할 것인지에 대한 침해 판단의 곤란함으로 인해 저작권자가 법률적으로 대응하는 것이 쉽지 않고 분쟁비용도 상당하여 대응을 포기하였다는 이야기를 종종 듣는다.

한편 첫 번째의 범주에 속하는 창작을 보호하는 지식재산권으로는 특허권, 실용신안권, 디자인권 등이 있는데, 이들은 모두 특허청에 출원하고 심사를 거쳐 등록되어야 비로소 권리가 발생한다. 절차적인 복잡함에도 불구하고 일단 등록이 되면 침해 발생으로 권리 행사시에 침해입증이 저작권보다 상대적으로 매우 용이하여 시간적 비용적으로 대응이 훨씬 유리하다. 등록된 권리는 특허청에서 전문적인 특허심사관, 디자인심사관 등이 심사를 하여 등록 여부를 결정함으로서 1차적인 객관적 판단을 거친 것이고, 등록된 권리는 등록공보를 통해 공개함으로서 창작자의 권리범위를 명확히 할 수 있기 때문이다. 특허권과 실용신안권은 기술적 사상의 창작인 발명과 고안을 보호하는데 초점이 맞춰져 있어서 문화예술산업과는 다소 거리가 있다. 하지만 디자인보호법에서 규정하는 디자인권은 예술 작품이 결합된 물건을 보호한다고 생각하면 이해가 빠를 것 같다. 다만 디자인보호법에서 요구하는 요건들을 갖추어야 심사를 통해 등록결정이 가능해질 것이다.

디자인보호법에서 정의하는 디자인이란 "물품의 형상·모양·색채 또는 이들을 결합한 것으로서 시각을 통하여 미감을 일으키게 하는 것"을 말한다. 또한 디자인권 등록을 받기 위해서는 공업상 이용할 수 있는 디자인으로서 신규성 및 창작비용이성 요건을 갖추어야 한다. 요약하면 디자인권으로 보호받기 위해서는 창작의 결과물이 물품성, 공업성, 신규성, 창작비용이성을 기본적으로 갖추고 있어야 한다.

우선 물품이란 독립성이 있는 구체적인 물품으로서 유체 동산을 말한다. 물품성을 요구하는 이유는 디자인보호의 목적이 디자인이 표현된 물품의 수요 증대를 통해 산업발전을 도모하려는 것이다. 건물과 같은 부동산은 대상이 아니지만 조형물처럼 이동 설치가 가능하다면 물품성이 있다. 액체처럼 구체적인 형상이 없고 병과 같은 용기에 의해 형상이 정해지는 경우는 간접적으로 용기 디자인을 출원할 수 있다. 주의해야 할 점은 미적인 창작이 표현된 물품이 다양한 물품에 체화 가능한 경우 유사물품이 아닌 이상 별개의 디자인으로 취급되므로 여러 건으로 출원할 필요가 있다. 예를 들어 디자인이 자동차에 관한 것인데 유사한 형상의 장난감 자동차에서도 보호를 받으려면 물품이 다르므로 실제 자동차와 완구자동차로 각각 출원하여야 한다.

공업성은 공업적 생산방법(수공업 포함)에 의하여 동일한 물품을 양산할 수 있는지 여부다. 작품활동하는 작가들과 디자인 출원 가능성을 상담하다 보면 이 부분에서 문제가 자주 발생한다. 보통 예술작품들은 디자인권을 염두에 두지 않았기에 단 하나의 작품이라는 희소성을 중요시하여 반복 재생산이 어렵고, 가공하지 않은 자연물 자체를 이용하는 경우 공업성이 없는 디자인으로 보기 때문이다. 따라서 문화예술계의 창작자들은 자신의 작품이 디자인권으로 보호받기 위해서는 어떤 물품에서 표현되는 것이 공업성과 물품성을 갖출 수 있을 것인지를 고민하면서 작품활동을 하는 것이 산업발전 측면에서 중요하다. 디자인권으로 보호받는 작품의 경우 소비자로부터 선택을 많이 받을수록 보호의 진가가 드러나게 된다.

인사동에서 기념품점을 방문해 보면 단순한 전통문양을 입힌 기념품들이 많다. 개인적으로 이런 기념품에도 독창적인 제품들이 많이 나왔으면 좋겠다는 바램이 있다. 불법적인 카피품을 막기 위해서는 디자인권으로 보호함으로서 적극적인 권리행사를 할 필요도 있다. 그렇게 함으로서 작가들은 자신의 작품으로부터 안정적인 수익을 얻고 이를 기반으로 더욱 다양하고 독창적인 제품들을 시장에 내보낼 수 있도록 하여야 할 것이다. 연극 등의 경우, 연극 자체는 디자인권의 보호 대상이 아니지만, 연극에 등장하는 소품들은 디자인권의 대상이 된다. 전통적인 하회탈은 신규성이 없는 디자인이지만 이를 현대적으로 재해석한 디자인이 있다면 심사를 거쳐 보호의 대상이 될 수 있을 것이다.

창작비용이성은 출원 전에 그 디자인이 속하는 분야에서 통상의 지식을 가진 사람이 공지된 디자인 등으로부터 쉽게 창작할 수 있는 디자인의 경우 등록이 곤란하다는 개념이다. 통상 작가분들의 경우 창작비용이성이 문제가 되는 경우는 드물다. 신규성 요건은 출원 전에 공지 등이 된 디자인에 독점적 권리를 부여하지 않는다는 것이다. 출원 전에 이미 공지된 디자인에 디자인권을 줄수는 없는 일이다. 여기서 누가 공지시킨 것인지는 따지지 않기 때문에 간혹 창작자 스스로 공지한 것에 의해 등록을 못받을 수도 있으니 주의해야 한다. 1년이라는 공지예외주장 가능한 기간이 있지만 최선의 방법은 디자인등록을 위한 출원을 가능한 빨리 하는 것이다.

아이디어스 같은 사이트를 종종 방문해보면 전통적인 디자인을 작가 나름대로 재해석한 작품들이 눈에 띈다. 제품 소개에 '디자인출원중' 또는 '디자인등록번호 제30-000000호'이라는 문구가 있으면 한번 더 유심히 살피게 되는 것은 변리사라는 직업적인 특성만은 아닐 것이다.

이상에서 간략히 문화예술산업 발전을 위해 디자인권에 의한 보호방안도 필요하다고 생각하여 디자인권에 대한 설명을 두서없이 하였으나 이를 계기로 문화예술계에서도 디자인권에 대한 관심이 높아지고 문화예술산업 발전에 조금이나마 보탬이 되었으면 하는 바램이다. (2023.10.26.)

22. 부분디자인출원을 적극 활용해야

문화예술인들의 창작활동은 독창적이고 다양한 작품으로 이어진다.

다양한 작품들은 물품에 관한 것일 수도 있고 연극과 같은 공연 작품 등으로 나타날 수도 있다. 물품에 관한 독창적인 창작은 디자인권으로 보호받는 경우가 저작권만으로 보호하는 경우보다 분쟁시 매우 유리할 수 있다.

왜냐하면 저작권 분쟁에서 저작자는 저작권 보호를 받는 독창성을 인정받는 창작의 범위를 입증하는 것부터 시작해야 하기 때문에 여간 힘든 것이 아니다. 디자인권은 특허청에 제출된 도면 등에 대하여 심사관의 심사를 거쳐서 등록된다. 디자인등록공보를 통해 등록된 디자인이 공시되기 때문에 디자인권자는 별도로 보호범위를 입증할 필요가 없으므로 입증부담이 완화된다.

법률적 분쟁에서 입증부담을 완화할 수 있다면 승소 가능성은 높아지기 마련이므로 미적인 창작에 관한 지식재산권인 디자인권은 저작권보다 매우 유리할 수 있다. 다만 디자인권은 물품성과 공업성을 성립요건으로 하기 때문에 미술품, 공연 저작물, 저서 등에도 적용되는 저작권보다 적용될 수 있는 범위는 작다는 점을 유념해야 한다.

디자인권자는 디자인권의 보호범위 내에서 동일 또는 유사디자인의 독점적 실시를 보장받는다. 디자인권의 보호범위는 "디자인등록출원서의 기재사항 및 그 출원서에 첨부된 도면·사진 또는 견본과 도면에 적힌 디자인의 설명에 따라 표현된 디자인에 의하여 정하여진다"고 디자인보호법에 규정되어 있다. 해설을 붙이자면 디자인권의 보호대상은 출원서에 기재된 물품명과 첨부되는 도면과 디자인의 설명에 따른 디자인이라는 이야기다.

물품명과 도면을 중심으로 보호범위를 정하다 보니 보호의 사각지대가 생긴다. 시장에 출시되는 많은 제품들을 보면 전체적으로 독창적인 완전히 새로운 형상을 가지는 물품은 드물다. 필자의 경험에 비추어 보면 완전히 새로운 형상의 물품은 통상 기술적인 발명에 의한 것이었다. 일반적인 디자인 창작은 제품의 전체적인 창작일 수 있지만 일부분에만 집중한 창작도 다수일 것이다. 그런데 창작의 주요부가 일부분인 것인데 전체적인 형상을 그린 도면을 통해 보호받으려고 하니 보호의 사각지대가 생긴다.

모방하는 자에게는 중요하지 않은 다른 부분을 바꾸어 전체적으로 볼 때 유사하지 않은 디자인으로 판단되도록 하는 등 디자인권의 보호범위를 회피하는 설계가 쉬워지기 때문이다. 이러한 회피설계로 인하여 똑같지만 않으면 디자인권을 쉽게 피할 수 있다는 등 디자인 무용론을 이야기하시는 분들이 종종 계신다. 하지만 디자인 창작의 요점이 있는 특정부분만을 보호할 수 있는 부분디자인 출원제도를 이용한다면 이러한 회피설계를 매우 어렵게 하여 보호의 사각지대를 없애고 한층 더 두터운 보호를 받을 수 있다.

부분디자인이 어떤 것인지 자세히 알아보기 위하여 우리 주변에서 흔하게 볼 수 있는 물품인 머그컵에 관해 디자인을 창작한 경우를 예를 들어 설명해 보려고 한다. 일반적으로 머그컵은 음료 등을 담을 수 있는 '잔' 부분과 손으로 쥘 수 있는 '손잡이' 부분으로 이루어 진다.

머그컵과 같이 오래전부터 사용해온 물품에 디자인적인 창작 요소를 가미할 수 있는 부분은 많지 않지만 그렇다고 해서 주변에서 내가 사용하는 개인 머그컵과 동일한 제품을 만나기도 쉽지 않다. 단순해 보이는 머그컵들도 자세히 비교해보면 부분적으로 다양하게 형상의 차이 또는 문양의 차이가 있기 때문이다. 창작자는 머그컵을 디자인 할 때 창작의 주요부를 전체적인 외형이 아닌 특정 부위에 국한하여 작업할 수 있다. 가령 컵의 '손잡이' 부분이 특이한 형상을 가지거나 '잔'의 형상이 일반적인 원통형이 아닌 팔각형을 가지는 경우 등이 있을 수 있다.

또는 유명한 그릇 제조업체들처럼 머그컵의 외면에 인쇄되는 특유한 문양을 디자인적 특징으로 가질 수 있다. 이런 경우 전체디자인으로 출원한다면 모방자가 특징적인 부분 이외의 부분을 변경함으로서 보호범위를 벗어날 수 있는 보호의 사각지대가 생길 수 있다. '손잡이' 부분에만 디자인 창작의 특징이 있는데 '잔' 부분이 다름으로 인해 모방품인데도 전체적으로는 비유사하다는 판단을 받을 수 있고, 반대의 경우도 마찬가지다.

부분디자인제도란 '머그컵의 손잡이 부분' 또는 '잔' 등과 같이 물품의 어느 특정 부분에 관한 디자인을 하나의 디자인으로 등록받을 수 있는 것을 말한다. 부분디자인을 출원할 때에도 물품명에는 해당 부분을 표현하는 명칭이 아닌 그 물품 자체의 명칭을 사용하여야 하고, 도면 작성시 부분디자인으로 등록을 받으려고 하는 부분을 실선으로 표현하고 나머지 부분은 파선 등을 사용하여 표현하여야 한다.

따라서, 머그컵의 손잡이 부분에 대한 부분디자인을 출원할 때 물품명은 '머그컵'으로 기재하고, 도면을 작성할 때 '잔'부분은 파선으로, '손잡이' 부분은 실선으로 그려서 표현한다. 아울러 디자인의 설명란에 부분디자인으로 보호받고자 한다는 설명도 기재하여야 한다. 이렇게 출원한 부분디자인이 등록된다면 보호범위는 '잔'의 형상과 상관없이 '손잡이' 부분이 될 것이다.

만약 제3자가 허락없이 '머그컵'과 동일 또는 유사물품에 등록받은 부분디자인의 '손잡이'와 동일 또는 유사한 형상의 '손잡이'를 붙인 모방품을 제조하거나 판매하는 등 '실시' 행위를 한다면 디자인권자는 제3자에게 침해금지를 청구하는 등 디자인권을 행사할 수 있다.

실무를 하다보면 부분디자인이 전체디자인보다 보호범위가 작을 것이라고 걱정하는 창작자들이 많은데 이는 '부분'과 '전체'라는 단어로부터 기인하는 오해에서 비롯된 것으로 보인다. 오히려 부분디자인이 회피설계를 어렵게 함으로서 보호범위가 넓은 경우도 많으니 그러한 걱정은 접어두시는 편이 좋다. 따라서 창작의 요점이 특정한 부분에 있다면 부분디자인출원을 적극 권장한다.

부분디자인은 전체디자인만으로 보호하기 곤란한 보호의 사각지대를 줄이기 위한 특유디자인제도이다. 창작의 요점이 물품의 특정부분에 있는 경우 전체디자인보다는 부분디자인으로 출원하면 보호가능성을 높일 수 있으므로 적극 활용하여 디자인출원이 보다 활성화될 수 있기를 기대한다. (2024.01.11.)

23. 창작물에 적합한 지식재산권 선택

많은 노력을 통해 무언가를 창작한 경우 인정받거나 보호받고 싶은 마음은 누구나 갖고 있을 것이다.

자신의 창작물 보호에 어떤 지식재산권이 적합한지를 잘 판단하여 선택하는 것은 창작을 업으로 하는 경우라면 반드시 살펴야 할 부분이기도 하다.

어떤 시대를 살아가는 사람들의 사상은 문화로 나타나며 이는 곧 저작권의 보호영역이다. 또한 사람들이 사용하는 생활 도구나 생활 방법 등은 산업재산권의 보호영역이 된다. 인간의 지적인 창작물에 대해 주어지는 권리인 지식재산권은 크게 저작권과 산업재산권으로 구분하는데 산업재산권에는 특허권, 실용신안권, 디자인권(구 의장권), 상표권 등이 있다. 지식재산권이 다양한 이유는 지적인 창작물 종류가 다양하고 특성도 다름에 따라 침해의 양상이 다르게 나타나기 때문이다.

통상 지식재산권 침해의 양상은 창작물 전체를 동일하게 복제하는 동일범위뿐만 아니라 유사하게 따라 하거나 일부분만 동일하게 복제하는 유사범위까지 다양하게 나타난다. 지식재산권으로 동일범위부터 유사범위까지의 침해의 양상을 모두 차단할 수 있어야 하는데 문화예술과 관련되는 저작물과 기술적 장치방법 같은 발명의 침해 양상이 다르고, 제품디자인의 침해 양상이 다르게 나타나기 때문에 하나의 통일적인 지식재산권법을 만들어 보호하기가 곤란하다.

다양한 지식재산권법 제도하에서 내가 창작한 것을 제대로 보호받으려면 먼저 내 창작물이 어느 법으로 보호받는 것이 적합한지 잘 살펴야 한다. 창작물이 여러 가지 다양한 지식재산권의 요건을 충족하여 각각의 권리를 모두 획득할 수 있다면 하나의 권리만으로 보호하는 것보다 훨씬 강력한 보호를 받을 수 있다.

예를 들어 미술저작물이면서 디자인권 획득이 가능하다면 저작권과 디자인권으로 보호받을 수 있다. 고객들과 상담하다 보면 자신들의 창작물이 어느범주에 속하는지 잘 모르는 경우가 많다. 문화예술인들의 경우 저작권에 대해서는 익히 알고 있지만 특허권, 디자인권, 상표권에 대해서는 잘 모르는 경우가 많다. 또 저작권에 대해서도 보호의 범위에 대해 구체적으로 이해하고 있는 경우는 드물다.

저작권은 인간의 사상 또는 감정을 표현한 창작물인 저작물을 창작한 저작자에게 주어지는 권리로서 복제, 공연, 공중송신, 전시, 배포, 대여, 2차적저작물작성권 등을 갖는다. 저작권의 존속기간은 저작자 사후 70년까지로서 다른 지식재산권에 비하여 장기간 보호된다. 저작권의 대상은 어문저작물, 음악저작물, 연극저작물, 미술저작물, 건축저작물, 사진저작물, 영상저작물, 도형저작물, 컴퓨터프로그램저작물 등이 있다.

저작권법에서 보호하는 컴퓨터프로그램저작물은 원시코드 등의 문자적 표현을 보호하는 것으로서 프로그램에 내재된 알고리즘 같은 기술적 창작은 보호하지 않는 점에 유의하여야 한다. 기술적 창작은 특허권 또는 실용신안권으로 보호받을 수 있다.

지식재산권 중 특허권, 실용신안권, 디자인권, 상표권 등은 특별히 산업재산권으로 분류한다. 이들 권리들은 국가산업발전에 직접적으로 관련되기 때문이다. 특허권과 실용신안권은 기술적 사상의 창작인 발명과 고안을 보호장려하여 기술발전을 촉진함으로서 산업발전에 기여한다. 디자인권은 물품의 형상·모양·색채 또는 이들을 결합한 것으로서 시각을 통하여 미감(美感)을 일으키게하는 디자인의 창작을 장려하여 산업발전에 기여한다. 상표권은 상표 사용자의 업무상 신용유지를 도모하여 산업발전에 이바지하고 수요자의 이익을 보호한다.

다양한 산업재산권은 제품의 발전단계에 따라 그 적용되는 권리가 다르게 나타날 수 있다. 제품수명주기설에 따르면 어떤제품이 시장에 도입되고 퇴출되기까지 도입기→성장기→성숙기→쇠퇴기 과정을 거친다고 한다. 생활 필수품이 된 냉장고로 예를 들면 1748년에 영국의 컬런이 냉매를 이용하여 인공적으로 얼음을 처음 만들었다고 알려진 것부터 시작하여 1834년에 퍼킨스가 얼음기계로 최초의 특허를 받았다.

　최초의 가정용 냉장고는 1913년에 미국인 울프가 발명한 것으로 알려졌다. 냉장고 관련 제품시장은 제품수명주기 단계에서 성장기를 지나 성숙기에 있는 것으로 보인다. 제품의 발전과정에서 현대적인 냉장고는 최초의 것과 비교하여 원리는 같지만, 구체적으로는 매우 다른 기술들이 적용되었고 관련 특허도 많이 출원되었다. 통상 어떤 제품의 도입기부터 성장기에는 다양한 기술이 도입 및 적용되는 과정에서 특허 경쟁이 나타난다. 경쟁으로부터 선택받은 기술이 보편화되면 제품차별화 경쟁은 디자인 영역으로 옮겨가게 된다.

　시장이 성숙해지면서 냉장고 문이 하나에서부터 4개 이상까지 변화하는 등 다양한 디자인의 냉장고가 출시되면서 디자인 경쟁과 상표 경쟁으로 경쟁영역이 변화한다. 물론 어떤 경쟁영역에서든 특허권, 실용신안권, 디자인권, 상표권이 동시에 활용될 수 있지만, 제품수명주기의 단계에 따라 보다 효과적인 지식재산권이 있을 수 있다.

　창작자는 자신의 창작물이 저작권과 아울러 어떤 산업재산권에 속하는지 잘 파악해 둘 필요가 있다. 또한 제품수명주기의 현재 단계를 잘 살펴서 산업재산권 중에서 어떤 권리를 선택해서 확보해야 하는지 미리미리 준비해야 할 것이다. 경우에 따라 하나의 창작물에 대하여 여러 종류의 지식재산권을 획득할 수 있고 이는 보다 두터운 보호로 이어진다. (2024.02.29.)

24. 창작의 보호

문화예술 분야에서 창작을 보호하기 위한 대표적인 방법은 저작권이다.

예술품의 경우 그 희소성이나 제한적인 복제 방법으로 인하여 저작권으로 보호하면 족한 경우가 대부분이다. 만약 그 창작이 물품성을 가지고 있으며 공업적인 방법으로 동일한 제품을 생산(공업성)할 수 있다거나, 기술적인 발명이 포함되어 있다면 디자인권이나 특허권으로도 보호받을 수 있다.

디자인권이나 특허권이 저작권보다 권리자에게 유용한 점은 분쟁이 생겼을 때 확연하게 차이가 난다. 저작권은 창작과 동시에 발생하는데 입증을 위해 한국저작권위원회에 저작물과 창작 시점에 대하여 등록신청을 할 수 있다. 저작권 등록절차는 특별히 저작물의 창작성을 따지지 않고 본인의 신고만으로 완료된다. 저작권의 권리범위는 나중에 권리행사로 인한 분쟁시 법원에서 판단하게 되므로 자신의 저작권의 권리범위가 어디까지인지 사전에 판단하기가 어렵다. 또한 저작권 침해소송을 진행하는 경우 변호사 비용 등 소요되는 비용과 분쟁해결에 걸리는 시간이 적지 않다.

이와 대비하여 특허권과 디자인권은 특허청에 출원하면 창작성(특허의 경우 진보성)에 대하여 전문적인 심사관의 심사를 거쳐야 한다. 심사관으로부터 거절결정을 받지 않고 등록결정을 받아야 비로소 특허권이나 디자인권이 발생한다. 등록된 특허권이나 디자인권은 창작자, 출원일, 등록일, 권리의 구체적인 내용 등이 공보형태로 일반대중에게 공지된다. 특허권이나 디자인권은 심사관의 심사를 거친 것이므로 일단 창작성이나 진보성을 가진 것으로 인정된다. 권리행사시에는 특허공보나 디자인공보의 내용을 기준으로 권리범위가 결정되고 이를 침해품과 대비하여 침해여부를 판단하기 때문에 침해여부 판단이 빠르다. 또한 일단 등록된 특허권이나 디자인권은 무효심판을 통해야만 권리가 실효될 수 있으므로 저작권에 비하여 권리가 안정적이다. 이에 따라 통상적인 경우 저작권보다 디자인권과 특허권이 분쟁해결에 소요되는 시간이 짧고 비용도 적게 든다.

구체적인 사례로 작년에 누비공예품의 저작권 분쟁과 관련하여 법원의 1심 판단이 있었다는 뉴스가 있어 관심있게 살펴보았다. 2020년 분쟁이 시작되었고 2023년에야 법원의 첫 판단이 나왔는데 1차 판단에 무려 3년이나 소요되었다. 재판에서 쟁점은 팔각누비매트에 저작권을 인정할 '창작성'이 있는가 여부였다고 한다. 누비공예품의 경우 물품성과 공업성이 있는 물품에 관한 것이어서 만약 창작 직후 또는 공개 전에 디자인출원하여 디자인권으로 보호받았더라면 창작성 판단과 침해여부 판단이 훨씬 빨랐을 것이고 비용도 적게 소요되었을 수 있다는 점에서 다소 아쉬움이 남는 사례이다. 특허권, 디자인권, 상표권 등을 검색할 수 있는 사이트인 키프리스에서 검색해보니 창작자는 2021년에야 디자인출원하여 디자인권을 등록받았으나 앞서 시작한 저작권 분쟁 이후에 출원한 것이어서 디자인권이 저작권 분쟁해결에 도움이 되지는 않았을 것으로 보인다.

특허는 기술적인 특징이 있어야 하는 것이어서 문화예술산업과는 거리가 있어 보인다. 하지만 팝의 황제 마이클 잭슨도 특허권자였다. 공연예술의 창작성은 일반적으로 저작권 보호 대상이지만 간혹 무대 기술에 대한 특별한 창작이 특허권이나 디자인권으로 보호받을 수도 있다. 마이클 잭슨은 환상적인 무대 퍼포먼스로 관객들의 이목을 사로잡는 가수였다. 앞으로 가는 듯 보이지만 실제로는 뒤로 움직이는 문워크와 45도 각도로 기울어진 채로 서 있는 린댄스는 당시에 많은 사람을 놀라게 했던 기억이 있다.

이 중 린댄스는 기술적인 도움을 받은 것이 나중에 알려졌는데 그것은 바로 특별한 구두 뒤축과 무대 바닥에 설치되는 못에 의해 가능한 것이었다. 뒤축 아래에 V자 형태의 홈이 형성된 구두를 신고 바닥에 설치된 못의 머리 부분에 V자 홈이 걸리도록 하면 구두를 고정시킬 수 있어서 몸이 45도 정도 기울더라도 넘어지지 않아 보는 사람들을 놀라게 할 수 있었다. 이 특별한 장치는 마이클 잭슨과 그의 의상 담당자가 같이 고안한 것으로 1992년 특허출원하여 1993년에 등록까지 받았다. 독창적인 무대 퍼포먼스가 린댄스처럼 특별한 기구나 장치를 이용한 경우 특허권으로 보호받을 수 있다. 혹시 해당 기구나 장치가 기술적 진보성이 결여되어 특허로 등록가능성이 없더라도 물품으로서 디자인 창작성이 있다면 디자인권으로 보호가 가능할 것이다.

 예술창작품이라 하더라도 물품성이 있고 대량생산 정도는 아니더라도 공업적인 방법으로 생산 가능성이 있다면 저작권에만 의존할 것이 아니라 분쟁해결에 있어서 창작자의 권리를 더 잘 보호할 수 있는 디자인권, 특허권을 적극적으로 활용해야 한다. (2024.04.25.)

25. 전통공예 시장의 성장성 고찰

인사동에 가면 우리나라의 다양한 전통공예품을 쉽게 찾을 수 있다.

때마침 열리고 있는 특별한 공예품 전시회라도 관람하면 소박하면서도 화려하고 아름다운 우리네 작품들을 마주할 수 있다. 그런데 공예가들의 창작제품들이 제대로 보호받지 못해 복제품이 범람하면 창작자들의 창작의지가 꺾여 새로운 제품의 등장은 더 이상 찾아보기 어렵고 결국 시장은 성장하지 못하게 된다.

전통공예품 시장은 규모가 그리 크지 않은데 성장도 더딘 시장인 것 같다. 필자는 변리사로서 우리나라의 전통공예품 제작자들이 창작한 제품들을 어떻게 보호해야 관련 제품시장이 성장할 수 있을지에 대해 관심이 많다. 책상위에서만 생각하고 인터넷에서 검색한 자료들만으로는 뭔가 부족함을 느끼던 차에 때마침 전통조각보 전시회가 열린다고 하여 일부러 인사동을 찾아가 보았다.

조각보는 여러 조각의 자투리 천을 모아 만든 것으로서 무언가를 싸는 보자기의 기능성을 가지고 있다. 전시회에서 만난 조각보들의 저마다의 개성있는 독특한 패턴과 천연염색으로부터 나오는 각각의 색감으로부터 뭔가 친근하면서도 특별한 느낌들이 온다.

천조각들로 이어지는 선과 색상들이 규칙과 불규칙을 넘나들어 전체적으로 독특한 조형미를 보여주는데 우리나라를 떠올릴 수 있는 대표 이미지로서 손색이 없어 보인다. 한국인이 나도 감탄을 하는데 하물며 문화가 다른 외국인들이라면 어떨까 하는 생각이 저절로 든다.

관심있게 보고 있자니 전시회 관계자분께서 염색과 패턴 외에도 조각천들을 손바느질로 한땀 한땀 이어 붙이는 과정도 중요하다고 설명해 주신다. 자세히 보니 바느질 패턴도 다양하여 바느질로도 이렇게 표현할 수 있다는 것이 특별하게 다가왔다. 관계자분에게 여쭤보니 보자기라는 물품은 그 기능성만을 본다면 가방 등 다양한 대체품이 존재하여 최근에는 그 활용도가 낮아지고 있어 이러한 작품들이 시장에서 활발히 유통되기는 어렵다고 한다. 아쉬운 점이다.

하지만 조각보의 패턴을 다른 물품에 적용한다면 다른 결과를 기대해 볼 수 있다는 생각이 들었다. 예를 들면 조각보의 패턴을 쇼핑백에 표현하여 우리나라를 방문하는 외국인들이 들고 다닐 수 있게 하거나 옷이나 가방의 표면을 장식하게 할 수도 있을 것이다. 이는 조각보를 다양한 상품으로 승화시키려는 노력이 필요하고 다른말로 하면 작품을 사업화할 수 있도록 도와줄 수 있는 전문가가 필요하다고 할 것이다.

한편 물품의 형상, 모양, 색채 등에 표현된 창작디자인은 디자인권으로 보호받을 수 있다. 디자인권의 보호범위는 디자인등록출원서의 기재사항 및 그 출원서에 첨부된 도면·사진 또는 견본과 도면에 적힌 디자인의 설명에 따라 표현된 디자인에 의하여 정하여진다. 디자인등록출원서의 기재사항에서 중요한 것 중 하나가 물품명인데 물품명은 신중하게 기재할 필요가 있다.

창작한 조각보를 디자인출원을 할 때 물품명을 '보자기'로 지정하여 출원하여 등록받으면 보호범위는 '조각보'와 동일 또는 유사물품에 한정되기 때문에, 조각보 등에 동일 또는 유사한 디자인이 표현되어 있는 경우에만 침해가 인정된다. 만약 누군가가 의류에 동일 또는 유사한 디자인이 표현한 경우에는 저작권 침해 여부는 논외로 하고 디자인권 침해는 아닐 수 있다.

시장에서 자기제품에 대한 보호막이 충분치 않은 경우 모방품, 복제품이 곧바로 등장할 수 있다. 또는 주요 창작의 요점만 복제하여 다른상품에 적용하여 등장할 수도 있다. 이러한 모방품, 복제품의 등장은 창작자의 창작의지를 꺾어 새로운 제품의 등장을 가로막아 장기적으로는 시장의 순기능을 망가트리고 제품시장이 정체되거나 퇴보할 수 있다.

대안으로서 디자인출원시 조각보에 표현된 디자인 중 중요한 창작요점을 도면에 도시하여 출원하면서 물품명을 '직물지'로 기재하고,

디자인의 설명에 '본 직물지는 보자기, 가방, 의류 등에 사용된다'고 기재한다면, 등록후 디자인권은 동일.유사 디자인이 표현된 직물지를 사용한 보자기, 가방, 의류 등에 까지 보호범위가 설정되므로 보다 두터운 보호를 받을 수 있다.

또한 상표권의 활용도 필요하다. 상표는 상품의 출처를 수요자가 인식할수 있게 하는 표식이다. 수요자는 경우에 따라 상표만 보고 공급자를 신뢰하여 상품을 구매할 수도 있다. 상표권은 이러한 상품의 출처표시 기능을 하는 상표를 보호 한다. 조각보 공방에는 여러 창작자 또는 생산자가 활동할 수 있다. 공통의 상표를 사용하여 신뢰할 수 있는 상품을 공급한다면 나중에는 수요자가 상표만으로 출처를 인식할 수 있을 것이다.

우리의 전통공예를 보호하면서 제품시장을 확대하려면 공예가들로부터 먼저 좋은 작품들이 많이 나와야 하고, 이러한 작품들을 다양한 제품들로 승화시킬 수 있도록 사업화할 수 있는 전문가의 노력도 필요하다. 아울러 시장에서 제품이 제대로 보호받을 수 있도록 디자인권, 상표권에 관한 전문가의 손길도 필요할 것이다.

마지막으로 전통공예품 관련 시장 규모는 그리 크지 않아 공예가들의 경제적 여력이 녹록치 않은 현실을 감안하여 정부의 지원도 필요하다고 본다. 우선 각종 공예품 공모전 출품작들을 대상으로 사업화 전문가 지원과 디자인등록 지원 방안을 마련함으로서 우리나라의 전통문화를 널리 알리고 시장 확대를 꾀할 필요가 있어 보인다.

전통공예품 시장이 성장하려면 공예가들의 창작품이 매출로 이어져 재창작의 원동력이 되는 시장순환구조가 잘 만들어져야 한다. 시장구조의 근간에 있는 공예가, 사업화전문가, 지재권보호 전문가 그리고 정부의 역할 중 어느 하나라도 부족하지 않도록 관심을 기울여야 할 것이다. (2024.06.20.)

26. 공개 전, 디자인·특허 출원 필수

일반인의 시각에서 디자인권, 특허권, 저작권은 서로 비슷해 보여서 뭐가 다른 건지 구분하기 어렵다.

세가지 권리가 개념적으로 유사한 점은 인간이 창작한 그 무엇인가를 보호한다는 점이다. 보호대상 관점의 차이점으로 저작권은 어문, 음악, 미술, 영상 저작물 등 예술이나 문학적인 창작물을 보호하여 그 보호대상 범위가 매우 넓다. 디자인권은 창작 디자인이 형상화된 특정의 물품을 보호 대상으로 하며, 특허권은 기술에 관한 것을 보호 대상으로 하는 점에서 저작권보다 보호 대상이 한정적이지만 구체적으로 창작성을 특정하기에 유리하다.

절차적인 관점에서 차이점 중 하나는 창작성의 존재 여부의 증명 방법이라 할 수 있다. 저작물의 창작성은 권리발생 단계에서는 당장 증명을 요하지 않지만 권리를 행사하려면 저작권자가 주장하고 증명해야 할 필요가 있다. 한국저작권위원회에 저작권등록을 하는 것으로 창작시기를 증명할 수 있지만 창작성까지 증명되는 것은 아니다. 한편 디자인권과 특허권은 출원하고 심사를 거쳐서 등록요건을 갖춘 경우에만 등록되고, 등록된 이후에는 권리자는 권리의 존재를 별도로 입증할 필요가 없다는 장점이 있다. 아울러 존속기간 만료전에는 무효심판을 거치지 않고 그 권리를 소멸시킬 수 없다. 요약하면 디자인권과 특허권은 정부기관인 특허청에서 전문적인 심사관의 심사를 거쳐 등록되고, 제3자는 심판절차에 의해서만 권리를 소멸시킬 수 있기 때문에 권리의 법률적인 안정성이 높다.

한편 디자인/특허출원 상담을 하다보면 많은 분들이 의아해 하는 것 중 하나가 자신이 출원 전에 공개한 내용 때문에 심사단계에서 등록이 거절될 수도 있다는 것이다. 예를 들어 제품출시 후에 시장 반응이 좋으니 지금이라도 출원을 해서 등록을 받아야겠다고 출원문의를 주시는 경우가 종종 있다. 그런 경우 대부분의 변리사는 언제부터 제품이 판매되었는지 물어 보기 마련이다. 왜냐하면 제품출시로 창작물이 공개된 후 1년이 지난 경우 자신이 공개한 것 때문에 디자인권이나 특허권을 받을 수 없는 상황이 될 수 있기 때문이다.

창작자로서는 선뜻 이해하기 힘들 수도 있지만 자유시장경제에서 예외적으로 독점력을 부여하는 특허/디자인제도의 성격상 필요한 것이기도 하다. 특허/디자인제도는 창작자가 창작한 내용을 세상에 공개하도록 하는 대신에 일정기간 독점권을 부여하는 제도이다. 이렇게 제도적으로 공개시킨 특허나 디자인을 다른 사람들이 활용하여 새로운 발명이나 디자인 창작으로 나아갈 수 있도록 한다. 어떻게 보면 디자인권/특허권은 새로운 기술개발 또는 디자인 창작의 공개에 대한 반대급부인 것이다. 이에 따라 제도의 목적상 새로운 발명이나 디자인에는 강력한 독점권을 주지만 이미 알려진 발명이나 디자인에는 독점권을 주지 않는다.

그 알려진 경위가 자기 스스로 했을 경우뿐만 아니라 누군가 제3자가 내 창작물을 보고 공개해버린 경우도 마찬가지다. 이를 신규성 요건이라고 하는데, 신규성 위반이란 출원된 디자인/발명이 출원시에 국내외에서 공지 또는 공연실시되거나, 반포된 간행물 게재 또는 전기통신회선을 통하여 공중이 이용할 수 있게 된 것을 말한다. 바꾸어 말하자면 이미 공지 등이 되어 알려진 창작에는 디자인권/특허권으로 보호해 주지 않는다. 이미 알려진 것에 독점권을 줄 필요가 없고, 이미 사람들에게 알려진 기술이나 디자인 등은 누구나 자유롭게 실시할 수 있도록 하는 것이 합당하기 때문이다. 다만 디자인권/특허권으로 보호해 주지 않는다는 것이지 저작권으로 보호될 수 있는 것까지 차단되는 것은 아니다.

여기에서 공지 등이 되었다는 것은 불특정 다수가 알 수 있는 상태로 된 것을 말한다. 불특정 다수가 실제로 알았는지 여부는 따지지 않는다. 공지 장소는 국내 국외를 포함하므로 어디서든 공개되면 공지된 것이다. 공지 방법으로는 전시회 전시, 제품 판매, 논문 발표, 인터넷 게재, 카달로그 배포 등 다양한 경로가 있을 수 있다. 공연실시란 불특정다수가 볼 수 있는 상태에서 디자인/발명이 실시된 것을 말한다. 과거에는 많은 경우 카달로그 등 책자 형태의 간행물이 공지 경로였지만, 최근에는 인터넷을 통해 검색할 수 있는 형태의 공지가 많아졌고 파일형태의 공개가 일반화되었다.

이렇게 출원시에 이미 공지 등이 된 경우 이를 신규성이 상실된 디자인/발명이라고 한다. 한편 신규성 상실이 되려면 디자인/발명의 주요부분이 모두 공지 등이 되어야 한다. 하지만 일부만 알려져서 신규성 상실까지 이르지는 않았어도 통상의 기술자가 이를 기초로 쉽게 따라할 수 있다면 창작성/진보성 요건을 통과할 수 없어서 등록을 받을 수 없다. 창작성/진보성 요건은 그 분야의 통상의 지식을 가진자가 공지된 디자인이나 발명으로부터 쉽게 창작할 수 있는 경우에도 마찬가지로 등록을 허여하지 않는다는 요건이다.

만약에 출원 전에 먼저 공개되어 신규성이 상실된 경우 최초 공지일로부터 1년 이내에 출원하면 예외적으로 구제받을 수 있다. 다만 공지된 것이 자신의 것임을 증명할 수 있어야 한다. 아울러 출원일이 소급되어 인정되는 것은 아니므로 최초 공지일과 출원일 사이에 제3자의 동일한 출원이 있거나, 유사한 디자인/발명이 공개되는 경우 문제가 복잡해질 수 있다. 따라서 불가피한 경우를 제외하고는 공개 전에 출원 먼저하는 것이 바람직하다.

자기제품을 개발하는 사업가라면 제품출시 전에 출원이 먼저라는 점을 염두에 둬야 한다. 또한, 문제가 커지기 전에 바로잡을 수 있도록 평소 우리가 건강관리를 위하여 정기적인 건강검진을 하거나 주치의에게 자신의 상태를 문의하는 것처럼 자신의 제품분야에 전문적인 변리사와 주기적으로 상담하는 것이 반드시 필요하다. (2024.08.07.)

PART 5.

문화유산 산책

27. 국가유산과 세계유산

우리 주변엔 유산들이 많다. 인공적이든 자연적이든 선조들을 거쳐 온 것들이 유산이니 우리는 늘 유산과 함께 살아간다해도 과언이 아니다. 그런데, 유산에도 구분이 있으니 인공적인 것은 문화유산, 무형유산, 자연적인 것은 자연유산이라 부른다.

2014년 5월 17일에 시행된 국가유산기본법 제3조(정의)에 따르면, "국가유산"이란 인위적이거나 자연적으로 형성된 국가적·민족적 또는 세계적 유산으로서 역사적·예술적·학술적 또는 경관적 가치가 큰 문화유산·자연유산·무형유산을 말한다.

이들 국가유산을 뒷받침하기 위해 국가에서는 2024년부터 3가지 법률을 시행하고 있는데, 문화유산의 보존 및 활용에 관한 법률, 자연유산의 보존 및 활용에 관한 법률, 무형유산의 보전 및 진흥에 관한 법률이 그것이다.

그 중 "문화유산"이란 우리 역사와 전통의 산물로서 문화의 고유성, 겨레의 정체성 및 국민생활의 변화를 나타내는 유형의 문화적 유산을 말한다.(3조 2항) "자연유산"이란 동물・식물・지형・지질 등의 자연물 또는 자연환경과의 상호작용으로 조성된 문화적 유산을 말한다.(3조3항) "무형유산"이란 여러 세대에 걸쳐 전승되어, 공동체・집단과 역사・환경의 상호작용으로 끊임없이 재창조된 무형의 문화적 유산을 말한다.(3조4항)

이러한 문화재들은 국가나 지방정부에서 특별한 관심과 보존 관리를 위해 문화유산위원회, 무형유산위원회, 자연유산위원회 등의 위원회를 설치하고, 위원회의 심의를 거쳐 국가 또는 시·도 유산, 자료 등으로 지정한다. 국가유산의 경우에는 문화유산의 보존 및 활용에 관한 법률에 따라 문화유산위원회의 심의를 거쳐 국보, 보물, 사적, 국가민속유산을 지정한다. 무형유산의 보존 및 진흥에 관한 법률에 따라 국가무형유산으로, 자연유산의 보존 및 활용에 관한 법률에 따라 천연기념물, 명승으로 지정한다. 또 광역지자체에서도 시·도지정(문화·무형·자연)유산, 문화유산자료 등을 지정한다.

문화유산법에 따르면, 첫째 유형문화유산이란 건조물, 전적(典籍), 서적(書跡), 고문서, 회화, 조각, 공예품 등 유형의 문화적 소산으로서 역사적・예술적 또는 학술적 가치가 큰 것과 이에 준하는 고고자료(考古資料)인데, 여기에 속하는 것들이 국보, 보물로 지정한다.

보물이란 '유형문화유산 중 중요한 것'으로서, (가)건조물(建造物) : 목조건축물류, 석조건축물류, 분묘, 조적조, 콘크리트조 건축물류 등, (나)전적·서적·문서 : 전적류[사본류(寫本類), 판본류, 활자본류(活字

本類)]. 서적류(寫經, 御筆, 名家筆跡, 筆, 墨跡, 懸板, 柱聯 등), 문서류, (다)회화·조각, (라)공예품, (마)고고자료, (바)무구(武具) 등이 여기에 해당된다.

이들 보물 중에서, '인류문화의 관점에서 볼 때 그 가치가 크고 유례가 드문 것'을 특별히 국보로 지정한다. 국보로 곧바로 지정하는 경우도 있으나 최근의 추세는 지방문화유산에서 보물로, 보물에서 국보로 승격시키는 사례가 많다.

둘째, "무형유산"이란 「국가유산기본법」 제3조제4호에 해당하는 유산으로서, 흔히 인간문화재라 칭해져 왔던 것들인데, 무형유산법(제2조)에서 다음과 같은 것들로 정의한다. (가)전통적 공연·예술, (나)공예, 미술 등에 관한 전통기술, (다)한의약, 농경·어로 등에 관한 전통지식 (라)구전 전통 및 표현, (마)의식주 등 전통적 생활관습, (바)민간신앙 등 사회적 의식(儀式), (사)전통적 놀이·축제 및 기예·무예 등이다.

이들 무형유산을 본전, 진흥하기 위하여 무형유산 중 중요한 것들을 국가 또는 시도무형유산으로 지정하고, 보유자, 명예보유자, 전승교육사 등으로 인정하여 무형유산을 보호하고 육성하기 위해 노력하고 있다.

셋째, 자연유산법(제2조 정의)에 따르면, "자연유산"이란 자연물 또는 자연환경과의 상호작용으로 조성된 문화적 유산으로서 역사적·경관적·학술적 가치가 큰 다음 각 목의 어느 하나에 해당하는 것을 말한다.

(가)동물(그 서식지, 번식지 및 도래지를 포함한다). (나)식물(그 군락지를 포함한다). (다)지형, 지질, 생물학적 생성물 또는 자연현상. (라)천연보호구역. (마)자연경관: 자연 그 자체로서 심미적 가치가 인정되는 공간. (바)역사문화경관: 자연환경과 사회·경제·문화적 요인 간의 조화를 보여주는 공간 또는 생활장소. (사)복합경관: 자연의 뛰어난 경치에 인문적 가치가 부여된 공간 등이다.

위 자연유산 중 역사적·경관적·학술적 가치가 뛰어난 것들을 국가에서는 천연기념물, 명승, 광역지자체에서는 시도자연유산, 자연유산자료 등으로 지정하고 있다.

이들 문화유산, 무형유산, 자연유산의 보존과 보호에도 원칙이 있으니, 법에서는 다음과 같이 규정하고 있다.

문화유산의 보존·관리 및 활용은 원형유지를 기본원칙으로 한다.(문화유산법 제3조 문화유산보호의 기본원칙)

무형유산의 보전 및 진흥은 전형 유지를 기본원칙으로 하며, 다음 사항이 포함되어야 한다. 민족정체성 함양, 전통문화의 계승 및 발전, 무형유산의 가치 구현과 향상(무형유산법 제3조 기본원칙)

자연유산은 다음 각 호의 원칙에 따라 보존·관리 및 활용되어야 한다고 규정한다. 인위적인 간섭을 최대한 배제하되, 자연적인 변화 등 자연유산의 고유한 특성을 반영할 것, 자연유산의 보존·관리는 지속가능한 활용과 조화를 이룰 것, 국민의 재산권을 과도하게 제한하지 아니할 것(자연유산법 제3조 자연유산 보호의 기본원칙)

위에서 우리나라의 유산을 살펴보았다. 이제, 한국에서 지정한 유산 이외에 세계인이 인정한 세계유산에 대해 살펴보자. 우리는 도시의 경계를 넘을 때, 예를 들어 공주시 입구에 '유네스코 세계유산 도시 공주' 등과 같은 자부심 넘치는 도시 명칭을 볼 수 있다. 바로 우리나라에서 지정하는 국가유산을 넘어 세계인, 전 인류가 보존하고 관리하여 후손에게 물려 주어야 하는, 탁월한 보편적 가치를 지닌 유산인 유네스코 세계유산이 소재한 도시라는 의미이다. 이러한 '세계유산'은 1972년 '세계 문화 및 자연 유산 보호 협약'에 따라 유네스코에서 세계유산 목록에 등재한다. 여기에는 문화유산, 자연유산 그리고 자연유산 위에 문화유산이 어우러진 복합유산 등 3가지 종류로 구분된다.

2023년 9월 10~24일, 제45차 유네스코 세계유산위원회가 열려 우리나라의 '가야고분군(Gaya Tumuli)'포함, 문화유산 33건, 자연유산 9건 등 총 42건의 유산이 새로이 세계유산에 등재되었고, 5건이 확장 등재되었다. 이에 따라 세계유산은 총 1,199건으로 늘어났는데, 그 중 문화유산 933건, 자연유산 227건, 복합유산 39건이다. 우리나라는 종묘, 백제역사유적지구, 갯벌, 가야고분군 등 16건의 세계유산

(문화유산 14건, 자연유산 2건)을 보유하게 되었다.

 한편 2023년 5월 16일 국가유산법이 제정되어 2024년 5월 17일부터는 '문화재(財)' 명칭이 '국가유산(遺産)'으로 변경되었다. 그 배경에는 문화재란 용어가 재화적 성격의 문화 '재(財)'의 느낌이 강하여 과거·현재·미래가치를 포함하는 '유산(遺産)'으로 패러다임을 전환시킬 필요가 있어 국가유산체제로 전환하게 된 것이다. 새로운 국가유산의 체제 속에서, 변화 발전할 우리나라 유산의 보존과 진흥, 활용을 기대해 본다. (2023.10.05. / 2024.10. 일부 수정)

28. 김 장

지난 주말 김장을 하기 위해 시골을 다녀왔다.

객지로 나가 있는 동생들, 친지들이 함께 모여 김치를 담그는 연례행사를 가졌다. 이로써 한 해동안 해야 할 큰 숙제 하나를 끝낸 것 같은 기분이다. 김장을 위해 시골에 계신 어머님을 중심으로 큰 행사를 치르듯, 날자를 잡고, 밭에 있는 배추와 무를 뽑고, 김장에 쓸 고춧가루며, 마늘, 파, 액젓 등을 준비하고, 김장말 먹을 보쌈용 돼지고기까지 준비하며 D데이를 준비하였다.

이러한 김치 담그는 행사가 어찌 우리 집안 만의 일이겠는가?. 주변을 돌아보면 함께 모여 김장을 하는 것을 심심찮게 발견할 수 있다. 김장 하셨나요? 하는 인사가 통용될 만큼 우리 사회에서는 설, 추석 같은 명절 버금가는 연례행사가 되어 있는 것도 사실이다.

김장은 곧 김치를 담그는 일이다. 겨우내 먹기 위하여 통배추김치·깍두기·동치미 등 등의 김치를 한꺼번에 많이 담그는 일. 또는 그렇게 담근 김치를 지칭한다. 이러한 김치는 세계가 주목하는 한국의 대표적인 식품이다. 한국의 자존심, 상징이기도 하다. 국제적으로 본다면 2001년, 국제식품규격위원회(Codex)로부터 국제 규격식품으로 공인받았고, 2006년에는 미국의 건강잡지인 〈Health〉가 선정한 세계 5대 건강식품으로, 2008년에는 러시아 의생물학연구소(IBMP)가 국제우주정거장에서 먹을 수 있는 '우주식품' 인증되기도 했으며, 2013년에는 〈Times〉지가 선정한 세계 건강식품 Top 10에 오르기도 하였다. 그리고 마침내 2013년 12월 유네스코 인류무형문화유산 '김장문화' 등재되는 등 김치는 한국을 넘어 세계적인 음식으로 자리매김하고 있다.(네이버 지식백과, 김치와 김장문화 - 한국을 대표하는 음식 아이콘 (맛있는 한국여행, 2014. 12.)

잘 알다시피 국제적으로 인류의 유산을 보존하기 위하여 유엔의 산하 유네스크에서는 각 국간의 협약에 따라, 세계유산, 인류무형유산, 세계기록유산 등 3개 분야에 걸쳐 유네스코 유산을 등재한다. 한국에는 세계유산으로 석굴암·불국사(1995년 등재), 가야고분(2023년 등재) 등 16건, 세계기록유산으로 훈민정음(1997년 등재), 동학농민혁명기념물(2023년 등재) 등 18건이 있다.

그 중 '인류무형문화유산'이란 유네스코 무형문화유산 보호 협약(Convention for the Safeguarding of Intangible Cultural Heritage)에 의거하여 문화적 다양성과 창의성이 유지될 수 있도록 대표목록 또는 긴급목록에 각국의 무형유산을 등재하는 제도이다. 2005년까지 인류구전 및 무형유산걸작이라는 명칭으로 유네스코 프로그램 사업이었으나 지금은 세계유산과 마찬가지로 정부간 협약으로 발전되었다.(문화재청 국가문화유산포털 참조). 한국의 유네스코 등재 인류무형문화유산은 종묘제례 및 종묘제례악(등재년도 2001년), 판소리(2003), 강릉단오제(2005), 강강술래(2009), 남사당놀이(2009), 영산재(2009), 제주 칠머리당 영등굿(2009), 처용무(2009), 가곡(2010), 대목장(2010), 매사냥(2010), 택견(2011), 줄타기(2011), 한산모시짜기(2011), 아리랑(2012), 김장문화(2013), 농악(2014), 줄다리기(2015), 제주해녀문화(2016), 씨름(2018), 연등회(2020), 한국의 탈춤(2022) 등 22건이다.

그 중에서 김장문화는 지역과 세대를 초월해 광범위하게 전승되고 한국들이 이웃과 나눔의 정을 실천하며, 결속을 촉진하고 한국인들에게 정체성과 소속감을 준다는 점과 비슷한 천연재료를 창의적으로 이용하는 식습관을 가진 국내외 다양한 공동체들 간의 대화를 촉진함으로써 무형유산의 가시성을 제고하는데 기여했다는 점을 인정받아 인류무형문화유산으로 등재되었다.(문화재청 국가문화유산포털 인용) 이렇듯 김장문화가 유네스코 인류무형문화유산으로 등재된 것은 전 세계인이 인정하는 세계적인 무형유산이며, 한국의 대표적인 유산이란 의미이기도 하다.

이러한 김치의 유래를 잠시 살펴보자. 고려시대 중엽 문장가인 이규보의 〈동국이상국집〉에 "장을 담근 무 여름철에 먹기 좋고, 소금에 절인 순무 겨울 내내 반찬 되네."라는 기록이 있는 것으로 보아도 채소를 절여, 즉 김장을 하여 겨울을 난 것으로 이해할 수 있다. 삼국시대에 채소를 소금에 절여 보관하던 것에서 발전하여 고려에서는 절인 채소에 양념을 더하는 김치로 발전하여 오이, 미나리, 갓, 부추 등 채소 양념이 곁들여지고, 파, 마늘이나, 생강, 귤피 같은 향신료를 사용한 양념 김치 여기에 더하여 물김치도 등장한 것으로 알려지고 있다.

한편, 현재와 같은 김치로 발전한 것을 고추 도입과 해산물 젓갈류가 더해지는 조선시대 후기 임진왜란 이후이다. 감칠맛을 더해주는 해산물 젓갈류가 고추의 매운 맛과 향 때문에 해산물 특유의 비릿한 맛이 줄어들면서 김치는 식물성 재료와 동물성 재료가 적절히 혼합된 한국만의 독특한 채소 발효음식으로 발달하게 되었다.

이러한 김치는 각 지역별로, 또 집집마다 크고 작은 독특한 차별성을 지니며 각양각색의 맛을 지닌다. 지방마다 김치 맛이 다른 것은 기후에 따라 양념과 젓갈이 다르기 때문이다. 추운 북쪽 지방인 함경도·평안도 지역은 싱겁게 소금간을 하고 양념도 담백하게 하여 채소의 신선미를 살리는 반면에, 남쪽지방은 소금간을 세게 하고 빨갛고 진한 맛의 양념을 하며 국물을 적게 만든다. 젓갈 종류도 다양하게 사용하는데, 함경도·평안도 등 북부지방과 중부지방은 새우젓·조기젓이 많고, 경상도·전라도 등 남부지방은 멸치젓이 많이 사용된다. 함경도 지방에서는 명태 등의 생선을 넣고, 평안도는 쇠고기 국물, 전라도에서는 찹쌀풀이나 쌀을 넣기도 한다.(민족문화대백과사전 참조)

김치의 기본은 배춧잎 사이사이에 양념속을 넣는 통배추김치가 기본이지만 이 밖에도 매우 다양한 것들이 있다. 그 중 몇을 들어보면, 보쌈김치, 배추속대김치, 깍두기, 비늘깍두기, 동치미와 짠지, 고들빼

기김치·파김치·갓김치, 섞박지 등 등이다. (두산백과 참조)

　해마다 김장철이 되면 언론기사도 대거 쏟아진다. 사회 지도층, 유명인 누가 김장 봉사를 했다는 보도, 김장을 하여 불우한 이웃에 전달하였다는 보도 등이 심심잖게 보인다. 또 한 편에서는 직접 집에서 담가 먹는 대신 완제품인 김치를 사먹는 추세도 늘어, 최근 식품산업정보통계(FIS)에 따르면 2023년 1~9월 할인점, 슈퍼, 편의점, 백화점 등 소매점에서 팔린 김치 총판매액은 2326억원으로 집계되고 있다는 보도도 보인다. 주변에서도 김장대신 김치를 사먹기로 했다는 이야기도 종종 들린다.

　현재도 김장문화는 진행 중이다. 그리고 김장 문화도 변하고 있는 것도 사실이다. 그러나 한국인의 밥상에 빠질 수 없는 김치는 한국인의 대표 음식이며 문화로서, 세계인의 인류무형문화유산으로서 한국과 인류의 문화와 함께 지속될 것임에는 틀림없다. (2023.11.23.)

29. 세계유산이란 무엇일까?

 필자가 근무하는 곳은 충남, 전북, 공주, 부여, 익산에서 공동으로 설립한 (재)백제세계유산센터이다. 우리 센터에서는 〈백제세계유산〉을 관리, 홍보, 활용하는 사업을 진행한다. 흔히 〈백제세계유산〉이라 불리지만 공식명칭은 〈백제역사유적지구, Baekje Historic Areas〉로서, 2015년 7월 8일, 독일 본에서 열린 제39차 유네스코 세계유산위원회(WHC)에서 '세계유산'으로 등재되었다.

 이 유적들은 백제 후기의 유적으로서 웅진시기의 공주 공산성, 공주 무령왕릉과 왕릉원, 사비시기의 부여 관북리유적과 부소산성, 부여 정림사지, 부여 왕릉원, 부여 나성, 사비후기 익산 왕궁리유적과 익산 미륵사지 등으로 구성된 연속유산이다.

 이 글에서는 세계유산이란 무엇이며, 어떤 요건에 의해 어떤 절차를 거쳐 등재되는지 등을 살펴보고자 한다.

세계유산이란?

유산이란 우리가 선조로부터 물려받아 오늘날 그 속에 살고 있으며, 앞으로 우리 후손들에게 물려주어야 할 자산이다. 유산의 형태는 다양하다. 부동산 유산을 기준으로 볼 때, 한국의 석굴암, 종묘, 가야고분군, 이집트의 피라미드, 남미대륙의 바로크 성당과 같이 인류에 의해 만들어진 것들이 있는가 하면, 한국의 갯벌, 제주화산섬과 용암동굴, 아프리카 탄자니아의 세렝게티 평원, 호주의 산호초와 자연에 의해 존재하는 것들도 있다. 우리는 전자를 문화유산, 후자를 자연유산이라 구분해 부르기도 한다. 또 자연유산 위에 문화유산이 어우러진 유산이 있는데 이를 복합유산으로 부른다. 이들 모두 다른 어느 것으로도 대체할 수 없는 인류의 삶과 영감의 원천이다.

이러한 인류 보편적 가치를 지닌 자연유산 및 문화유산들을 발굴 및 보호, 보존하고자 전세계적인 합의에 이르게 되었는데, 이러한 개념으로서 세계유산이 등장하게 되었다. 이는 이 유산들이 특정 소재지와 상관없이 모든 인류에게 속하는 보편적 가치를 지니고 있기 때문이다. 이에 유엔의 산하기구인 유네스코는 1972년 세계 문화 및 자연 유산 보호 협약(Convention concerning the Protection of the World Cultural and Natural Heritage; 약칭 '세계유산협약')을 채택하였다.

이 협약에 따라 세계유산협약에 가입한 국가들이 자국 내의 부동산 유산 중 '탁월한 보편적 가치(Outstanding Universal Value)'를 지닌 유산을 세계유산으로 등재 신청하면, 자문기구인 이코모스의 평가를 바탕으로 유네스코 세계유산위원회에서 등재 여부를 결정하게 되며, 여기에서 등재결정이 이루어진 유산은 '세계유산' 불리게 된다.

참고로 세계유산 이외에 유네스코 유산은 세계유산, 인류무형문화유산, 세계기록유산 등이 있다.

세계유산 등재 절차

이러한 세계유산의 등재는 어떻게 진행될까? 먼저 잠정목록 등재 후 예비평가 그리고 본 심사를 위한 절차를 밟게 된다. 예비평가제도는 2024년부터 도입된 새로운 제도이다. 이를 위해 우선 국내 절차를 거쳐 유네스코 세계유산위원회에서 등재 여부가 결정된다.

먼저 국내에서의 잠정목록등재신청 절차를 살펴보자. 신청의 주체는 특별시장 · 광역시장 · 도지사 또는 특별자치도지사 또는 유산 관련 중앙행정기관이다. 여기에서 세계유산 등재기준과 UNESCO 세계유산 잠정목록등재 신청서를 제출한다. 이 신청서는 국가유산청 문화유산위원회 세계유산분과위원회의 심의와 서류심사, 현지조사 일정 등을 고려하여 위 위원회 개최 2~3개월 전에 제출토록 하고 있다.

등재신청서를 제출 받은 국가유산청은 신청된 유산에 대하여 서류심사와 현지조사를 실시하여 조사보고서를 작성한다. 이후 세계유산분과위원회의 심의를 거쳐 잠정목록 대상 유산으로 선정되면, 잠정목록 등재 신청서를 유네스코 세계유산위원회 사무국에 제출한다. 세계유산 잠정목록 등재 이후 문화유산위원회 세계유산분과위원회 심의를 거쳐 우선 등재목록을 선정하는데, 유네스코 규정은 국가당 2~4건을 넘지 못하도록 하고 있다.

우선등재목록 선정 이후 예비평가 대상 선정하게 된다. 시·도지사 또는 중앙행정기관이 예비평가 서류를 제출(국문)하면, 세계유산분과위원회의 심의를 거쳐 매년 7월 31까지 1개의 예비평가 대상 유산을 선정하여 유네스코에 제출한다. 이 때 예비평가 신청서는 영문본으로 작성하여 당해연도 9월 15일까지 유네스코 세계유산위원회 사무국에 제출토록 하고 있다. 예비평가제도란 올해부터 도입되었는데, 세계유산 등재신청과 선정절차 이전에 UNESCO 주관 하에 이루어지는 사전심사 제도로서 본 등재신청과 선정수준에 준하는 심의를 거친다.

유네스코에서의 예비평가의 결과를 통보받으면 문화유산위원회 세계유산분과위원회 심의를 거쳐 2개의 유산을 등재 신청연도 전전년 12월 31일까지 세계유산 등재신청 후보로 선정한다.

선정된 등재신청 후보에 대한 등재신청서를 검토하기 위한 문화유산위원회 세계유산분과 소위원회를 구성하여 문화유산위원회 세계유산분과위원회의 심의를 거쳐 등재신청연도 전년 7월 31일까지 최종 등재신청 대상 1건을 선정하여 유네스코 세계유산위원회에 본 신청서를 제출하게 된다. 이후 위에서 언급한 것과 같이 유네스코에서 세계유산 등재를 위한 절차를 진행하여 세계유산으로 등재된다.

세계유산 등재요건

이러한 세계유산은 아래와 같은 등재요건을 충족해야 한다.

표) 세계유산 등재요건

구분		기준	사례
문화유산	I	인간의 창의성으로 빚어진 걸작을 대표할 것	호주 오페라 하우스
	II	오랜 세월에 걸쳐 또는 세계의 일정 문화권 내에서 건축이나 기술 발전, 기념물 제작, 도시 계획이나 조경 디자인에 있어 인간 가치의 중요한 교환을 반영	백제역사유적지구 러시아 콜로멘스코이 성당
	III	현존하거나 이미 사라진 문화적 전통이나 문명의 독보적 또는 적어도 특출한 증거일 것	백제역사유적지구 태국 아유타야 유적
	IV	인류 역사에 있어 중요 단계를 예증하는 건물, 건축이나 기술의 총체, 경관 유형의 대표적 사례일 것	종묘
	V	특히 번복할 수 없는 변화의 영향으로 취약해졌을 때 환경이나 인간의 상호 작용이나 문화를 대변하는 전통적 정주지나 육지*바다의 사용을 예증하는 대표 사례	리비아 가다메스 옛도시
	VI	사건이나 실존하는 전통, 사상이나 신조, 보편적 중요성이 탁월한 예술 및 문학작품과 직접 또는 가시적으로 연관될 것 (다른 기준과 함께 적용 권장)	일본 히로시마 원폭돔
*모든 문화유산은 진정성(authenticity; 재질, 기법 등에서 원래 가치 보유) 필요			

자연유산	VII	최상의 자연 현상이나 뛰어난 자연미와 미학적 중요성을 지닌 지역을 포함할 것	케냐 국립공원, 제주 용암동굴·화산섬
	VIII	생명의 기록이나, 지형 발전상의 지질학적 주요 진행과정, 지형학이나 자연지리학적 측면의 중요 특징을 포함해 지구 역사상 주요단계를 입증하는 대표적 사례	제주 용암동굴·화산섬
	IX	육상, 민물, 해안 및 해양 생태계와 동·식물 군락의 진화 및 발전에 있어 생태학적, 생물학적 주요 진행 과정을 입증하는 대표적 사례일 것	케냐 국립공원
	X	과학이나 보존 관점에서 볼 때 보편적 가치가 탁월하고 현재 멸종 위기에 처한 종을 포함한 생물학적 다양성의 현장 보존을 위해 가장 중요하고 의미가 큰 자연 서식지를 포괄	중국 쓰촨 자이언트팬더 보호구역
공통		완전성(integrity) : 유산의 가치를 충분히 보여줄 수 있는 충분한 제반 요소 보유	
		보호 및 관리체계 : 법적, 행정적 보호 제도, 완충지역(buffer zone) 설정 등	

※ 유네스코 한국위원회 홈페이지 참조

우리나라의 세계유산과 기대

2023년 9월 10~24일, 제45차 유네스코 세계유산위원회가 열렸다. 여기에서 우리나라의 '가야고분군(Gaya Tumuli)' 포함, 문화유산 33건, 자연유산 9건 등 총 42건의 유산이 새로이 세계유산에 등재되었고, 5건이 확장 등재되었다. 이에 따라 전세계의 세계유산은 총 1,199건으로 늘어났는데, 그 중 문화유산은 933건, 자연유산은 227건, 복합유산은 39건이다.

우리나라는 종묘, 백제역사유적지구, 갯벌, 가야고분군 등 16건의 세계유산(문화유산 14건, 자연유산 2건)을 보유하게 되었다. 종묘(1995), 해인사장경판전(1995), 석굴암과 불국사(1995), 창덕궁(1997), 수원화성(1997), 경주역사유적지구(2000), 고창, 화순, 강화의 고인돌 유적(2002), 제주 화산섬과 용암동굴(2007), 산사, 한국의 산지승원(2018),조선왕릉(2009), 한국의 역사마을: 하회와 양동(2010), 남한산성(2014), 백제역사유적지구(2015), 한국의 서원(2019), 한국의 갯벌(2021), 가야고분군(2023) 등이다.

세계유산은 한국을 넘어 세계가 검증하고 인정한 인류의 유산이다. 세계유산을 보유한 지역을 들어서다 보면 유네스코 세계유산 도시라는 홍보판을 쉽게 만나게 된다. 그만큼 세계유산을 보유한 지역의 자긍심을 웅변하는 표현이다. 세계유산 등재는 이 밖에도 관광객이 늘어 지역 경제에 도움이 되며, 유적의 관리에도 적극적인 정성을 기울이게 되는 순기능이 뒤따르게 된다. 세계유산 등재를 위한 국가 간, 지역 간의 경쟁도 치열해지고 있는 게 현실이다. 앞으로도 우리나라에 더 많은 세계유산이 등재되길 기대하며 글을 마친다. (2024.01.25.)

30. 공주 공산성을 돌아보며

역사 속에서 수많은 국가와 민족은 주역으로 등장했다 사라지고, 또 그 명맥을 이어가길 반복하였다.

우리 한국의 역사, 이 땅에서도 청동기시대, 철기시대를 거치면서 성립된 수많은 소국들이 백제, 신라, 고구려 3국에 더하여 가야로 정립되었으며, 그 속에서 한국문화의 기반이 되는 고대문화를 만들어 내었다.

그 중 백제는 치열한 영욕의 역사 속에서도 백제의 미학으로 일컬어지는 '검이불루 화이불치'의 절제미를 이루어 냈으니 그 문화 역량은 실로 대단하다 할 수 있겠다. 그 대표적인 현장으로서 백제와 운명을 같이 했던 곳이 있으니, 바로 백제의 왕성 중 하나였던 공산성이다. 이 글에서는 백제의 문화가 꽃 피워 낸 현장, 지금은 세계적인 유적지가 되어 있는 공산성에 대해 잠시 생각해 보려고 한다.

잘 아다시피, 백제는 한국 고대국가의 하나이다. 기원전 18년 건국되어 660년 멸망할 때까지 약 700년 동안 31명의 왕이 재위하였다.

한성(서울)에서 웅진(공주)으로 천도하여 약 60여 년(475~538), 웅진에서 사비(부여)로 천도하여 약 120여 년(538~660년)을 영위하는 등 두 번의 천도를 단행하였다.

백제의 시작은 한강유역에 위치한 마한의 하나인 '십제'로서 북쪽에서 내려온 부여씨 일족이 세운 소국이었다. 점차 주변국들을 병합하며 성장하여 3세기 무렵 고이왕(재위 234~286년) 대에는 관등제도와 법률을 정비하여 중앙 집권국가의 틀을 갖추었다. 4세기 중반, 근초고왕(재위 346~375년)은 남으로는 마한의 최강국인 목지국을 정복하는 등 마한을 병합하고, 북으로는 황해도까지 진출하여 고구려의 고국원왕을 전사시키는 등 강력한 국력을 과시하였다. 또 백제는 일본에 아직기, 왕인박사 등의 학자를 보내 일본 고대문화인 아스카(飛鳥)문화의 만드는데 크게 기여하였다.

그러나, 고구려 장수왕의 남진정책으로, 475년에는 한성이 함락되고 개로왕(재위 455~475년)이 피살되는 등 극심한 혼란을 겪기에 이르렀다. 이에 따라 500년 도읍지 한성을 뒤로하고 급히 남천할 수 밖에 없는 위기에 봉착하였다. 결국 개로왕의 뒤를 이은 문주왕(재위 475~477년)은 한성을 버리고 웅진(공주)으로 도읍을 옮기게 되었다.

이 때 한성에서 웅진으로 옮겨 자리잡은 왕성이 지금의 공산성이다. 공산성은 금강을 끼고 있으며, 이를 품은 웅진은 서해의 뱃길로 이어지는 금강을 효율적으로 이용할 수 있고 방어에 유리한 강점을 지니고 있다. 공산성은 해발 110m인 공산(公山)의 정상과 서쪽의 봉

우리까지 에워싼 산성으로, 성벽의 둘레는 약 2.7km, 동서 약 800m, 남북 약 400m이다.

백제부터 조선시대까지도 군사적 요충지로 사용되어, 성 안에는 백제 당시의 왕궁 건물지, 생활유적들과 통일신라, 고려, 조선의 유적들이 많이 남아 있다. 1980년대부터 발굴조사가 시작되어 성의 축조기법과 성안의 다양한 유적 모습이 세상에 알려졌다.

성곽 축조는 한성기부터 이어온 흙과 모래를 번갈아 쌓아 다져서 성벽을 만드는 판축기법이 사용되었다. 또 바닥을 도랑처럼 파고, 기둥을 촘촘하게 세운 후 고운 흙으로 벽을 발라 두껍게 만드는 벽주건물지가 남아있는데, 이는 고대 중국과 일본에도 보이는 전통이다. 이는 당시 중국의 기술을 수용하여 백제의 토목건축 기술로 발전시켜, 다시 일본으로 전파시킨 문화교류를 보여주는 실질적인 증거이다.

웅진 천도를 단행한 문주왕의 뒤를 이어 동성왕(재위 475~501년)과 무령왕(재위 501~523년)은 귀족세력을 재편하여 왕권을 강화하였고, 중국 남조와도 활발하게 교류하며 선진문명을 적극적으로 수용하였으며, 갱위강국을 선포할 정도로 국력을 회복하며 중흥의 초석을 다졌다.

무령왕의 아들인 성왕(재위 523~554년)은 무령왕의 장례를 성대히 모셨는데, 이는 공주 무령왕릉과 그 안에서 출토된 지석, 금제관식 등 5천여 점의 유물에 그 모습이 여실히 담겨 있다. 또 성왕은 공주에 대통사를 창건하였으며, 538년에는, 백제의 보다 큰 융성을 위하여 지금의 부여인 사비로 도읍을 옮기었다. 한편으로 중국의 장인을 초빙하여 신기술을 수용하고, 일본에 불교와 기술전문가를 파견하여 선진문물을 전수하는 등 국제적인 교류와 함께 백제 중흥의 가도를 달렸으나, 신라와의 전쟁 중 관산성(충북 옥천지방) 전투에서 전사하였다.

성왕의 뒤를 이은 위덕왕은 백제의 내실을 다지는 데 진력하였다. 부여 왕흥사, 능산리 사지 등이 이때 건립된 것이다. 이후 무왕(재위 600~641년)은 왕권 강화하며, 현재의 익산인 지모밀지에 왕궁과 미륵의 용화 세계를 구현한 미륵사를 창건하였다.

660년, 백제는 신라와 당 연합군의 침략으로 웅진성으로 피난한 의자왕이 당에 붙잡히고, 사비(부여)도성이 함락되면서 멸망의 길을 걷게 되었다. 이어 3년에 걸쳐 치열한 부흥운동이 전개되었으나 내분으로 성공하지 못하고 결국 국가의 명운을 다하였다.

다시, 공주의 웅진성으로 돌아와 이야기를 전개해 보면, 사비천도 이후에도 웅진성은 백제의 중요 거점으로 활용되었다. 위에서 언급했듯, 백제 멸망 당시 의자왕이 사비에서 이곳으로 피신하여 항전하다가, 당시 웅진성주였던 예식진의 배신으로 당나라에 끌려간 현장이 이곳이다. 백제 멸망 이후, 당(唐)의 웅진도독부가 설치되어 군사령부 역할을 하였고, 통일신라시대에는 웅천주(熊川州)가 설치되었으며, 통일신라 말, 김헌창이 난을 일으킨 거점이기도 하였다. 조선시대에는 임진왜란 이후 충청감영을 공주에 두어 성 내부에 감영이 설치되기도 했으며 조선 중기에는 인조가 이괄의 난을 피하여 잠시 머물기도 한 역사적인 장소였다.

일제강점기에 공산성은 공원으로 변하여 현대에도 한동안 산성공원이라 불렸고, 금강에 인접한 공북루 쪽에 마을도 생겨 주민들이 거주하였다. 산허리를 두른 차량 운행이 가능한 산복 길도 만들어졌다. 현재는 마을을 철거하고 전면 발굴조사하여 백제 당시의 유적지로 정비되어 있는 상태이다.

돌이켜 보면, 백제의 문화는 한국의 전통문화에 큰 영향을 끼치었다. 고구려·신라와 함께 한국 고대문화의 핵심으로서 동아시아 문화교류의 중심에 위치하였다. 선진문화를 수용하여 이를 다시 수준 높은 문화로 재창출하였다. 이를 다시 주변국들에게 전파함으로써 동아시아 문화발전에 크게 기여하였다.

또, '백제'라는 나라는 없어졌지만, 우리의 문화 저변에 흐르는 검이불루 화이불치, 즉 검소하지만 누추하지 않고, 화려하지만 사치스럽지 않았다는 절제의 미학은 여전히 오늘날에도 우리 역사 속에서 살아 있다. 백제는 죽은 것이 아니라 우리의 맥을 타고 지속되고 있는 것이며, 그 문화의 정신은 지금도 진행형이다.

공산성은 웅진시기(475~538년)에 축조된 왕성이자 방어성으로 웅진성(熊津城)이라 불렸고 백제 이후에도 중요한 거점으로 역사 속에 자리하고 있다. 백제 후기의 왕성으로서, 동아시아 문명교류의 핵심 유적의 하나로서, 그 가치가 인정되어 유네스코 세계문화유산으로 등재된 공산성은 이제 인류가 함께 인정하고, 지켜야 할 세계적인 문화자원이 되었다.

백제가 자리했던 특히 그 왕도지역에 남겨진 유네스코 세계유산에 등재된 공주의 '공산성', '무령왕릉과 왕릉원', 부여 '관북리유적과 부소산성', '정림사지', '나성', '부여왕릉원', 그리고 익산의 '미륵사지'와 '왕궁리유적' 등 〈백제역사유적지구〉 8개 유적의 하나로서, 백제 문화의 상징이며, 백제의 문화 역량을 담고 있는 문화자원의 보고이며, 새로운 문화 창조의 토대가 되고 있는 것이다.

백제는 사라졌으나 그 문화의 생명은 영속성을 띠고 확대 재산상중이다. 이러한 문화를 간직하고, 가꾸어 키워나가고, 창조의 자원으로서 활용해 온 것이 우리 선조들과 선배들과 우리들이 해 온 역할이며, 앞으로 후배들과 함께할 사명이기도 하다. 유산이 말그대로 과거의 것으로 남을 것인지, 아니면 미래의 위대한 자원이 될 것인지 하는 것은, 지금 우리가 어떻게 하는 가에 달려 있기 때문이다. (2024.03.21.)

31. 무령왕릉, 지석과 기록의 중요성

무령왕릉 발견

1971년 7월 초 공주 송산리 고분군의 배수로 공사 중에 새로운 벽돌무덤이 발견되었다. 이 벽돌무덤이 지금은 '공주 무령왕릉과 왕릉원'으로 개명된 고분군 내에 있는 무령왕릉이었다. 당시 이 무덤의 발굴은 전국을 떠들썩하게 한, 최고의 화제를 몰고 온 빅 뉴스 중의 뉴스였으며, 출토된 유물의 질과 양도 최고였다. 또 발굴 후 지속된 유물의 정리 결과 5,230여 점으로 집계되고 있다. 그 중 1974년 7월 9일, 금제관식, 지석 등 12건이 국보로 지정되었으니, 단일 유적에서 나온 유물 중 가장 많은 수량이다. 또 2015년 7월 8일, 유네스코 세계유산으로 등재됨으로써 세계적으로도 인정받는 최고의 유적이 되어 있다.

이 무덤의 주인공인 무령왕은 누구일까? 무령왕은 백제의 제25대 왕이다. 475년 고구려 장수왕의 침입으로 지금의 서울에 있던 백제의 수도 위례성이 함락되고 개로왕이 붙잡혀 죽는 누란의 위기에 처하였다. 이에 따라 당시 태자였던 문주가 왕위에 올라 지금의 공주인 웅진

(熊津)으로 급히 천도하는 상황이 벌어졌다.

왕권이 미약해지니 웅진으로 천도한 문주왕 이후 삼근왕, 동성왕까지 무령왕의 전대 왕들이 모두 제명에 살지 못하는 비극이 계속되었다. 이러한 혼란속에서 무령왕은 위사좌평 백가가 동성왕을 시해하고 난을 일으키자 이를 진압하고 왕에 올랐다. 재위 기간인 501~523년까지, 그는 북으로는 고구려·말갈 등의 침략을 무찌르고, 중국 남조의 양나라와의 교류를 강화하여 국제적인 문물을 적극 도입하였다.

또 내부적으로는 좌평제를 폐지하고, 내관(內官) 12부와 외관(外官) 10부로 구성된 22부사제로 행정체제를 전환하였다. 백성들의 진휼, 수리시설 정비·확충과 호적체계 정비 등의 정책을 시행하여 안정을 꾀하였다. 이러한 정책을 통해 백제를 다시 강국으로 거듭나게 했으니, 521년 무령왕이 중국 양나라에 보낸 국서에 쓰인, 다시 강국이 되었다는 "갱위강국(更爲强國)" 표현에 그 자부심이 잘 나타나 있다. 이러한 무령왕의 치적은 아들 성왕이 백제 중흥을 이끄는 토대가 된 것으로 평가되고 있다. 이러한 무령왕의 면모가 실질적인 물증으로 보여주는 것이 바로 무령왕릉이다.

그런데, 이 무덤을 우리는 왜 무령왕릉이란 정확한 명칭으로 부르는가? 그 것은 발굴 당시 지석이 발굴되어 이 무덤의 주인공이 백제 사마왕 즉, 무령왕임을 알 수 있었기 때문이다. 이 글에서 무령왕릉, 특히 무령왕 지석을 통해 기록의 중요성에 대해 생각해 보고자 한다.

무덤의 주인공을 밝혀준 무령왕 지석

삼국시대의 고분들은 백제 이외에 고구려, 신라에도 무수히 많다. 고구려의 적석총, 벽화고분, 경주에 있는 신라의 대규모 적석총들이 그것이다. 그런데 이 들 중에 무덤의 주인공을 알 수 있는 고분은 거의 없다. 그것은 무덤의 주인공을 확증할 수 있는 증거가 부족하기 때문이다. 집안의 고구려 광개토대왕비 인근에 그의 왕릉이 있을 것이지만 어떤 것이 왕의 무덤인지 확증할 수 없다. 신라도 마찬가지여서 경주에서 금관이 출토된 고분들이 왕릉으로 추정되지만, 그 것들이 어느 왕의 것인지는 알 수가 없다. 그런데 무령왕릉은 어떠한가?

무령왕릉 발굴에서 가장 놀라운 유물의 하나는 무령왕 지석이었다. 무덤 입구에서 2장의 돌판이 발견되었는데, 각 판에는 무령왕, 무령왕비가 돌아가셔서 장례를 모신 내용의 지석, 땅을 산 내용의 매지권과 방위표가 새겨져 있었다. 먼저 무령왕 지석을 살펴보면

寧東大將軍百濟斯 / 麻王 年六十二歲 癸 / 卯年五月丙戌朔七 / 日壬辰崩 到乙巳年八月 / 癸酉朔十二日甲申安? / 登冠大墓 立志如左

영동대장군 백제 사마왕은 나이가 62세 되는 계묘년(서기 523년) (음력)5월 임진일인 7일에 돌아가셨다. (서기 525년)을사년 (음력)8월 갑신일인 12일에 안장하여 대묘에 올려 모시며 기록하기를 이와 같이 한다.

이 기록을 통해 백제 무령왕이 한성에 도읍했던 시기인 462년 개로왕 때에 때 때어나, 501년에 왕위에 올라 23년간 재위하고 62세가 되던 523년 붕어하셨다는 것을 알 수 있다. 그리고 3년상의 절차를 거쳐 525년 장례를 모셨다는 것을 확인할 수 있다. 당시의 상주는 당연히 그 아들인 성왕이었고, 그에 의해 장례절차가 주도되었으니, 무령왕릉은 곧 성왕의 작품이라 할 수 있겠다.

또 무령왕비 지석도 함께 발견되었는데 다음과 같은 내용이다

丙午年十二月 百濟國王大妃壽 / 終居喪在酉地 己酉年二月癸 / 未朔十二日甲午改葬 / 還大墓立 / 志如左

병오년(525년) (음력)12월 백제국 왕대비가 천명대로 살다가 돌아가셨다. 정서방에서 삼년상을 마치고 기유년 (음력)2월 갑오일인 12일에 다시 대묘로 옮겨서 정식으로 장례를 지내며 기록하기를 이와 같이 한다.

무령왕 지석의 통해 본 기록의 중요성

이 지석은 무덤의 주인공을 정확히 알 수 있게 함과 동시에, 이 고분에서 출토된 유물들에게도 제 이름을 갖게 하였다. 예를 들어 금제관식의 경우 지석이 없었다면 그냥 웅진기 백제 왕의 금제관식으로 명명될 것이었겠지만 무덤 주인공을 알고 있으니 왕 것은 무령왕 금제관식, 왕비 것은 무령왕비 금제관식으로 자리매김함으로써 그 가치

가 더욱 부각되었다.

이 외에도 지석으로 인해 무령왕릉인 것이 확실해져, 학술적 가치뿐만 아니라 문화·예술자원으로서의 가치, 관광을 비롯한 경제적인 가치 등 등 무령왕릉이 브랜드로서 파생되는 가치도 더욱 커지고 있다. 여기에서 그치는 것이 아니라 미래의 자원으로서 앞으로도 계속 확대 재생산될 가능성이 매우 높다.

기록이 있는 것과 없는 것의 차이는 극명하다. 유산은 자원의 원천이지만 여기에 역사적 사실까지 곁들여짐으로써 더욱 풍부한 내용과 스토리를 담아낼 수 있다. 이에 따라 자원의 가치는 커지고 확장되며 그 가치의 창출에도 긍정적인 영향을 미친다.

이렇듯 기록은 어느 시대, 어느 상황에서도 매우 중요하다. 기록학 용어사전에서는 기록(records)이란 개인이나 조직이 활동이나 업무 과정, 일정한 법규에 의해 생산하거나 접수한 문서를 기록이라 정의하며 미래의 참고를 위한 활동 증거로 보존된 고정된 형식의 데이터로 이루어진다고 정의하고 있다. 또 2007년 개정된 우리나라의 〈공공기록물 관리에 관한 법률〉에서는, 기록물이란 "공공기관이 업무와 관련하여 생산 또는 접수한 문서, 도서, 대장, 카드, 도면, 시청각물, 전자문서 등 모든 형태의 기록정보자료와 행정박물"로 규정하고 있다.

이 법률에 따라 한국의 기록물 관리, 관련 기관도 개편되어 국가기록물 기관은 크게 영구기록물 관리기관, 특수기록관, 기록관으로 분류되고 있다. 영구기록물 관리기관은 중앙기록물관리기관(국가기록원), 헌법기관 기록물 관리기관(국회, 헌법재판소, 대법원, 중앙선거관리위원회 산하에 설치), 대통령기록관, 지방기록물 관리기관이다. 특수기록관은 통일, 안보, 외교, 국정원, 경찰(해경 포함), 방위 업무를 수행하는 기관 산하에 설치되는 특수업무를 수행하는 기관의 기록관이다. 또 기록관은 일반행정기관, 지자체에 설치되는 기록관리기관을 말한다.

현재, 우리나라에서는 과거의 역사와 문화뿐만 아니라 현재의 기록물을 체계적으로 수집, 관리, 활용하기 위한 아카이브 작업이 각 분야, 다양한 기관에서 활발히 진행되고 있다. 그 만큼 기록에 대한 중요성이 강조되기 때문이라 할 수 있다.

다시 무령왕의 지석을 돌아보면, 백제 웅진기 왕실 것으로 추정되던 공주 송산리 고분군의 한 무덤에서 5천여 점의 유물과 함께 무덤 주인공을 명시한 지석이 출토되었다. 이 기록물로 인해 무령왕의 무덤이라는 사실이 밝혀졌고 고분의 명칭도 무령왕릉이 되었다. 여기서 출토된 유물들은 무령왕과 무령왕비와 관련된 유물로 자리매김하였다. 무령왕과 무령왕비, 이 두 분을 모신 무령왕릉은 그 브랜드 가치도 수직 상승하였을 뿐 아니라 현재와 미래에도 지속적으로 확대 재생산 중이다. 지역적으로는 공주에서 한국, 나아가 세계의 문화유산으로 거듭나게 하는 중요한 역할을 하였다. 기록이 왜 중요한지 무령왕의 지석은 단적으로 보여 주고 있다. (2024.05.09.)

32. 역사에서 보는 개방과 쇄국의 교훈

역사를 살펴보면 국가의 문호를 열고 새로운 문명을 적극적으로 수용할 것인지, 문을 걸어 닫고 고유성을 지킬 것인지, 이에 대한 고심이 늘 있어왔다. 결론부터 말하면 쇄국으로 흥한 나라가 없다는 것이다. 이러한 역사는 고대부터 있어 왔으니 그 사례를 살펴볼까 한다.

잘 알다시피, 백제 후기 백제 중흥의 군주로 성왕(聖王, 재위 523~554년)을 꼽는다. 그리고 그 토대를 마련한 왕은, 고구려의 침입으로 위기에 빠진 백제를 다시 강국으로 만든, 그의 아버지 무령왕이다. 우리 귀에 익은 무령왕릉, 여기에서 출토된 유물을 보면 당시 삼국 최고 수준의 우수한 문물을 확인할 수 있다. 또 백제가 얼마나 중국의 선진문화를 적극적으로 수용했는지도 알 수 있다.

전통적으로 장례풍습은 쉽게 바꾸지 않는 데도 불구하고, 백제는 벽돌로 만든 중국 묘제인 전축분(塼築墳), 묘지석, 오수전, 석수 등에서 볼 수 있듯 중국의 장례풍습을 그대로 차용하였다. 또 중국 청자 항아리와 병, 등잔 등도 중국에서 직수입한 것들이다. 이들 출토유물에 보이는 요소들이 중국, 특히 남조 양나라 문화와 상당히 닮아있다는 점에서 적극적인 문화 수용의 양상을 살필 수 있다.

 그러나 더 주목할 점이 있으니, 백제는 여기에 그치지 않고, 제작기술과, 디자인 뿐만 아니라 더 나아가 도시설계와 건축, 토목공법 등을 백제의 기술, 백제의 정서와 미감으로 승화시켰다는 것이다. 무령왕릉과 왕릉들이 세계유산으로 등재될 만큼 백제의 문화수준과 역량이 높았다 것이 중요하다.

 무령왕의 붕어 뒤에 즉위한 왕은 그의 아들인 성왕이다. 성왕은 중앙의 관제와 지방 통치조직을 정비하여 왕권 중심의 국가 운영체제를 정립하고, 웅진(지금의 공주)에서 사비(지금의 부여)로 천도하고, 국호도 '남부여'로 바꾸는 등 국가를 일신하고 개혁하고자 노력하였다.

 신라의 배신으로 다시 잃기는 했으나, 고구려를 남평양까지 밀어붙여 일시적이나마 한강 하류지 역을 회복하기도 하는 등 국력을 크게 신장시켰다.그의 업적 중에서 주목되는 하나는 백제문화의 질적수준을 동아시아의 국제적인 수준으로 향상시켰다는 것이다. 이를 위해 중국 남조 양나라와의 교류도 활발히 수행하는 한편 일본에 선진문화를 전하였다.

 지금의 장관급인 달솔(達率) 노리사치계(怒唎思致契)를 파견하여 불교를 전하고, 의박사·역박사 등의 전문가와 기술자를 파견하여 일본의 고대문화 형성에 지대한 영향을 미쳤다. 이에 흔히 백제를 한류문화의 원류라 일컫기도 한다.

앞서 언급했듯 교류와 전파, 이를 잘 보여주는 것이 성왕에 의해 장례가 진행된 무령왕릉이다. 또 2022년 1월 국립부여문화유산연구원에서 공주 무령왕릉 인근 29호분에서 발굴한 중국 남경출신 장인이 만들었다는 글귀가 새겨진 '조차시건업인야'(造此是建業人也)명 벽돌과, 일제 강점기에 6호분에서 나온 남조 양나라 벽돌을 본떠 만들었다는 것을 알 수 있는 '양관와위사의'[梁官瓦爲師矣, 또는 양선이위사의(梁宣以爲師矣)로 판독] 등은 이러한 사실을 적극적으로 보여주는 증거들이다.

이처럼, 당시 백제의 뛰어난 문화는 적극적인 선진 문명의 수용으로 그 역량을 키워 온 결과물이며, 이를 백제 것으로 발전시켜 일본에 전했다는 점이 중요하다. 이러한 백제의 중흥에는 그 주역이었던 성왕과 성왕의 토대를 마련했던 무령왕이 추진했던, 적극적인 대외 교류와 충실한 내치가 중요한 역할을 하였다. 그런데, 역사적으로 보면 반대되는 경우도 있다. 개방과 개혁과 전혀 다른 형태, 즉 국가의 문을 걸어 닫고 자신을 지키고자 했던 쇄국, 해금의 경우가 그러하다.

먼저, 쇄국정책을 살펴보자. 이는 통상 수교 거부 정책, 통상 거부 정책 등으로 표현될 수 있는데, 우리 역사에서 쇄국정책 하면 떠오르는 것이 흥선대원군 집권기의 대외정책이다. 18세기 유럽의 산업혁명 이후 서양의 이양선이 조선 연안에도 자주 출몰하고, 또 통상을 요구하였지만 빗장을 닫고 단호히 거부하였다. 서양의 중국에 대한 침입이 가속화되는 상황에서도 조선의 대응은 오히려 더욱 강화되었다.

미국과 맞붙었던 신미양요 이후 대원군이 조선 곳곳에 세우게 했던 "양이가 침범하는데 싸우지 않으면 즉 화친하는 것이요, 화친을 주장하는 것은 나라를 파는 일이다[洋夷侵犯非戰則和 主和賣國]"라는 척화비는 이를 잘 보여주는 상징물이다. 이러한 정책은 일시적으로는 서양열강의 침략을 저지할 수 있었으나, 결국 세계 정세에 객관적인 인식을 저해했고, 세계사적 대응에서 뒤처지게 하는 부정적인 결과로 이어졌다.

다른 국가는 어떠했을까? 중국의 경우 명나라 초 정화의 원정가 끝난 뒤, 명대 초기부터 해금정책으로 전환되어 청대 초기에 이르기까지 지속되었다. 국가의 부가 다른 나라도 빠져나가는 것을 막아 국력을 보존하고, 원의 지지세력과 왜구를 소탕하기 위한 목적도 있었다. 이러한 정책에도 불구하고 교역은 방해 없이 지속되어 실효성에 의문이 제기되기도 하지만, 해상 사무역과 연안 정착을 금지하는 고립주의 정책은 국가의 공식적인 정책이었다. 그렇지만 이러한 정책은 오히려 부작용을 낳아, 16세기에는 해적과 밀무역이 만연하였고, 피해를 본 쪽은 생업이나 터전을 잃은 중국인들이 대다수였다 한다. 오히려 역효과를 불러 온 것이다.

19세기 말 청이 무너지고 중국이 유럽에 유린당한 것도 해금정책의 영향에서 자유롭지 못한 것이다.

21세기 오늘날의 세계는 온라인, 오프라인으로 실시간 소통하며 폭넓게 열려 있다. 대부분 손에 들고 있는 핸드폰 하나에도 인공지능과 가상의 세계가 가미되고, 정보의 홍수로 넘쳐나고 있다. 이를 대하는 우리 개인, 사회, 지역과 국가도 이러한 흐름에 무관할 수 없는 상황이 전개되고 있다. 이러한 때 우리는 어떻게 대처해야 하는가. 역사는 말하고 있지 않은가. 적극적으로 교류하고 열고 나아가라고. 세계의 흐름과 트랜드에 편승하고 앞서 나가는 길이 우리를 중흥으로 이끄는 길이라는 사실을 역사는 교훈으로 보여주고 있다. (2024.06.27.)

33. 정림사지 오층석탑과 평제탑

정림사지(定林寺址)는 충남 부여 시내 중심에 있는 삼국시대 백제의 절터다.

이 곳에는 석재로 만든 오층의 석탑이 있다. 더 북쪽에는 고려시대 석불좌상이 있는데, 현재는 보호각이 지어져 있어 불상을 안치한 금당으로 보인다.

정림사지는 2015년 7월 8일 독일 본에서 열린 유네스코 총회에서 '백제역사유적지구'란 명칭으로 세계유산으로 등재된 8개 유적의 하나이다. 당시 부여의 4개 유적 즉 '부소산성과 관북리유적', '부여 왕릉원', '나성'과 함께 '정림사지'와 함께 공주의 '공산성', '공주 무령왕릉과 왕릉원', 익산의 '왕궁리 유적', '미륵사지' 등이 함께 등재되었다

정림사지에서 가장 눈에 들어오는 것이 오층석탑이다. 이 탑은 한국의 석탑의 시원으로서 고대 불교건축을 대표하는 역사적 유산이다. 그런데 현재 불리고 있는 '정림사지 오층석탑'이란 명칭은 현대에 와

서 붙여진 것이다. 그 이전에는 '소정방평제탑', 또는 '평제탑'이라 불렸다.

소정방이 백제를 평정한 것을 기념하여 세운 탑이라는 뜻이다. 왜 평제탑이어야 했는지, 이제는 백제의 '정림사지 오층석탑'이 될수 있었는지 이 탑에 담긴 이야기를 풀어내 보려 한다.

475년 고구려 장수왕의 백제 침공으로 개로왕이 죽고, 태자 문주가 왕위에 올라 공주, 당시의 웅진성으로 급히 수도를 옮겨야 했다 그 후 63년이 지난 538년 성왕은 사비 천도를 단행하였다. 천도와 함께 국호도 백제에서 남부여로 고치고, 국가의 체제를 정비하며 웅진에서 다져온 국력을 대외적으로 더욱 활발히 펼쳐나가기 시작하였다.

당연히 왕도 사비, 지금의 부여에는 왕성을 중심으로 고대 국가의 도시가 건설되었다. 당시, 도교, 유교의 사상도 존재했으나, 지배적인 신앙은 불교였고, 국가의 중심 사상으로서 불교의 역할은 지대하였다. 불교의 중심 현장은 사찰이었다. 여기엔 부처님의 사리를 봉안한, 부처님의 무덤인 탑과 불상을 안치한 금당, 그리고 부속 건축물들이 존재하였다. 사비의 중심에 자리한 사찰은 백제에서 가장 핵심 사찰이었을 것으로 여겨지고 있다. 또 왕도의 건설에 있어 빠질 수 없는 것이 종교시설이므로 이 사찰 역시 백제의 왕도 건설과 발전, 그 속에서 궤를 같이 했을 것으로 추정되고 있다. 잘 알다시피, 백제는 침류왕 원년인 서기 481년에 중국 동진으로부터 불교를 받아들였다. 그 이후 국가의 통치 이념과 사회 속에 깊이 뿌리내려 백제의 문화를 더욱 풍성하게 꽃피우는 데 지대한 역할을 하였다.

　백제의 수도 사비의 중심에 있는 사찰, 당시 이 사찰의 이름은 무엇이었을까? 지금은 알 수 없다. 현재 불리고 있는 '정림사지'란 명칭은 절터에서 발견된 太平八年戊辰定林寺(태평8년무진정림사)라는 고려 초기 기와의 명문에서 그 이름이 지어졌다. 태평8년은 1028년(고려 현종 19년)이니 이 때에 대규모의 불사가 있어 이 기와를 만들었던 것으로 생각된다.

　정림사지가 세계유산으로 등재되는 결정적인 역할은 한 것은 여기에 세워져 있는 오층석탑이다. 이 탑은 익산 미륵사지 석탑과 함께 한국 고대 석탑의 대표한다. 미륵사지 석탑이 목제 탑을 석제로 만드는 과정에서 보다 충실하게 목탑의 부재를 석재로 만들어, 이를 짜맞추었다면, 정림사지 오층석탑은 부재들을 단순화시켜 그 요소들만 따와서 기단, 탑신, 옥개 등으로 이루어진 약 8.83m의 석제 탑으로 재구성하였다. 좁고 얕은 1단의 기단 위에 기둥은 민흘림으로 처리하였고, 얇고 넓은 지붕돌을 올려 놓는 모습 등은 목조건물의 형식을 충실히 따른 것이다. 이것은 단순히 목제탑을 모방한 것이 아니라 이를 뛰어넘어 백제만의 조형감각으로 재창조한 것이다. 장중한 분위기 속에서도 세련되고 정제된 조형미를 통해 격조 높은 기품을 보여주는 걸작이라고 평할 수 있다.

　그런데 이 탑에는 특이하게도 2,126자의 비문이 새겨져 있다. 이 비문의 제목은 '大唐平百濟國碑銘'이다. 즉 당나라가 백제국을 평정한 것을 기념하여 새긴 비문이라는 뜻이다. 이 때문에 이 오층석탑은 '평제탑', '소정방평제탑' 등으로 불리어 왔다. 현대에 와서야 '정림사지 오층석탑', '백제 오층석탑'이란 명칭으로 불리게 되었다.

왜 이런 일이 벌어졌을까? 서기 660년 7월 13일, 당나라와 신라의 연합군의 침입으로 백제의 수도 사비가 함락되었다. 74만호 620만 명, 5방 37군 250성의 백제가 멸망의 길로 접어들었다. 백제 의자왕 비롯한 태자 융, 대신, 장수들과 백성 등 1만 수천명이 포로로 잡혀 당나라 낙양로 끌려갔다. 660년 8월 15일, 백제의 멸망 사실과 당나라 황제와 소정방 등 백제 원정에 참여한 당의 장수들을 칭송하는 문구들이 백제 오층석탑에 '大唐平百濟國碑銘'이란 제목으로 새겨졌다.

백제 오층석탑이 평제탑이 된지 1,285년 지난 1945년 8월 15일 우리나라는 일제식민지에서 광복을 맞이하였다. 그리고 1962년 12월 20일 백제 오층석탑은 '평제탑'의 오욕을 벗어나 부여 정림사지 오층석탑으로 제 이름을 갖추며 국보 제9호로 지정되었다. 비로소 명예를 회복한 셈이다.

그리고 70년이 지난 2015년 7월 8일, 정림사지는 한국을 넘어 세계를 대표하는 문화유산으로 다시 등재되기에 이르렀으니, 그 핵심인 백제 오층석탑은 완전한 한국과 세계를 대표하는 문화유산으로 자리매김하게 된 것이다.

나라를 잃은 백성의 삶은 한이 넘치는 것처럼 민족의 문화유산, 그

중에서도 더욱 빼어난 것일수록 더 심한 수난의 길에 접어 드는 것은 역사의 교훈이다. 이러한 적나라한 사실을 여기 정림사지 오층석탑은 온 몸으로 보여준다. 그리고 우리의 국력이 높아질수록 우리의 역사도 바로 서고 그 문화도 제대로 대우받을 수 있다는 것을 정림사지 오층석탑은 그 자체로 증명한다. 백제 대표 사찰의 오층석탑에서 평제탑으로, 평제탑에서 다시 대한민국의 국보로, 여기에서 더 나아가 인류의 대표적인 문화유산인 세계유산으로 거듭 난 정림사지의 핵심 '정림사지 오층석탑'은 우리가 왜 나라와 문화를 보존하고 가꾸어 나가야 하는지 온 몸으로 웅변한다. (2024.08.22.)

PART 6.

지속가능한 지역관광

34. 어촌관광의 지속가능한 발전 이슈

부산에서 9월 19일부터 21일까지 2023 세계어촌대회가 개최된다.

세계어촌대회는 선진국, 개발도상국, 저개발국 간 다양한 어촌문제와 해결방안을 마련·이행하기 위해 추진되는 행사이다. 올해는 그 첫해로 "하나의 어촌, 하나의 바다"라는 슬로건을 통해 세계 어촌이 직면한 문제를 극복하고 지속가능성을 논의하고자 하고 있다. 본 행사에서 10개 주제로 학술세션을 운영하는데, 그중 하나가 '어촌관광: 어촌의 지속가능한 발전을 위한 공동체 기반 관광 활성화 전략과 과제'이다. 이러한 주제에 대하여 논의하기 위해서는 어촌관광이 어촌 지역의 사회 변화와 지역주민의 삶의 질 변화, 그리고 어촌지역공동체 형성에 어떠한 영향을 미쳐왔으며 또 앞으로 어떠한 변화를 맞이할 것인가에 대하여 생각해 보아야 한다.

어촌관광은 말 그대로 어촌(漁村)에서 이루어지는 관광을 의미한다. 어촌은 바다나 호수, 하천에 인접하여 있거나 어항의 배후에 있는 지역 중 주로 수산업으로 생활하는 지역으로, 바다, 모래사장 혹은 갯벌 등의 자원을 기반으로 하고 있다. 초기 어촌관광은 어촌을 중심으로 하여 조개 체험, 낚시, 식사 등 소소한 어촌체험에서 시작되었는데, 2001년 정부 차원에서 어촌체험휴양마을을 지정하면서 확산되었다. 어촌마을 만의 독특한 경관과 수산물, 어업 체험 및 채취 등 도시와는 다른 경험 제공을 통하여 많은 사람들이 방문하였다. 또한 수중레저, 카누, 요트 등 해양레저에 대한 수요가 증가함에 따라 해양관광의 중심지로서 어촌 및 어항의 중요성이 부각되었다. 일부 지역에서는 일찌감치 어촌지역에 관광시설 개발을 통해 적극적으로 관광객을 유치하고 있다.

 어촌마을이 전국적으로 관광에 대한 관심을 갖게 된 것은 어항을 중심으로 배후 어촌마을을 포함한 통합개발을 통해 사회 문화경제 환경적으로 어촌지역의 활력 도모 및 생활밀착형 SOC 확충해 나가는 어촌뉴딜300사업의 특화사업을 통해서라고 할 수 있다. 이러한 정책들은 어촌의 인구 감소 및 고령화, 기후변화로 인한 어업소득의 감소 등 문제 해결에 대한 요구와 함께, 관광객의 소득과 여가시간의 증가, 도시화에 따른 일상탈출, 자연환경 선호, 로컬문화 관심, 신기·이색체험 등의 요구 증가로 어촌관광에 대한 관심이 더욱 커진 것에서도 기인한다. 특히 어촌뉴딜300사업의 추진을 계기로 기존의 어항 중심의 개발사업에서 어촌마을의 부가가치를 높일 수 있는 수산·관광 등 어촌마을을 대상으로 한 산업 발전에 관심을 두면서 다양한 관광시설과 프로그램의 개발에 불을 지폈다고 할 수 있다.

 최근 들어서 어촌마을 만의 독특하고 다양한 프로그램으로 관광객을 유치하고 있다. 어촌마을은 도시민에게 해상 혹은 해변 캠핑, 수상

레포츠, 해녀체험, 바다 낚시, 바닷가에서만 맛볼 수 있는 음식 체험 등으로 매력적인 장소가 되기도 한다. 제주 해녀와 해산물을 주요 콘텐츠로 하는 극장형 식당인 '제주 해녀의 부엌'은 제주에서 태어나 도시생활을 경험하고 돌아온 청년과 어촌마을 자원(해녀와 뿔소라), 지역주민이 융합하여 만들어낸 어촌마을 비즈니스의 대표적인 사례이다.

최근에는 한달살기, 워케이션의 대상지로서 고려되기도 한다. 거제의 아웃도어 아일랜드는 공유공간을 운영하며 장승포를 기점으로 아웃도어 여행, 워케이션, 한 달 살기 프로그램을 제공하고 있다. 또한 트렌드의 하나인 '로컬의 가치'를 잘 반영한 어촌마을 관광상품으로 거제 이수도의 어촌마을식도락여행이 있다. 이는 섬 주민이 직접 운영하는 섬밥상 1박 3식 프로그램으로 낚시꾼들에게 어촌밥상을 차려준 것에서 시작하여 50여 가구 중 24곳의 가구가 민박집 운영하고 낚시와 섬 둘레길 트레킹 프로그램을 운영하고 있다.

외국에서도 지역특화 어촌관광의 사례를 볼 수 있는데, 일본 와카야마현은 각 어촌마을마다 차별화된 관광상품을 운영하여 마을 간 중복 경쟁을 최소화하여 관광객을 유치하였다. 예를 들어 쿠시모토(串本) 지역은 카약낚시와 바다 낚시, 참치 양식체험 등 어촌체험 중심으로, 시라하마(白浜) 지역은 해수욕장과 수상스포츠, 온천 중심으로 특화된 어촌·해양 관광도시를 가꾸었다. 다이지(太地) 지역은 400년 전의 포경 마을 전통을 살려 고래체험을 특화 체험상품을 만들어내 관광과 접목시켰다.

이와 같이 어촌관광은 어촌마을과 지역에 긍정적 성과를 가져왔다. 어촌지역의 생활인프라를 포함하여 다양한 관광편의시설이 개발되게 되었다. 뿐만 아니라 마을내 불법쓰레기 투기 및 갯벌 훼손 방지, 자원 남획 방지 등 주민들이 지역을 보호하기 위한 활동을 확대하게 하였다. 가장 큰 기여는 어촌의 어업외 소득향상에 크게 기여하였다는 것이다. 어촌관광은 어촌마을로 관광객을 유인하여 체류하게 함으로 생활권의 활력을 가져올 뿐만 아니라 간접소득과 일자리창출의 효과도 크다. 또한 어촌관광은 어촌사회의 개방성 확대에도 영향을 주었다고 할 수 있다. 어촌체험휴양마을은 어촌계 진입 장벽을 완화하고 귀어·귀촌·다문화인이 정착하는 문화를 형성하게 되었다.

그러나 어촌관광으로 인한 폐해도 피해 갈 수 없다. 단기적으로 소규모 어촌을 방문하는 관광객의 증가로 인한 자연환경 파괴의 가능성이 높다는 것이다. 예를 들어, 갯벌에서의 과다한 체험은 갯벌의 생태적 균형에 부정적인 영향을 미치게 되고, 이를 결국 생태관광을 위해 어촌을 방문하는 관광객의 수를 감소시킬 수 있다. 그럴 뿐만 아니라 관광객 유치를 위하여 만들어 놓은 방갈로, 낚시터, 판매장, 둘레길 등이 충분한 수익을 내지 못하고 점차 노후화되면서 관광객이 줄고 결국에는 마을의 흉물이 되거나 유휴시설이 되는 사례가 발생한다. 이외에 국내외의 사례에서도 볼 수 있듯이 어촌마을에 대규모 민간개발이 추진됨에 따라 결국에는 어촌지역주민과 괴리되는 관광산업 발전을 가져올 수 있다. 일부 지역에서는 과다한 관광객으로 인한 혼잡, 캠핑객 및 낚시객들의 쓰레기 무단투기, 지역주민과의 마찰 등으로 몸살을 앓고 있는 지역도 있다.

어촌관광은 교류인구를 증가시키고 이를 통해 생활인구로 발전시켜나갈 수 있는 좋은 정책수단일 뿐만 아니라 기후변화로 인한 어업의 변화, 고령화로 인한 어업 가능인구의 감소 등 현실에 당면한 문제를 해결해 나가고 지역을 살리는 데 중요한 역할을 하리라는 것은 분명하다. 그러나 문제는 모든 어촌마을이 관광으로 다 성공할 수 있지 않다는 것이다. 따라서 각 어촌에서 관광이 지역을 발전시키는데 어떠한 수준에서 역할을 할 수 있을 것인가에 대한 어촌주민들 간의 충분한 논의가 필요하다. 어촌공동체 사회의 파괴는 경제적인 측면에서의 발전은 있을 수 있겠지만 어촌사회의 지속가능한 발전을 담보할 수 없을 것이다.

어촌관광의 지속가능한 발전이라는 측면에서 기후변화에 의한 어촌지역과 어촌공동체에 어떠한 영향을 미칠 것인지, 특히 기후 변화로 인한 해수면 상승, 해수온도 상승, 폭풍강도 증가 등 어촌관광의 지속성 및 어촌지역의 지속성에도 위협을 미칠 수 있는 제반 요인들에 대하여 보다 심층적인 조사와 연구, 고려가 필요하다. 이러한 조사·연구를 기초로 하여 정부는 UN의 지속가능발전목표(SDGs)를 구체화하여 어촌관광과 관련이 있는 '일과 경제성장'(Goal 8), '책임 있는 소비와 생산'(Goal 12), '해양, 해양자원의 보존과 지속가능한 이용'(Goal 14)의 구체적 실행과제와 정책사업을 개발·추진하여야 할 것이다.

그런데 앞에서도 이야기하였듯이 어촌마을에 대규모 투자가 이루어지고 관광산업이 부흥되어 지역경제가 활성화된다고 해도 어촌마을 주민들의 공동체가 무너지면 진정한 의미에서 지속가능한 발전이라고 하기 어렵다. 따라서 지역주민들이 함께 모여 어촌관광의 발전을 위하여 함께 활동하고 참여할 수 있는 구조가 되어야 할 것이다. 이를 위하여 로컬의 역량을 강화시키고 함께 공존하여 발전해 나가는 지역사회기반관광(Community-Based Tourism)에 대한 접근이 어느 때보다도 필요하고 또한 이를 위한 정책이 개발되어야 할 것이다. (2023.09.21.)

35. 차박의 명(明)과 암(暗)

코로나19는 우리의 생활은 물론 관광여가 활동 형태에도 많은 변화를 가져왔다.

사람이 많이 붐비지 않는 자연 공간, 비대면 및 안전한 여행, 개인화된 여행에 대한 선호가 더욱 높아졌다. 이러한 여행 행태 변화 중의 하나는 자동차를 이용한 캠핑(차박)의 유행이다.

자동차는 '나만의 공간'이라는 인식으로 인하여 단순한 이동수단만이 아닌 휴식도 하고 이벤트도 하고 때로는 잠을 자는 생활수단으로 확장되었다. 물론 이러한 변화는 비대면 여가문화의 확산과 캠핑 중심의 다양한 미디어 프로그램이 증가한 것에 기인하지만, 자동차 여행에 대한 로망, 다양한 RV차량의 공급, 자동차 튜닝에 대한 법적인 완화 등도 한몫하였다고 본다.

움직이는 숙박시설이 된 차박은 안전과 편의성, 과시성, 한적함과 자연친화성 등 측면에서 여행자에게 가고 싶은 곳 어디든 갈 수 있고 머물고 싶은 어디에서든 머물 수 있는 노마드(Nomad)* 삶을 가져다

줄 수 있기에 현대인들에게 주목받고 있다.

차박에 대한 사회적 관심의 증가로 인하여 윤석열 정부에서는 자동차 이용 캠핑을 국가 정책 과제의 하나로 뽑았다. 2022년 5월 발표된 국정과제를 보면, 관광분야 정책인 61번 '여행으로 행복한 국민, 관광으로 발전하는 대한민국'을 발표하였고, 이중 차박·캠핑을 새로운 관광행태로 보고 규제 개선을 통한 차박 명소를 발굴하는 것을 정책으로 제시하였다.

문제는 차박이 지역에 긍정적인 것만을 가져오지 않는다는 것이다. 차박의 대상으로 선호하는 장소를 보면, '바닷가/해변(40.5%)'이 가장 높았으며, '캠핑장(27.3%)', '산 및 계곡(14.9%)' 등 자연 장소로 나타난다(한국관광공사, 2022관광트렌드 분석, 2021). 그런데, 증가하는 차박 수요에 비하여 자동차 캠핑장의 공급 부족으로 인하여 일반적인 자동차 캠핑장이 아닌 노지 또는 주차장 등에서 차박을 하는 경우가 많은 것이 문제다.

2021년 캠핑 이용자 실태조사 결과에 따르면, 야영과 취사 행위가 허용된 장소인지 확인 후 차박을 이용하는 응답자는 61.5%에 불과한 것으로 나타났다. 현행법상 노지 또는 주차장 등에서 차박을 하는 것은 불법이다. 엄연히 법적에서 규정하고 있는 차박 장소인 자동차야영장이 있기 때문이다. 또한 단지 불법만이 아니라 차박으로 인한 지역주민과의 갈등, 행정 비용 증가 등 사회적·환경적 문제를 발생시키고 있다. 특히 차박으로 인한 자연환경 훼손, 오폐수 및 쓰레기 투기,

공중화장실에서의 전기·수도 무단 사용, 주차장 장기 점유 등이 지역사회의 주요 문제로 대두되고 있다.

예를 들어 보면, 강화도의 한 어촌마을은 차박의 증가로 인하여 쓰레기가 아무렇게나 버려짐에 따라 악취와 미관상의 문제가 발생하고 있다. 단양생태체육공원의 경우는 차박의 증가로 인하여 관리 비용은 2019년 9천만 원에서 2021년 2억 원으로 약 2배 증가하였다고 한다. 간현 남한강 일대는 차박의 급증으로 멸종위기종 흰목물떼새가 진입하지 못해 자연생태계 문제가 발생하기도 하였다. 이처럼 무개념의 차박으로 인한 사회적 비용의 증가가 심각하다. 차박으로 인한 문제를 해결하기 위하여 일부 지자체에서는 캠핑·차박(차량 숙박) 금지 행정명령, 이용 제한 알림(주차장 설치 및 관리 조례) 등을 통한 중점 단속을 하고 있다.

일부 지자체에서는 올바른 차박문화가 정착될 수 있도록 차박 에티켓을 홍보하면서 쓰레기 분리 수거대, 소화기 등 차박 관련 인프라 설치를 확대해 나가기도 하고 있다. 그런데, 소위 차박명소들은 산, 하천, 계곡, 방파제, 주차장 등이다. 그러나 산림보호법, 하천법, 공원녹지법, 항만법, 주차장법 등에 의해 허용되지 않은 캠핑(차박) 행위는 금지하고 있다. 따라서 지자체 차원에서만 아니라 전국적으로 차박에 대한 명확한 규정을 통하여 증가하는 자동차 여행문화에 적극적인 대응이 필요하다.

첫째, 기본적으로 차박이 정해진 장소가 아닌 아무 곳에서나 이루어지는 것에 대한 근본적인 대응책이 필요하다. 차박이 가능한 장소의 확대와 함께 어느 곳에서든 차박을 하는 것은 무료가 아님을 인식하게 해야 한다. 현재 정부의 정책은 차박이 가능한 장소 확보를 위한 규제완화를 해주고 있다. 문화제육관광부는 해수욕장이나 야영장 유원지에서 연간 4개월 이내 기간 동안만 야영장업을 하려는 경우에 한하여 하수도 시설이나 화장실 등의 설치 대신 이용이 가능하면 야영장업으로 등록할 수 있도록 특례를 적용하고 있다.

또한 환경부는 차박을 포함한 캠핑 국민수요에 정책이 탄력적으로 대응하기 위한다는 취지로 2022년 6월 자연공원 내 생활밀착형 규제 개선 중 해상.해안 국립공원 내 자연환경지구에서 탐방객 편의를 위해 해안 및 섬 지역 야영장을 한시적으로 허용하고 있다. 이러한 규제완화를 넘어서 차박에 필요한 편의시설 조성과 등록된 자동차야영장을 손쉽게 늘릴 수 없는 현실에서 차박이 가능한 장소에 대한 확대가 요구된다. 북미, 호주 및 뉴질랜드 지역에서는 '분닥킹(Boondocking)'을 허용하고 있다(분닥킹은 차박과 유사한 의미로 사용되고 있는데, 편의시설 및 서비스 없이 노지에서 차를 이용한 캠핑을 의미).

이는 예약 절차와 수수료가 필요 없이 오지 또는 고속도로 휴게소에 차를 세우는 캠핑의 형태로 분닥킹이 가능한 장소는 주차장, 국유림 및 토지 관리국 지역 및 지정 캠핑장 등이다. 일부 지역에는 '캠핑 금지' 표시가 있지만, 표시가 없는 경우 며칠 동안 캠핑을 하는 것이 불법은 아니다. 분닥킹을 하는 주된 이유는 RV공원과 캠핑장에서 일반 캠퍼들과 다르게 공간이나 활동이 폐쇄성을 갖거나 사적 공간을 확보하기 위해서이다. 우리의 경우도 국유지나 군유지 등 공공 소유의 토지를 대상으로 차박 허용장소를 확대하되, 마을권역 안에서 차박을 하는 경우 유료화를 하여 차박으로 인한 사회적 비용을 지불하도록 하는 것이 필요하다.

둘째, 차박에 필요한 편의시설을 보다 많이 갖추도록 하여야 할 것이다. 기존의 차박으로 인한 지역사회 갈등과 환경오염 문제는 차박 과정에서 필요한 필수시설의 부족이 근본적인 원인이 되기 때문이다. 2021년 기준 등록야영장 가운데 덤프스테이션(dump station: 캠핑용 자동차의 오폐수 시설)이 설치된 곳은 0.6%에 불과한 실정이다. 따라서 여유롭게 이동하며 숙박하는 차박 이용자들을 위하여 등록야영장은 물론 고속도로 휴게소, 주유소 등에 'RV스테이션' 설치 촉진을 하게 하는 등 등록야영장 이외의 장소에도 덤프스테이션 설치를 확대할 수 있어야 할 것이다.

셋째, 민간 및 공공 소유의 토지와 시설을 대상으로 하여 간단한 편의시설 설치를 장려하여 차박허용장소를 확대하도록 한다. 외국의 경우 민간이 소유한 자산인 토지, 건물 등을 활용하여 자동차 이용 캠핑(차박)을 한시적으로 활용하도록 하고, 이를 국가에서 적극적으로 홍보하여 이용을 제고하는 등 공공자산뿐 아니라 민간영역의 자산을 공공필요에 따라 활용할 수 있도록 운영하고 있다. 일본의 민간협력 사례를 보면, NTT동일본 통신빌딩 주차 공간에 2대분의 공간을 차박장소로 정비하고, 2019년 10월 29일부터 검색, 예약, 결제서비스를 제공한 예가 있다. 이는 민간 주체들 간의 연계를 통하여 주차공간을 차박 공간으로 이용하도록 하였다는 점에서 의미가 있다. 이와 같이 민간 소유 토지 및 시설을 차박으로 이용할 수 있게 공개할 경우 세제 감면 등을 추진하거나, 일부 공영주차장을 대상으로 차박을 한시적 허용을 추진하도록 하는 것이 방안이다.

넷째, 지속가능한 차박 활성화를 위한 지자체 표준조례안 보급하도록 한다. 앞에서도 제기하였듯이 차박은 산, 계곡, 하천, 방파제, 주차장 등 다양한 장소에서 이루어질 수 있다. 그러나 지역의 여건에 따라서 다른 양상이 나타날 수 있으므로 지자체의 개별 조례로 차박을 관리하는 것은 차박 이용자에게 뿐만 아니라 관리에 있어서도 혼선을 가져올 수 있다. 따라서 어느 지역, 어느 장소에서도 동일한 정책 방향이 적용될 수 있도록 유도하기 위하여 표준조례안을 개발하여 보급하는 것이 필요하다. 특히 차박 캠핑으로 발생되는 사회적·환경적 문제 이슈, 지역관광 연계 여건 조성 이슈, 건전한 차박문화 기반 조성을 위한 것이 강조하여야 할 것이다.

이와 같은 노력이나 행위 규제 만으로는 차박으로 인한 사회적·환경적 문제를 해결하기에는 한계가 있다. 점차 늘어날 것으로 예상되는 차박이 이용자에게나 지역에 즐거운 행위가 될 수 있도록 차박 이용자들의 인식 개선과 문제를 최소화하기 위한 실천이 요구된다. 정해진 장소에서의 차박, 일회용품 등 쓰레기 되가져가지, 고성방가 등 소음 내지 않기 등의 실천뿐만 아니라 지역의 로컬 상품을 소비하여 차박으로 인한 지역경제 효과를 제고시키는 방안 모색이 필요하다.

* 노마드(Nomad)는 원래 '유목민'을 뜻하는 말로 프랑스 철학자 들뢰즈가 처음 사용한 철학적 용어이다. 하나의 문화 유형으로 발전하여 '노마드족(Nomad族)'이라 불리고 있는데, 현대의 유목민인 노마드족은 공간적인 이동뿐만 아니라 특정한 가치와 삶의 방식에 매달리지 않고 창조적인 행위를 지향하는 사람을 말한다. (2023.11.16.)

36. '관광수출 혁신전략' 다섯 가지 질문

2024년 갑진년은 동양 신화에서 신성한 존재로 여겨지며, 힘차고 진취적인 성향의 상징으로 전해진 "청룡의 해"라고 하니 청룡의 긍정적인 기운으로 한국 관광의 새로운 도약이 있기를 바라는 바이다. 특히 2024년의 관광은 2019년 코로나19 이전 시기를 회복할 것이라는 희망으로 시작하고 있다.

사실 작년 한국을 방문한 외래관광객은 999만 5,040명이었다. 1,000만 명 시대였던 2012년에 못 미치는 상황이라고 하니 마음이 답답한 것은 사실이다. 그러나 코로나19가 한창이었던 2021년 97만 명이었던 것을 생각하고, 2019년에 1,750만 명의 외국인 관광객이 한국을 방문하였던 것을 고려한다면, 정부가 목표로 하는 외래관광객 2,000만 명의 달성은 쉽지 않지만 불가능한 것도 아니다.

정부는 코로나19로 인한 긴 터널을 통과하면서 새로운 관광도약을 위하여 2023년 12월 8일 한덕수 총리 주재로 제8차 국가관광전략회의를 개최하고, 관광편의, 지역관광, 관광산업 혁신에 중점 둔 '대한민국 관광수출 혁신전략'을 확정·발표하였다. 이번 발표는 외래관광객 2,000만 명 시대를 열기 위한 전략적 접근으로 세 개를 내세우고 있는데, K-컬처 연계 관광수출 플러스 전략, 로컬 콘텐츠로 지역관광 플러스 전략, 융합·고부가화 산업혁신 플러스 전략이다. 말 그대로 관련부처와 플러스하여 합동으로 정책 추진을 약속하고 있다.

문제는 코로나19 시기를 거치면서 관광시장은 엄청난 환경 변화를 겪고 있다. 기후변화 대응 및 탄소중립 실천, 온라인 예약 및 비대면 소비의 증가, 가성비·가심비 중심의 소비, 관광산업 인력의 유출로 인한 인력 부족 등 관광산업계의 체질 변화가 이루어지지 못한 상황에서 빠른 변화에 대응해야 하는 상황에 와 있다. 그러나 기술의 성장과 AI의 급부상, 방한 시장의 기존 중국 시장 중심에서 다국가 시장으로의 변화 가능성, 로컬 문화에 대한 관심 증대 등 관광시장 성장의 긍정적 요인도 함께 작용하고 있다. 이제 변화하는 외부환경과 관광소비자의 행태변화, 관광산업계의 변화 등을 어떻게 조절하고 대응해야 할 지가 중요한 관건이다.

필자는 정부에서 발표한 '대한민국 관광수출 혁신전략'(이하 관광수출 혁신전략)에 대하여 적극적으로 지지하면서 다음과 같은 다섯 가지 질문을 해보았다.

첫째, 국가 정책으로 추진하는 관광 진흥의 목적은 무엇인가이다. 정부는 관광수입의 증대를 위하여 방한 외래객 관광시장 맞춤형 관광공급 및 상품 서비스전략을 수립하고 있다. 그럴 뿐만 아니라 기술을 활용한 관광편의성, 한국관광의 경쟁력이 될 수 있는 아트투어, 공연

관광 등 K-컬쳐 관광콘텐츠 확충 등은 물론 세계적인 K-치유, 의료관광 육성, 고부가가치 관광산업인 MICE 강국의 도약을 위한 지원을 추진하고 있다. 그런데, 이와 같은 관광수출 혁신전략의 목적은 결국 관광수입을 통한 국가 경제기여이다. 따라서 목표로 하는 2024년 관광수입 245억 달러는 지역경제에 어떠한 영향을 미치며, 관광산업 부문에서의 소득과 고용, 성장은 어떠한 효과를 가져올 것인가에 대한 논의가 필요하다. 뿐만 아니라 관광산업 육성을 통한 국민들의 행복 기여는 어떻게 될 것인가에 대한 것에도 관심을 두어야 한다.

둘째, 우리나라의 관광수출 혁신전략이 시대적으로 요구하는 가치에 잘 부응하고 있느냐이다. 시대적으로 요구하는 것은 기후변화 대응으로 탄소중립의 실현과 기술변화에의 대응이다. 이미 정부는 기후변화에 대응하기 위한 관광전략을 수립하고 이를 위한 지원정책도 추진하고 있다. 그러나 본 발표에서는 농촌관광과 국토 재발견 '로드 트립' 활성화 등을 제시하고 있으나 실질적으로 기후변화 대응에 대한 언급이 거의 없다. 특히 관광산업은 기후변화에 취약하고 탄소배출이 많은 시설을 보유하고 있기 때문에 관광산업의 탄소중립 실현 및 관광의 지속가능성을 위한 보다 적극적인 정책 개발과 지원이 필요하다. 또한 관광수출 혁신전략에서 제시하고 있는 바와 같이, 방한 관광객의 개별관광 증가추세에 맞춰 입국 후 국내 이동 편의를 높인다거나 외국인 관광객 전용 모빌리티 앱 구축, 인공지능(AI)을 활용한 관광통역안내도 확대하는 등 기술과 서비스의 접목을 통한 관광 편의성을 높이고자 하는 것은 바람직하다. 1월 라스베이거스에서 개최된 세계 최대 IT·가전 전시회인 'CES 2024'에서의 화두는 단연 AI(인공지능)라고 한다. 이미 우리의 실생활 속에 들어와 있는 상황에서 관광에 서도 AI를 접목한 기술과 서비스를 보다 적극적으로 개발해 나가야 할 것이다.

셋째, 관광의 성장성과 효과성을 어디서 찾을 것인가이다. 그것은 바로 로컬 관광 지향이라는 것은 분명하다. 그런 차원에서 이번 전략에서 지역콘텐츠로 지역관광플러스를 이루고자 하는 것은 매우 의미가 크다. 관광거점도시 정책, 대규모 지역관광기반시설 확충 등을 통하여 수도권과 대도시 중심의 외래관광객을 지역으로, 전국으로 확산시켜 나가고자 한다. 이를 위하여 권역별 대표 음식 콘텐츠 발굴 등 지역특화 관광자원을 개발하기 위한 지원을 하고 있다. 그러나 여전히 점적인 시설이나 요소 투입 개념에서 벗어나지 못하고 있다. 외래관광객이 방문하고 머무르면서 로컬을 체험하고 소비할 수 있도록 하기 위한 접근이 필요하다. 장소지향적인 소도시 로컬관광 육성, 특화관광마을의 활성화를 통하여 대규모 관광지역과 중·소규모 관광지역을 네트워크로 연결하여 역사·문화·음식·스포츠 등 다양한 장르의 관광상품 및 서비스를 장소(지역)에서 소비할 수 있도록 하는 것이 필요하다.

넷째, 한국관광의 미래 경쟁력을 갖기 위해서 지속적으로 추진해야 하는 것은 무엇인가하는 것이다. 지역기반의 관광조직 활성화를 통하여 이에 대한 해답을 찾아 나가고 있다고 본다. 특히 계획부터 성과 창출까지 지역 관광개발을 체계적으로 지원하는 전문 컨설팅 센터 구축(지역관광 컨설팅 센터)은 환영할 만한 일이다. 지역 관광의 기반을 강화시키고 국가 관광경쟁력을 제고시키기 위하여 오래 전부터 제시되어 온 것이기 때문이다. 그러나 한 걸음 더 나아가 관광소비자이자 관광공급자인 지역주민의 관광 참여를 확대해 나갈 수 있도록 하는 것이 필요하다. 이와 함께 관광산업에서는 인적 서비스의 중요성이 지속되고 있기 때문에 창의적이고 미래지향적 인력들이 관광 분야로 들어올 수 있도록 관광인력 지원 사업과 관광 분야에 종사하는 인력들의 전문화를 높이기 위한 지원 정책이 수반되어야 할 것이다.

다섯째, 한국 관광산업의 건강한 회복 및 체질 강화를 위한 정책으로 충분한가이다. 이번 관광정책 전략은 관광수출 혁신에 두고 있기 때문에 현재 제시하고 있는 융자 지원 및 관광기업 육성 펀드 확충 등이 중요한 역할을 할 것이다. 이와 함께 관광산업 규제 혁신 및 제도 개선도 기대되고 있다. 그러나 아쉬운 것은 오랫동안 검토되어 온 관광진흥법의 분법이나 관광산업 업종의 근본적인 개선 등과 같은 과제가 남아 있다는 것이다. 이뿐만 아니라 지역관광 컨설팅 센터 등과 같은 새로운 조직 구축을 계기로 거대조직인 한국관광공사 중심의 조직 체계에서 미래 관광시대를 대비한 기능별, 목적별로 특화된 조직으로의 분화를 검토해 보아야 할 것이다. (2024.01.18.)

37. '지역다움'으로 관광경쟁력 높이자

지방의 도시들은 저마다 관광 경쟁력을 갖기 위해 다양한 정책사업을 추진하고 있다.

정부 정책사업에 공모하기도 하고 새로운 트렌드에 부응하여 공연, 축제 관광, 생태트레킹, 농촌체험, 웰니스관광, 스마트관광 등 다양한 관광자원 개발과 관광상품 개발에 관심을 두고 있다.

그런데, 최근에는 지역관광 자원 개발을 추진할 때 '지역다움' 혹은 '로컬다움'을 강조하고 있다. 지역의 독특한 문화적 체험에 대한 요구 증가, 개인화된 여행 경험의 중시, 가성비·가심비 등 비용과 시간의 절약에 대한 경제적 이점 우선시, SNS 등 소셜 미디어의 영향 등으로 지역관광 및 로컬관광에 대한 관심이 높아지고 있기 때문이다.

여기서 '지역다움'은 한 지역의 문화, 전통, 자연환경 등 지역만이 지닌 독특한 특성을 전제로 한 개념이다. 이는 해당 지역을 대표하는 고유의 정체성이나 매력을 의미하며, 방문객에게 특별하고 기억에 남는 경험을 제공하기 위해 강조된다. 지역다움을 강조하는 것은 지역

관광의 경쟁력을 강화하는 방법의 하나이기 때문이지만 지역의 지속 가능성을 전제로 한다. '지역다움'을 통해 지역 관광을 활성화하려는 노력은 지역의 문화적, 사회적, 경제적 가치를 증진하고, 지역 공동체의 자긍심을 높이며, 지속 가능한 관광 개발을 촉진하는 데 중점을 두게 되기 때문이다. 그러나 이같이 '지역다움'을 강조하지만 정작 지역 관광에 있어서 '지역다움'은 무엇으로 나타내야 하는가에 대한 논의는 그리 많지 않다.

필자는 지역다움을 기반으로 하는 명품관광에 대하여 제안하고자 한다. 여기서 이야기하는 '명품관광'은 관광을 소비하는 관광객의 측면에서 관광을 통한 만족감과 동시에 신체적, 정신적, 정서적, 사회적, 지적, 심미적인 만족감을 통하여 자아실현의 욕구를 충족시킬 수 있는 것이다.

명품관광은 단순히 고가의 여행 상품(럭셔리관광: Luxury Tourism)을 의미하는 것이 아니라, 고품질의 서비스, 독특하고 개인화된 경험, 그리고 지역의 특색과 문화를 깊이 있게 체험할 수 있는 관광을 말한다.

이와 같은 특별한 경험은 지역만이 가진 문화와 전통, 자연환경, 인문자원 등을 기반으로 한 관광상품이 희소성과 차별성, 그리고 고품질을 가질 때 바로 명품관광으로 인정될 수 있다. 즉, 지역 고유의 특성은 명품관광을 통해 깊이 있고 풍부한 경험으로 전환될 수 있음을 의미한다.

명품관광은 사회적, 정신적, 정서적, 지적, 심미적, 신체적 만족 등 다원적 만족감을 제공함으로써 개인의 자아실현 욕구를 충족시키는 중요한 수단이 된다. 관광객은 단순히 여행을 소비하는 것이 아니라, 자신의 삶을 풍요롭게 하고 개인적 성장과 발전을 경험하는 여행을 추구한다. 따라서 지역에서 명품관광을 추구할 때, 가장 중요한 것은 고객에게 깊이 있는 가치와 의미 있는 경험을 제공하는 것에 중점을 두어야 할 것이다.

'지역다움'에 기반을 둔 명품관광의 사례를 들어보겠다. 프랑스 보르도지역에서 전문 가이드와 함께하는 보르도 와인투어는 고급 와이너리를 방문하여 와인 제조 과정을 배우고 시음하는 경험을 제공한다. 이러한 투어는 지적 만족감을 제공하며, 프랑스의 식문화와 결합된 심미적 경험을 선사한다.

일본 교토의 명품관광 사례로는 교토문화 체험이 있다. 전통적인 료칸에서의 숙박, 차도 체험, 전통 예술 공연 관람 등을 하는 것이다. 이러한 경험은 일본의 전통 문화와 역사를 깊이 있게 체험할 수 있는 기회를 제공하며, 정신적, 문화적 만족감을 준다.

지역다우면서도 럭셔리투어의 대표적 사례인 아프리카 사파리 투어의 경우, 관광객들은 럭셔리 캠프나 로지에서의 숙박과 전문 가이드와 함께하면서 아프리카 대륙의 자연과 야생동물을 가까이에서 경험할 수 있는 기회를 갖는다. 이는 관광객에게 심미적, 신체적, 정서적 만족감을 제공하며, 자연 보호의 중요성에 대한 인식을 높이기도 한다.

우리나라의 경우는 서울의 전통 한옥스테이를 지역다움과 명품관광의 전형적인 사례로 꼽을 수 있다. 서울의 북촌 한옥 마을이나 인사동에서는 전통 한옥에서의 숙박을 제공한다. 이를 통하여 특히 외국 관광객들에게 한국의 전통적인 생활 방식을 체험하게 하고, 고급스러운 한식과 차 문화를 즐길 수 있는 기회를 준다. 이는 개인화된 서비스와 전통적인 한국의 정서를 경험할 수 있는 대표적인 명품관광이라고 할 수 있다.

전주의 한복체험과 한식체험은 지역다움을 기반으로 한 대표적인 전통을 체험하는 관광상품이 되었다. 전통음식을 만들고 맛볼 수 있는 한식체험은 관광객에게 한국의 미식문화를 직접 체험하고, 음식을 통하여 지역의 역사와 문화를 이해할 수 있다.

군산의 이성당은 군산에서 가장 유명한 베이커리 중 하나로, 일제강점기 시절부터 이어져 온 역사를 가지고 있다. 이성당은 군산의 대표적인 먹거리 관광상품으로, 현대적인 카페 문화와 결합하여 군산 방문객들에게 사랑받고 있어 지역다움을 보여주는 좋은 사례이다.

안동 하회마을과 하회탈은 한국 전통문화의 중요한 요소를 보존하고 있는 대표적인 사례이다. 한국의 전통 가옥과 양반 문화를 경험할 수 있는 안동 하회마을은 한국의 역사와 문화를 깊이 있게 이해할 수 있는 장소이며, 특히 그 자체로 민속학적, 예술적 가치가 높은 하회탈은 다양한 인물과 이야기로서 한국의 전통문화와 정신을 보여주는 대표적인 지역다움의 사례로 볼 수 있다. 이러한 지역문화는 지역다움을 보여줄 뿐만 아니라 전통과 현대가 공존하는 지속 가능한 관광을 보여주고 있다.

이처럼 지방도시에서의 관광은 지역다움을 기반으로 한 관광상품을 통하여 관광객에게 단순한 여행을 넘어서 특별하고 의미 있는 경험을 제공하는 것이 중요하다.

나날이 높은 품질의 서비스를 제공하는 명품관광에 대한 수요가 높아지고 있다. 관광객의 개인적인 취향과 요구를 반영한 맞춤형 여행이라든지, 지역의 숨겨진 명소 탐방, 특별한 문화 체험, 독점적인 액티비티 등을 통한 차별화된 특별한 경험을 제공하는 것이 필요하다.

이를 위하여 우선적으로 고려하여야 할 요소는 지역주민의 참여와 관광전문인력의 확보이다. 지역 주민들이 자신들의 문화와 전통에 대해 자부심을 가지고 이를 관광객에게 직접 전달할 때, '지역다움'은 더욱 생생하고 진정성 있게 전달된다. 고품격의 관광서비스는 잘 훈련된 관광전문인력에 의하여 제공될 수 있기 때문에 IT기술 혁신 도입, 로봇과 AI의 활용과 더불어 관광서비스에서는 여전히 휴먼서비스가 중요하다.

이러한 관광서비스에 스토리텔링을 통해 감성을 자극하고 기억에 남게 함으로써 지역의 독특한 매력을 효과적으로 전달하는 것이 더해져야 한다. '지역다움'을 기반으로 한 명품관광을 만들어내기 위한 노력은 지역의 자원 가치를 재조명하게 하고, 지역의 관광을 더욱 매력적으로 만들어냄으로 지역 경제에도 긍정적인 영향을 미치게 한다. 즉, 지역의 독특한 가치를 존중하고 발전시키는 '지역다움'이 지역 관광의 지속 가능한 성장을 위한 핵심이다. (2024.03.07.)

38. 소규모 관광단지 추진 기대와 우려

정부는 2024년 1월 14일 인구감소지역 80개 시·군을 대상으로 「인구감소지역 부활 3종 프로젝트」를 추진한다고 발표하였다.

첫 번째가 생활인구 세컨드홈 활성화 정책이다. 기존 1주택자가 인구감소지역에서 주택 1채를 새로 취득하는 경우 1주택자로 간주하여 주택보유·거래 인센티브를 확대하는 것이다. 두 번째로는 방문인구 확대를 위한 관광인프라 조성 지원이다. 이는 인구감소지역에 한하여 관광인프라 조성을 위한 획기적인 지원을 위해 기준을 완화한 소규모 관광단지 제도의 도입으로, 기존 50만㎡ 이상의 관광단지의 규모를 5만~30만㎡로 하향 조정하고 지정승인 권한을 시·도지사에서 시장·군수로 이양하는 것을 골자로 하고 있다. 세 번째는 인구감소지역의 정주인구 확대를 위하여 외국인 유입지원 및 농·어촌 활력증진을 꾀하고자 하는 것이다. 외국인에게는 지역특화형 비자 참여지역 및 쿼터를 확대하며, 농어촌지역에 대해서는 소멸 고위험 지역 투자 활성화를 위한 특별지원, 농촌 정주여건 개선 등을 담은 농촌소멸 대응방안을 마련하고자 하는 것이다.

이중 소규모 관광단지는 관광진흥법의 개정을 통하여 신규로 도입하고자 하는 것으로 규모 완화와 지정·승인 권한을 이양하는 제도개선뿐만 아니라 개발부담금 면제 등 기존 관광단지와 같은 혜택을 적용받을 수 있다. 이외에도 관광기금 융자 우대(최대 △1.25%p), 조례 등을 통해 재산세 등 최대 100%까지 감면, 관광모태펀드 투자 우대, 지역활성화투자펀드 및 지방소멸대응기금 활용 연계 등 인구감소지역에 대한 혜택도 추가 지원된다. 또한 문화체육관광부는 지방 관광산업 활성화를 위한 범부처 지원협의체를 운영하고자 한다.

관광지 및 관광단지를 연구해 온 필자로서는 정부의 발표에 대하여 우려가 있지만 반가운 마음이 있다. 그 이유는 첫째, 관광을 인구감소와 지역소멸 대응을 위한 관계인구 및 생활인구 증대에 중요한 정책수단으로 바라보는 관점과 이를 범부처적으로 지원 추진한다는 점이다. 이는 관광이 지역 발전에 있어서 중요한 요소이며, 지역관광인프라로서 관광단지의 위상을 다시 한번 인식시키고 있기 때문이다. 비록 「사회기반시설에 대한 민간투자법」에서 관광지·관광단지, 관광숙박업 및 관광객이용객시설업은 사회기반시설의 투자 촉진을 위한 부대사업으로 민간투자사업과 연계하여 시행할 수 있도록 하고 있지만 관광인프라로서의 인식이 낮은 편이었기 때문이다. 둘째, 고령화 시대의 중요한 이슈인 지역소멸 대응을 위한 정책에 있어서 관광사업에 대한 지자체의 관심이 크고 상당부분 관광관련 사업에 투자하고 있는 가운데, 민간투자 촉진 및 지원을 통해 지역의 관광인프라를 확충할 수 있는 기회를 확대하는 것은 바람직하기 때문이다.

전국 인구감소지역 지자체 관광개발 담당자를 대상으로 소규모 관광단지 도입 인식조사 결과(조사 시기: 2024.1.30.~2.20, 참여인원: 6개도 17개 시·군 총 48명), 지역관광활성화 정책에 '소규모 관광단지' 신규정책 도입 필요성에 대하여 83.3%가 긍정적으로 응답하였으며, 신규정책 도입에 따른 민간정책 수요증가 기대는 91.6%로 긍정적 응답이 매우 높았다(한국문화관광연구원). 이뿐 아니라 문화체육관광부의 집계에 의하면, '소규모 관광단지' 추진이 공식 발표된 지난 1월 이후 4월 초까지 제천시 등 7개 시·군이 10개 사업(사업비 1조 4000억 원 규모)에 대해 우선 지정을 요청한 것으로 알려지고 있다. 이처럼 정부와 시·군 지방자치단체가 '소규모 관광단지' 추진에 대하여 높은 의지와 희망을 품고 있는 만큼 제도의 조속 추진에 대한 우려도 적지 않다.

우선 드는 생각은 '소규모 관광단지' 정책이 현재 과소화·고령화되는 인구감소지역에서 얼마나 성공할까이다. 이는 이미 관광지와 관광단지 추진과정에서도 나타난 바와 같이 관광 시장성과 관광경쟁력이 낮은 지역에서 민자유치가 잘 이루어지지 않았다는 경험에서 나온 우려이다. 이미 다수의 관광단지가 십수 년이 지나도록 민간투자가 되지 않아서 사업 지연이 이루어지고 있으며, 비록 민간투자가 이루어졌다고 해도 사업 운영에 있어서 초기 계획과는 다르게 수익을 내지 못하는 사례가 많기 때문이다. 둘째, 지역관광 트렌드와 관광 행태가 로컬 중심으로 숨어있는 관광명소를 찾아다니고, 지역 음식을 즐기고 각종 문화 체험을 하면서 생활 관광을 추구하는 사람들이 많아지고 있는 상황에서 관광단지와 같이 단지 내에서 모든 관광 서비스가 제공되는 폐쇄형 관광시설에 대한 요구는 많이 증가하지 않을 것이라는 우려이다. 셋째, 관광지와 관광단지의 차이점은 관광단지는 민간이 100% 주체적으로 개발할 수 있다는 데 있지만, 관광지의 경우에도 관광지 내 시설조성 시 민간투자를 유치할 수 있다. 그런 차원에서 '소규모 관광단지' 정책 추진에 내걸고 있는 각종 규제완화와 지원책이 기존의 관광지나 관광단지 조성시 주어지는 혜택보다 매력적이기 때문에 '소규모 관광단지'로 갈아타게 됨으로 1960년대부터 도입하여 추진해 온 관광지·관광단지 제도의 혼란이 야기될 것이라는 우려가 있다.

이러한 우려에도 정부의 정책 의지와 지자체의 요구가 높은 상황에서 곧이어 제도개선 및 지원방안 마련이 이루어질 것이다. 따라서 이제는 기존의 소규모 관광단지가 가질 수 있는 문제 이슈를 감소시켜가면서 인구감소지역에 관계인구 및 생활인구 확대를 위한 관광기반시설로 활용되게 하기 위한 진정성 있는 접근이 필요한 시점이다. 그렇다면 소규모 관광단지 제도의 성공적 안착을 위해서 어떤 접근이 필요할까?

필자는 이미 정부가 추진하고자 하는 제도 완화와 지원방안 이외에 소규모 관광단지 정책의 추진을 위하여 네 가지 고려사항을 제시하고자 한다.

첫째, 우선은 민간기업에서 소규모 관광단지 투자를 통하여 이익이 남아야 하지만 그들의 투자가 인구감소지역의 활성화에 도움이 될 수 있다는 '사회적 가치'로서의 의미를 부여해 주고 지역연계기업으로 지정하여 지속적으로 기업 지원을 해주는 것을 고려해 볼 수 있다. 기존의 관광단지는 민간투자를 통해 민간의 경제적 수익을 내는 모델이라면, 소규모 관광단지는 제도적 정책적 지원에 의하여 조성됨으로 개발을 통해 인구감소지역과 상생하면서 함께 성장한다는 공익적 참여에 대한 가치 부여가 필요하다는 것이다.

둘째, 소규모 관광단지의 입지를 가능한 도시지역 혹은 기존 관광지·관광단지 등과 같은 관광관련 시설지와 인접한 지역으로 하는 것이 필요하다. 소규모 관광단지 단독으로는 관광객 유치가 어렵기 때문에 기존 관광객이 몰리는 시설지역과 인접시켜 부족한 시설을 보완하는 개념으로 추진하는 것이 필요하다. 특히 기존의 도시지역 내에 입지하여 숙박시설의 공급과 테마관광시설을 계획할 때, 인구감소지역의 도시활력을 증진시킬 수 있을 것으로 본다.

셋째, 정부 차원에서 추진해야 할 가장 중요한 사항으로 제도적인 개선으로 관광거주 개념의 도입을 제안한다. 현행법에서는 숙박시설 이외에 주거시설의 조성은 불가능하다. 그러나 단기 관광이 아니라 체류형 관광으로 전환되기 위해서는 소규모 관광단지 내에 관광객이 일주일, 한달, 일년 등 중·장기체류가 가능하도록 거주의 개념을 도입할 필요가 있다. 소규모 관광단지의 경우, 일정 호수 이하의 중·장기체류가 가능한 주거형 관광숙박시설의 조성이 된다면, 주간 및 야간으로 단지내 체류 인구가 존재함으로 소규모 관광단지의 활성화에 크게 기여할 것이다.

넷째, 현재의 관광지등 시설지구 제도의 폐지 혹은 복합시설지구의 신설이다. 소규모 관광단지의 특성 상 기존의 시설지구 개념 안에서는 효율적인 시설 조성 및 사업운영이 어렵다고 본다. 최근에는 기능과 활동이 복합화되고 있는 추세임으로 공공편의시설과 숙박시설, 그리고 상가시설 들이 복합하여 하나로 조성될 수 있도록 해야 할 것이다. 시설지구를 구분하는 토지이용계획으로는 시설 경쟁력을 갖기 어렵기 때문에 소규모 관광단지의 조성 시에 기존의 시설지구 개념, 토지이용계획 개념을 초월하는 통합형 관광단지 계획이 되도록 하는 것이 필요하다. 특히 다른 시설과 인접하여 개발하는 경우는 더욱 필요하다고 판단된다.

기존의 관광지 및 관광단지는 자연이 수려하거나 문화자원이 인접한 지역, 지가 등 토지 확보가 용이한 지역에 입지하는 경우가 대부분이었으며, 관광단지가 관광거점 역할을 하는 개념이었다. 그러나 인구감소지역의 관광활성화를 위한 생활인구 증대를 위한 목적으로 추진되는 소규모 관광단지는 더 이상 기존과 같이 폐쇄형 관광단지나 관광거점이라기 보다는 기존시설과의 연계형 및 오픈형, 지원형 관광단지로 추진되는 것이 필요하다. (2024.05.02.)

39. 크루즈 관광 국가로의 도약 과제

 필자는 여름이 되면, 다채로운 역사와 문화, 아름다운 자연경관을 다니는 지중해 크루즈나 카리브해 지역의 해변과 섬 투어 등을 하게 되는 카리브해 크루즈를 꿈꾼다. 그러다 가까운 거리의 단기 크루즈를 경험해 보고 나서 들었던 생각은 '아~ 크루즈 관광이 정말 편하고 해 볼 만하구나! 그리고 크루즈 내에서 참여할 프로그램이 정말 많구나!'이다.

 보통 사람들은 '크루즈 관광은 나이 든 사람들이나 하는 것이다'라는 선입견을 가지고 있다. 그러나 최근에는 유명 배우나 가수와 함께 하는 스타 크루즈, 젊은 층을 겨냥한 EDM 크루즈, 세계적인 골프코스를 방문하는 크루즈, 유명 쉐프와 함께 하는 컬리너리 아트 리버크루즈 등 다양한 테마크루즈가 운항하고 있다. '언제가 기회 되면 크루즈 관광을 해 봐야지'가 아니라 '나에게 적합한 재미있는 크루즈 관광을 해야지'로 바뀌고 있다.

 크루즈 관광의 재이용률은 일반적으로 50%에서 70%에 이르지만, 일반 관광의 재이용률은 20%에서 40% 수준에 머무르고 있다. 이는 크루즈 관광은 여행의 편리함, 여러 목적지를 한 번에 방문할 수 있고, 숙박, 식사 엔터테인먼트가 포함된 패키지요금으로 비용 대비 높은 만족감을 주기 때문에 많은 관광객이 첫 크루즈 관광 후 만족감을 느끼고 다시 크루즈를 선택하게 되기 때문이다.

글로벌 국제 관광은 2023년까지 코로나19 이전 수준의 88%로 회복했지만, 크루즈 관광 시장은 더 큰 회복력을 보였다. 글로벌 크루즈 관광객 수는 2019년 2천 970만 명에서 2023년 3천 170만 명으로 증가하여 성장률이 107%에 달했다. 이는 크루즈 관광 부문의 강력한 회복력과 성장 가능성을 보여주고 있다. 여행사들이 다양한 목적지와 테마를 가진 상품을 제공하여 더 많은 관광객을 유치하고 있고 다양한 프로모션 등을 통해 크루즈관광의 가격 경쟁력이 높아진 것도 있지만, MZ세대로 일컫는 젊은 층의 크루즈 관광 증가와 럭셔리한 라이프스타일을 선호하는 사람들이 늘어나면서 크루즈 관광의 인기가 높아지고 있다.

더욱이 아시아 태평양 지역의 경제 성장은 크루즈 관광에 대한 수요 증가에 큰 몫을 하고 있다. 특히 중국의 경우, 국제 여행이 어려운 상황에서 내수 및 인근 지역 관광객들을 대상으로 한 크루즈 여행 상품을 적극적으로 개발하였다. 단거리 여행 수요 증가와 맞물려 중국의 크루즈 관광시장의 성장을 견인하였다.

중국은 크루즈 산업을 단순한 관광산업이 아닌 조선, 해운, 관광의 종합산업으로 육성하기 위한 국가적 장기 로드맵을 채택하여 국제크루즈 모항 유치(관광)는 합작 선사 출범(해운)을 유도하고 국적 유람선 취항을 통한 유람선 산업 기반을 구축하고 유람선 선착장의 현대화와 함께 국제선사와 국적 선사의 균형발전이라는 선순환 구조를 이루고자 하고 있다고 한다.

일본도 현대적인 유람선 선착장 건설 및 확장 등을 추진하면서 국적 유람선 선사의 육성을 위하여 다양한 지원 정책을 펼치고 있다. 우리나라에는 국적 유람선 선사가 아직 없지만, 일본에는 NYK 크루즈(NYK Cruises)와 미쓰이 O.S.K. 승객 라인(Mitsui O.S.K. Passenger Line, MOL)이 있다. 특히 NYK 크루즈(NYK Cruises)가 운영하는 선박인 Asuka II는 일본을 대표하는 크루즈 선박으로 고급스러운 시설과 다양한 편의시설, 뛰어난 서비스로 승객들에게 특별한 여행 경험을 제공한다. 국적선의 경우는 일본의 문화와 현대적 편의를 결합한 다양한 프로그램을 통해 승객들은 잊지 못할 추억을 만들기 쉽다. Asuka II는 그 규모와 서비스 수준에서 아시아 최고의 크루즈 선박 중 하나로 평가받고 있다. 이같이 일본은 물론 중국은 국적 크루즈 선사와 함께 국적 크루즈 선박을 보유하여 자국의 문화를 보여줄 뿐만 아니라 관광산업은 물론 크루즈 연관 산업의 발전에도 크게 기여하고 있다.

한국 크루즈 관광 현실과 대응 정책

우리나라의 상황은 어떠한가. 우리나라의 상황은 우선 크루즈 관광객 현황을 보면, 해외 크루즈 관광객 입국은 2016년 최대 225만 명을 기록한 이후 중국의 사드 보복 조치로 2017년 3월 금한령으로 인하여 2017년 50.5만 명, 2018년 21.7만 명, 2019년에는 26.7만 명(165항차)으로 겨우 명맥을 이어 갔지만 코로나19 확산에 따른 크루즈선 입항 전면 금지로 2020년부터 2022년까지 입항 실적이 전혀 없는 실정이었다. 2023년에 회복세를 보였지만 27.4만 명(204항차) 정도에 그쳤으나 올해에는 최소한 작년의 2배 이상 유치를 예상하고 있다. 반면, 국내 크루즈 관광객 출국은 2017년 16천 명, 2018년 16,5천 명, 2019년 22천 명, 2023년에는 14,7천 명에 머무르고 있다.

이에 문화체육관광부와 해양수산부는 제주, 부산 등 7대 기항지를 중심으로 한 크루즈 관광활성화를 통하여 2027년까지 방한 크루즈 관광객을 연 100만 명 유치하고, 관광객 소비지출은 연 2,791억 원 달성하는 것을 목표로 한 "크루즈 관광 활성화 방안"을 발표하였다(2024.7). 그동안 코로나19로 인하여 침체 되어 있던 크루즈 관광을 활성화하여 관광수지 개선을 물론 연안 경제 활력을 통하여 최근의 화두인 지역 불균형 해소는 물론 지역소멸 위기 대응의 주요 정책 대안으로 제시한 것이다.

주요 내용을 보면, ① 편하게 즐기는 크루즈 항만·관광 인프라 확충 전략 과제로 신규 기항 인프라 개발과 기존 기항 인프라 개선, ② 매력적인 기항지 관광상품 고도화 전략 과제로 기항지 중심 관광활동 확대, Fly&Cruise·연안크루즈 등 시장 저변 확장, ③ 더 많이 누리는 크루즈 유치 확대 및 홍보 강화 전략 과제로 공동 유치 활동 강화, 국내외 통합 홍보 확대, ④ 쉽게 접하는 크루즈 산업 친화적 제도 개선

전략 과제로 산업 지원체계 강화와 유관기관 협력 강화를 제시하고 있다.

이와 같이 부처간 전략적이고 체계적인 협업을 통하여 한 단계 성장한 크루즈관광을 육성하고자 하는 것은 매우 반가운 일이고 또한 이를 통한 크루즈 활성화에 대한 기대도 높다. 그러나 아직 우리나라의 크루즈 관광정책의 대부분은 전용 항만과 터미널 건설과 같은 크루즈 산업 인프라 개발과 모항 혹은 기항지 개발의 범위에서 크게 벗어나지 못하고 있다고 본다.

크루즈 관광산업이 실제적으로 성장하기 위해서는 크루즈 선사의 육성과 함께 중장기적으로 국적 크루즈 선박의 개발에 이루어져야 할 것이다. 사실 크루즈 선박이 없는 크루즈산업은 빛좋은 개살구일 수 있다. 크루즈 산업의 성장에는 크루즈 관광객과 이를 모객하는 여행사, 크루즈를 운영하는 크루즈 선사와 크루즈 선박 회사, 그리고 모항 혹은 기항지가 되는 항만과 도시가 관련되어 있다. 크루즈 산업은 이 같이 우리가 알고 있는 관광산업의 영역뿐만 아니라 조선산업, 조선기자재산업 등 연관산업의 규모가 매우 크다. 크루즈 산업은 특성상 관련 산업의 범위가 항공기산업 보다 더 넓고 다방면에 걸쳐 있고 연관산업 효과가 크다.

예를 들어, 이탈리아 크루즈 선박인 코스타 세레나(Costa Serena)는 약 3,780명의 승객을 태울 수 있고 약 1,100명의 승무원이 승선한다. 코스타 세레나는 이탈리아의 유명한 조선업체인 핀칸티에리

(Fincantieri)가 마르게라(Marghera)에 위치한 핀칸티에리 조선소에서 건조되었는데, 일반적으로 이러한 규모의 선박 건조를 위해서는 기획 및 디자이너는 100명 이상, 건조에는 수천명이 관여하였다고 한다. 여기에서 기획 및 디자이너는 이탈리아 조선 디자이너가 대부분이며, 선박 안에 사용되는 유리는 무라노섬에서 주문 생산되었으며, 선박에 사용되는 가구, 벽지 등 거의 대부분이 최고급의 이탈리아산으로 채워진다고 하니 국적 크루즈선은 한마디로 자국의 산업 수준을 보여주는 종합 결정체인 것이다.

앞에서 이야기한 바와 같이 크루즈 관광산업은 단순히 국제크루즈선을 유치하여 모항 및 기항지 관광을 통한 관광 활성화를 하는 차원이 아니다. 일회성의 모항이나 기항지로서는 지역경제에 효과를 미치지 못하고 오히려 항만시설의 효율성을 떨어트릴 수 있다. 따라서 연속적인 입항을 통하여 크루즈 항만의 활용도를 높이고 지역관광 활성화를 통한 지역경제에 기여를 높여야 할 것이다. 특히 실질적으로 지역 경제 기여할 수 있도록 먹거리와 살거리, 볼거리 등의 확충을 통하여 크루즈 관광객 및 크루즈 승무원의 현지 소비를 높이기 위한 보다 구체적인 방안 모색이 필요하다. 이를 위해서는 우선 크루즈 관광이 지역 사회에 미칠 잠재적 영향에 대하여 논의하고, 이를 지역관광종합계획에 통합 반영하는 것이 필요하다.

그뿐만 아니라 국내 출발 크루즈 관광의 확대를 통하여 전체적으로 크루즈 관광산업의 규모를 키워나가야 한다. 물론 이를 위해서는 현재 정부에서 추진하고자 하는 크루즈 인프라의 확충과 함께 친환경적인 스마트 항만 시스템의 구축, 모항 및 기항지로서의 특성있는 콘텐츠 개발을 통한 매력적인 기항지로서의 인지도 제고 등이 매우 중요하다. 특히 탄소중립시대에 대응한 친환경 항만 인프라는 지속 가능한 관광에 있어서 중요한 포인트가 될 수 있다.

이외에도 국제 크루즈 선사들과의 협력을 강화하여 더 많은 크루즈 노선을 한국으로 유치하고, 이를 통해 관광객 유입을 촉진하는 노력도 필요하다. 그러나 어쩌면 이보다 앞서서 일반인들이 크루즈 관광에 대하여 갖고 있는 부정적 인식을 개선하고 크루즈 산업의 영향력에 대한 이해를 높일 필요가 있다. 이를 위한 정부 차원의 크루즈체험단 운영은 크루즈여행 저변 확대와 국외 크루즈선의 국내 기항 증대에 기여할 것으로 본다. 또한 크루즈 산업 육성을 위해서는 크루즈 관련 인력의 육성이 시급하다. 크루즈 관광인력은 물론 크루즈 선박 건조와 관련한 인력의 육성을 통하여 국제 크루즈산업에서 한국 전문인력의 역할을 확대해 나가고 중장기적으로 국적 크루즈 선박을 보유하기 위해서 중장기 로드맵 하에 지속적인 지원과 민관 협력을 추진하고 국제적인 파트너십을 통해 글로벌 크루즈 관광시장에서 우리나라의 위상을 강화할 수 있어야 할 것이다.

우리의 문화와 환경을 보존하면서 크루즈 관광산업의 지속가능한 성장이 중요한 과제이다. 이를 위해서 지역문화 존중을 통한 콘텐츠 개발과 함께 배출 및 폐기물관리와 같은 환경 규제, 친환경 기술의 도입 등 다각적인 정책적 노력이 함께 추진되어야 할 것이다. (2024.07.04.)

40. 행복 여행, 웰니스 관광

현대 사회에서 행복은 단순히 추구하는 목표가 아니라 삶의 질을 결정짓는 중요한 요소로 자리 잡고 있다. 행복은 개인의 정신적, 육체적 건강에 긍정적인 영향을 미치며, 이는 곧 사회 전체의 복지로 이어지기 때문이다.

행복한 삶과 여행

여러 연구에서 여행이 사람들의 행복감과 전반적인 삶의 만족도에 긍정적인 영향을 미치고 있음을 밝혀주고 있다. 뉴욕 대학의 연구에서는 새로운 장소를 방문하고 다양한 경험을 하는 것이 행복감을 증가시키는 데 중요한 역할을 한다고 하였고, 워싱턴 주립대학의 연구에 따르면, 정기적으로 여행을 하는 사람들은 그렇지 않은 사람들에 비해 약 7% 더 행복하다고 한다. 코로나가 한창이던 2020년 약 7천500명을 대상으로 한 설문조사에서 '코로나19 종식 후 가장 하고 싶은 일'에 63% 응답자가 여행을 꼽았다고 한다(경기관광공사). 답답한 현실에서 벗어나고자 하는 것도 있지만, 일상에서 벗어나 새로운 경험을 하고자 하는 것 때문이라고 본다. 특히, 여행을 하기 전 계획하고 기대하는 과정에서 이미 행복감을 느끼며, 여행을 실제로 가기 전에 이미 긍정적인 효과를 발휘한다고 한다.

필자도 남편과 함께 아일랜드 여행을 지난해부터 계획하고 있다. 단순히 여행을 계획하는 것만으로도 행복감을 높이고 있는 것이 분명하다. 남편은 올해 봄부터는 여행 서적을 구매해 읽고 또 읽고, 유튜브로 랜선 여행도 수도 없이 다녀오면서 그곳의 이야기를 수시로 나에게 전하고 있다. 매일 즐겁게 여행 이야기를 하고 있으니 여행이 주는 행복감을 이미 충분히 맛보고 있다. 이처럼 여행이나 관광은 일상에서 벗어나 새로운 환경을 경험하고, 다양한 문화를 접하며, 스트레스를 해소하는 기회를 제공한다. 이를 통해 관광은 많은 사람에게 일시적이나마 행복감을 선사할 수 있다.

행복과 웰니스 관광

그러나 막상 떠난 여행이 번잡함과 힘든 기억으로 행복을 찾아 떠난 여행에서 실망을 겪는 경우가 종종 있다. 때로는 여행으로 인한 스트레스를 가져오기도 한다. 그래서 번잡하지 않고 나만의 힐링을 즐기면서 정신과 신체를 동시에 추구하는 웰니스 관광이 새로운 트렌드로 떠오르고 있다.

웰니스 관광은 행복과 건강을 동시에 추구하는 여행의 한 형태로서 단순한 휴식과 관광을 넘어, 신체적 건강과 정신적 안정을 동시에 추구하고 있다. 스파, 요가, 명상, 건강한 식단 등의 프로그램들이 적절히 결합한 웰니스 관광은 개인의 전반적인 건강 증진을 목표로 하고 있다. 이는 단순한 관광 이상의 만족감을 제공하며, 사람들이 일상에서 느끼는 스트레스와 피로를 해소하는 데 도움을 준다.

웰니스 관광은 국제관광 트렌드의 하나로 대두되면서 다양한 접근이 이루어지고 있다. 아시아에서 웰니스 관광의 대표국의 하나인 태국은 요가와 명상 리트릿이 인기를 끌고 있다. 푸켓과 치앙마이 지역에서 고급 리조트들이 요가, 명상, 디톡스 프로그램 등을 제공하여 전 세계 관광객들에게 휴식과 치유의 경험을 주고 있다. 인도네시아 발리에서는 전통적인 발리식 마사지와 치유 프로그램 중심의 웰니스 관광이 발리의 주요 관광으로 자리를 잡고 있다.

미국에서는 요세미티, 아스펜과 같은 자연 속 웰니스 리트릿이 인기를 끌고 있다. 이들 리조트는 하이킹, 숲속 명상, 자연 속에서의 요가 등 자연과 접촉하며 정신적 안정을 찾을 수 있는 프로그램을 제공하고 있다. 일본도 예외가 아니다. 일본은 온천과 함께 전통적인 정서적 치유 방법을 결합한 웰니스 관광으로 유명하다. 온천 요법뿐만 아니라, 사찰에서의 명상, 차 문화 체험, 자연 속에서의 정신적 정화 프로그램들을 운영한다. 특히, 일본의 산악 지역과 온천 마을에서의 웰니스 관광 사례는 우리나라 인구소멸지역에서 관계인구 증대를 위한 해법의 하나로써 활용될 수 있다. 웰니스 관광에 있어서 자연환경에서의 산림욕, 트레킹, 명상, 요가 같은 활동과 지역만의 전통이 잘 보전되어 있는 곳에서의 문화적 체험과 음식 등이 매우 중요한 요소임으로 이러한 여건을 지닌 지역에 새로운 활력을 불어넣을 수 있는 중요한 전략이 될 수 있다.

웰니스 관광지와 지역 관광 활성화

2017년부터 문화체육관광부와 한국관광공사에서 추천하고 있는 웰니스 관광지는 77개에 달한다. 이들 웰니스 관광지는 뷰티/스파, 자연/숲치유, 힐링/명상 등으로 구분 선정되고 있다. 한국관광공사에서는 웰니스 관광지 선정 이외에 '한국 치유관광 페스타'를 통하여 웰니스 관광산업의 활성화와 더 많은 국민이 치유와 웰빙을 경험할 수 있도록 하고 있다.

지역특화 웰니스 관광의 예로, 제주도를 들 수 있다. 제주도에서는 제주 웰니스 관광지를 선정하여 인증하고 있는데, 인증을 받은 관광지는 산림·해양 등 자연 자원을 활용한 프로그램, 마음 챙김 프로그램, 수치료 프로그램을 운영하는 사업체들로, 자연·문화·사람이 어우러진 힐링 공간을 지향하고 있다. 2020년 제주 웰니스 관광 15선을 선정한 이후 2024년에 다시 재평가 및 신규 평가를 통하여 12곳을 선정하였다.

제주의 We Hotel은 국내 최초의 웰니스 호텔로, 다양한 건강 관리 프로그램을 제공하고 있는데, 이곳에서는 온천, 스파, 헬스 케어 프로그램 등 전반적인 웰빙을 추구할 수 있는 다양한 서비스를 경험할 수 있다. 또한 취다선은 제주의 자연과 전통 문화를 결합한 웰니스 프로그램을 제공하고 있는데, 특히 제주를 향기를 담은 전통적인 차(茶)

문화와 명상 프로그램 운영을 하고 있다. 이처럼, 웰니스 관광은 지역의 자연경관과 전통문화를 결합한 다양한 프로그램을 통해 관광객을 유치할 수 있고 관광객에게 산림욕, 전통음식 체험, 자연과 함께하는 명상 프로그램 등 지역의 특성을 반영한 체험을 줄 수 있으며, 회복과 치유를 통한 웰빙을 증진시킬 수 있다.

웰니스 관광지는 인구소멸지역과 같은 곳에서 새로운 활력을 불어넣는 지역 활성화의 모델로 자리를 잡으면서 지역 관광의 전략 요소로 활용되고 있다. 이런 측면에서 웰니스 관광은 단순한 여행의 범주를 넘어, 현대인들에게 필수적인 자기 관리와 건강 증진의 중요한 도구로 자리 잡고 있을 뿐만 아니라 지역경제와 사회에 긍정적 역할을 미칠 수 있다.

최근의 웰니스 관광에서 고무적인 것은 웰니스 관광이 그저 중년층이나 고령층을 대상으로 하는 관광이 아니라 젊은 층들도 관심이 있다는 것이다. 2023년 글로벌 웰니스연구원의 조사에 따르면, MZ세대의 약 60% 이상이 웰니스 관광에 참여하고 있어 이전 세대보다 높게 나타났다고 한다. MZ세대는 전통적인 관광보다 자신만의 웰빙을 추구하는 여행을 선호하고, 요가, 명상, 디톡스 등 다양한 웰니스 프로그램에 적극적으로 참여하고 있는 것을 알 수 있다. MZ세대는 여행 중에도 일상에서의 스트레스를 해소하고, 정신적 안정을 찾으며, 건강한 생활을 유지하고자 하는 동기에서 웰니스 관광을 선택한다고 한다. 또한, SNS에서 공유할 수 있는 경험이나, 자신의 건강과 관련된 활동에 관해 관심이 크기 때문에 웰니스 관광이 큰 인기를 끌 수밖에 없다.

　이러한 젊은 세대의 요구는 지역 관광을 독특하고 혁신적인 체험으로 바꾸어 나가는 데 이바지 할 뿐만 아니라 이들의 경험은 새로운 변화를 가져오게 할 것이다. 웰니스 관광은 현대인들에게 필요한 행복과 웰빙을 동시에 충족시킬 수 있는 훌륭한 대안이 될 수 있다고 본다. 앞으로도 웰니스 관광은 지속적인 발전이 이루어질 것이다. 개인화와 맞춤형 경험이 강화될 것이며, 신체적 건강뿐만 아니라 정신적, 정서적, 그리고 영적 건강까지 아우르는 통합적인 접근이 더욱 강조될 것이다. 요가, 명상 등과 같은 전통적인 웰니스 활동뿐만 아니라, 정신 건강, 심리 치료, 음식 치료, 그리고 새로운 치유 방법들이 결합한 프로그램들이 개발될 것이다. 이러한 웰니스 관광지의 발전이 지역사회와 더욱 밀접하게 연계되어, 지역주민들이 주도하는 프로그램, 지역의 전통과 문화를 체험할 수 있게 되기를 바란다. 또한 웰니스 관광을 통하여 지역 경제 활성화와 더불어, 관광객들이 더욱 진정성 있는 경험을 할 수 있게 되기를 바란다. (2024.08.15.)

PART 7.
스포츠와 문화의 접점

41. 한국 계단식 골프장, 스포츠-기술 통합

남해 다랭이 마을은 계단식 논밭으로 이뤄져 이색적인 풍경을 간직하고 있다.

자연경관과 아름다운 조화를 이루는 계단식 논밭에선 전통, 문화, 자연을 주제로 한 다양한 체험 프로그램과 행사가 열린다. 봄철 가장 먼저 돋아나는 쑥, 시금치와 같은 나물을 캘 수 있고, 모내기를 체험한 뒤 파도 소리를 반찬 삼아 새참을 먹는 경험을 할 수도 있다. 우리나라에서 쌀 농사를 짓는 산간 지역에는 거의 계단식 논을 볼 수 있다. 중국의 윈난성, 베트남, 태국, 네팔, 인도네시아, 필리핀, 일본 등에도 널리 퍼져있다. 자연환경을 활용해 적자생존하기 위해 만든 논밭으로 독특한 지역 문화를 만들어내곤 한다.

우리나라에는 계단식 논과 비슷한 계단식 골프장도 있다. 산 경사면을 깎아 계단처럼 만들어 진 골프장이다. 계단식 골프장은 한국의 주요 지형을 최대로 살린 한국 골프장의 전형적인 코스이다. 국토의 70%이상이 산악으로 이뤄진 국토의 특성상 산 중턱을 절개하고 계단식으로 자리를 차지한 것이다.

한국골프장경영협회의 조사에 따르면 전국 514개 골프장 가운데 산림이 70%인 국토의 특성을 반영하듯 70% 이상이 계단식 골프장이다. 산이 많은 악조건 속에서 계단식으로 골프장을 지었지만 한국식 골프장은 홀별 높낮이가 심하면서도 아기자기한 한국형 골프의 매력을 갖추며 이제는 당당히 국제 경쟁력을 갖췄다는 평가를 받는다.

계단식 한국 골프장은 골프라는 스포츠와 뛰어난 토목과 건축기술이 빚어낸 합작품으로 지형적인 어려움에도 불구하고 세계 골프장업계에서 비약적인 성장을 한 것으로 잘 알려져 있다. 한국의 골프장 건설 능력은 미국과 일본 등 골프 선진국으로부터의 기술 도입과 스스로 일어서려는 자생력으로 오랜 시간에 걸쳐 착실히 다져졌다.

계단식 골프장은 어떻게 시작됐나

해방 후 우리나라에는 건설 분야 전문인력이 거의 없는 상황이었다. 군대 내 공병단 기술장교 출신 인력이 민간의 기술인력 수요를 충당하는 정도였다.

1962년 박정희 정권이 제1차 경제개발 5개년 계획과 더불어 국토개발을 본격적으로 추진할 때, 부족한 설계 분야 전문인력 확보가 시급한 과제였다. 정부는 전문인력 육성과 확보에 심혈을 기울이며 국가 차원의 기술인력 육성을 위해 1966년 한국종합기술개발공사(현 한국종합기술)를 창립했다.

한국종합기술개발공사는 정부의 대규모 종합기술 용역업체 육성을 위해 설립한 설계와 감리 분야 엔지니어링 서비스업을 영위하는 공기업이다. 1967년 경부고속도로, 한강 개발 3개년 계획안 등을 시작으로 굵직굵직한 국토개발 설계 일을 국가 주도로 수행했다. 한국 골프 코스 설계 1세대는 이러한 종합엔지니어링 회사에서 근무하며 선진 설계 기술을 바탕으로 골프장 관련 기술을 습득해 골프 코스 설계를 시작했다. 대부분의 기술 자료는 일본 골프 관련 도서, 설계 방식을 따랐다.

한국형 계단식 골프장 건설에 앞장을 선 이는 육사 출신(18기) 공병장교출신 장정원씨였던 것으로 알려졌다. 장정원씨는 육사, 서울대 토목과 졸업 후 '장골프연구소'를 만들어 활동했다. 장씨는 한국적 지형과 골프장의 디자인을 살리는 방법으로 계단식 골프장 건설을 본격적으로 추진했다고 한다.

장씨가 계단식 골프코스 공법으로 처음 지은 골프장은 국내 첫 퍼블릭골프장인 올림픽CC였다. 홍명희의 '임꺽정', 황석영의 '장길산'의 대하소설에서 조선시대 도적떼의 무대로 등장하는 고양과 파주 경계의 혜음령 자락에 위치해 있는 올림픽CC는 원래는 전형적인 악산이었다. 산세가 가파르고 수림이 울창한 곳이어서 골프장을 건설하기에는 힘든 장소였다.

1988년 국내 첫 9홀 퍼블릭골프장 허가권을 받아낸 이관식 올림픽

CC 회장은 골프장 건설을 위해 수소문 끝에 태릉골프장에서 근무했던 장정원씨를 찾아갔다고 한다. 장정원씨로부터 "계단식으로 만들면 골프장 건설이 가능하다"는 의견을 듣고 골프장 공사를 맡겨 2년여만인 1990년 3월 올림픽 CC를 개장할 수 있었다는 것이다. 올림픽CC 홀들은 1번홀부터 착착 계단형으로 쌓아올린 것이 특징이다. 홀 곳곳에 심한 산 경사도 때문에 돌담을 쌓아 산사태를 막으며 계단식 골프장을 만들어 놓기도 했다. .

세계경쟁력을 갖춘 계단형 골프장

우리나라는 박정희 정부까지 개장한 골프장이 21개에 그쳤다. 전두환 정부 때 30개가 인가됐고, 노태우 정부 때 골프장 승인이 중앙정부가 아닌 시·도지사로 위임되면서 120개 골프장이 승인을 받아 골프공화국이라 불릴 정도였다. 5·6공화국을 거치면서 급격하게 증가했던 것이다.

계단형 골프장은 올림픽CC 개장이후 한국 골프장의 대표적인 양식이 됐다. 전국 곳곳에서 계단식 골프장이 선보이면서 대세가 된 것이다. 박세리가 미국 LPGA에서 위력을 떨치는 것에 때맞춰 골프 붐이 조성되며 골프장들이 대거 개장했다. 계단식 골프장은 세계 경쟁력을 갖춰가는 여자골프 성장과 함께 '골프와 기술의 통합'이라는 실용주의적· 기능주의적 추세에 힘입어 폭발적인 붐을 보였던 것이다. 시대적 상황까지 반영하며 계단형 골프장은 세계적으로 관심을 받을만 했다.

골프 발상지 영국이나 미국 등에서 골프장은 대개 도시 인근의 전원에 많이 분포돼 있다. 주로 평지에 많이 들어서다보니 특별한 건설 공법을 갖지 않고도 골프장을 건설하는데 큰 어려움이 없었다. 하지만 계단형 골프장은 고도의 기술과 전문성이 접합돼야 건설이 가능하다. 산을 깎고, 숲과 나무를 베야 하며, 땅속에는 배수, 관수, 상수, 오수를 위한 관로와 전기, 통신 설비들이 깔린다. 시공자들은 특히 계단식 설계 능력과 함께 특별한 조형 능력도 갖춰야 해 건설을 하기가 매우 어렵다.

우리나라 골프장들은 과감한 계단형 골프장 건설 기법으로 세계 골프장에서 새로운 변화를 보여주었다. 쓸모없는 악산을 골프장으로 만들어 많은 골프인구가 찾게 한 것은 세계 골프계에서 보기 드문 성공 사례로 평가받는 것이다.

한국레저산업연구소가 발간한 '레저백서 2022'에 따르면 우리나라 골프 인구는 지난해 564만명으로 집계됐다. 우리나라 골프 인구는 2009년 293만명에서 2019년 470만명으로 늘었고, 코로나19의 세계적 유행 등의 이유로 지난해 564만명으로 급증했다. 이는 일본의 골프 인구 520만명(2020년 기준)보다도 많은 수치다. 이 같이 골프인구가 폭발적으로 늘어난 것은 골프가 대중적인 인기를 끌면서 골프장 수가 크게 늘어난 때문이라는 분석이다.

K 컬처 경쟁력강화, 계단형 골프장도 한 몫 할 수 있다

계단형 골프장이 선보인지가 30년 이상이 지났다. 올림픽CC의 초창기를 거쳐, 골프붐을 타고 비약적인 성장기를 가졌다. 계단형 골프장은 제대로 된 건설 기술자가 없던 시절, 외국 기술을 받아 한국형 지형에 맞게 건설 공법을 개발해 내 성공적인 모델로 자리잡았다.

계단식 골프장은 여러 단계를 거쳐 많은 변화를 보였다. 초창기 처음 길을 내듯 산을 깎아 계단식으로 정리해 나가던 것에서부터 시작해 이제는 코스에 따라 다양한 모습을 갖추게 됐다. 언뜻보면 계단식 골프장인지, 평지 골프장인지 착각하게 만들 정도로 고도의 기술로 만든 골프장까지 있을 정도이다. 한국 골프장 건설 기술은 이제는 외국에서도 실력을 인정받아 해외로 진출할 수 있는 기회를 가질 수 있다고 본다.

K-팝, K-드라머에 이어 계단형 골프장이 K-컬처 경쟁력을 강화할 수 있는 분야로 주목받을 수 있다. 계단식 논이 한국 등 아시아의 새로운 농업 생산양식으로 평가받듯이 계단형 골프장도 한국에서 시작해 새로운 단계로 진화해가며 세계 골프장의 새로운 모델이 될 것이라고 믿는다. (2024.09.14.)

42. 정치인들이 즐기는 스포츠 언어

"손흥민 선수가 완장을 차고 주장으로 리더십을 훌륭하게 발휘했던 것처럼 대통령으로서 모든 책임을 가지고 국가를 잘 이끌어 나가겠다."

2022년 12월, 카타르 월드컵에서 16강 진출을 이룩하고 귀국한 축구대표팀을 환영하는 자리에서 윤석열 대통령이 한 말이다. 자신을 대표팀의 주장 손흥민과 같이 비유해 대통령으로서 국정을 제대로 운영하겠다는 의미였다. 이 말에서 윤 대통령이 어려운 국사를 운동 경기 상황에 비유해 국민들에게 가까이 다가서려는 마음이 느껴진다.

서울대 법대 야구부 출신인 윤 대통령은 역대 대통령 가운데 전두환 대통령과 함께 스포츠를 자주 화두에 올려놓는 지도자로 평가받는다. 유세 때도 그랬고, 대통령에 취임해서도 자주 스포츠 현장을 찾는다. 대선 후보시절 포함 야구와 관련된 공식적인 행차를 한 것만 해도 여러 번이다.대선 캠페인이 한창이던 2021년 11월 초 당시 윤석열 국민의 힘 후보자는 고척스카이돔에서 열린 한국시리즈 1차전을 참관했다. 당시 윤 후보는 국가대표 야구 유니폼을 입고 관중석에 앉아 국민스포츠인 프로야구를 현장에서 같이 보고 즐겼다.

국가지도자로서 국민들과 감성을 같이하며 소통하는 모습을 보였던 것이다. 그는 '야구 명문' 충암고를 졸업해 야구에 대한 관심을 후보시절부터 나타냈다. 대선 후보에 나선 지 얼마 되지 않아 전국 대회에서 우승을 차지한 충암고를 전격 방문, 선수들을 격려하며 직접 야구 유니폼을 입고 선수들과 러닝과 캐치볼을 같이 하기도 했다. 2024년 4월 프로야구 개막전이 열린 대구 삼성라이온즈파크에선 직접 시구를 던졌다. 역대 대통령으로서는 6번째였다. 언론 등에선 "시구한 대통령 중에선 윤 대통령이 투구 폼이나 구질에서 가장 나았다는 평가가 나왔다.

다른 전직 대통령들은 스트라이크존을 한참 벗어나거나 원바운드 볼을 던졌다. 윤 대통령은 용산 대통령실 앞에서 열린 유소년 야구대회 결승전에서 구심으로 변신해 '스트라이크 콜' 세리머니를 했다. 윤 대통령은 격려사에서 "야구의 룰을 잘 지키고 상대팀을 배려하면서 선수로서 신사도를 잘 갖춘 멋진 경기를 하시기 바란다"고 당부했다. 윤 대통령이 야구 심판을 맡은 것은 상징적인 의미가 크다. 야구 심판은 경기 공정성과 규칙 준수를 책임지는 중요한 역할을 하기 때문이다. 경기 투명성과 공정성, 규칙 준수, 중립성, 전문성과 경험, 협력과 팀워크 등의 원칙을 철저히 지키는 것이다.

스포츠는 소통의 무대

우리나라 사람들은 축구, 야구에 대해 잘 알고 있다. 어릴 적부터 두 종목 경기를 많이 보았고, 실제로 경기를 해 경기 규칙 등을 많이 알고 있다. 오랜 전부터 대통령들이 시축이나 시구 등을 하는 이유이다. 국민들에게 가까이 다가갈 수 있는 소통의 무대를 제공하기 때문이다.

해방 후 대한민국 초대 대통령에 취임한 이승만 전 대통령은 대한민국의 첫 대통령 야구시구의 주인공이었다. 이승만 전 대통령은 1958년 미국 메이저리그의 세인트루이스가 내한해 한국 대표팀과 가진 친선경기에서 시구를 했다. 이승만 전 대통령은 마운드에 올라오지 않은 채 관중석에서, 경기장에 서 있는 포수를 향해 던졌다. 시구를 위해 관중석의 그물까지 찢어 공간을 확보했던 것으로 알려졌다. 이승만 전 대통령이 시구를 한 것은 서재필 선생과 함께 배재학당에서 야구를 함께 했고 미국 유학파로서 미국 국기인 야구에 애착을 가졌기 때문으로 보인다. 미국 야구는 국민들의 열정을 모으며 통합과 화합을 이끄는 데 매개적 역할을 한 대표적인 스포츠 종목이라는 것을 혈혈단신, 미국 유학에서 외롭게 공부하면서 터득했을 것으로 생각된다.

1980년대 프로야구가 출범한 이후 전두환 대통령을 비롯해 역대 대통령들은 시즌 개막전이나 코리안 시리즈 등에서 시구를 하기도 했다. 또 축구 국가대표 경기나 프로축구 시즌 개막전에서 박정희 대통령 등 역대 대통령은 시축을 하기도 했다 .야구 시구나 축구 시축은 대통령이 국민들과 소통을 이루는 무대이다. 대통령이 시구나 시축을 할 때에는, 운동 경기 상황을 비유하는 발언을 하면서 국민들에게 적절한 메시지를 전달한다. 대통령이 자신의 정책이나 비전을 언급하거나, 국민들에게 격려의 말을 전하면서 스포츠 경기에 대한 열정을 공유할 수 있기 때문이다.

정치와 스포츠는 서로 연결된 네트워크

미국 민주주의도 스포츠와 정치가 서로 연결돼 있다. 흑인차별을 딛고 최초로 메이저리그에 진출한 재키 로빈슨, 성 평등을 주장한 테니스 빌리진 킹, 1968년 멕시코올림픽 육상 200m 시상식에서 검은 주먹을 치켜세운 존 카를로스와 토미 스미스 등 많은 인물들이 정치, 사회적 이정표를 만들었다. 대부분 사람들은 여러 편견과 개별적 의견을 갖고 다양한 정보를 주고받으며 소통과 화합을 갈망하고 있다.

이 가운데는 사회적으로 감춰지기를 바랬던, 분열과 대립을 가져올 수 있는 내용들도 포함돼 있다. 이러한 여러 문제들을 푸는 게 정치의 역할이라고 할 수 있을 것이다. 스포츠는 매우 중요한 정치적 수단이라는 말이 있다. 스포츠와 정치의 연결은 결코 무시할 수 없는 일이다. 그동안 올림픽과 중요 국제대회에서 정치적 목적을 위한 행위로 많은 사람들에게 영향을 끼쳤다.

따지고 보면 한국스포츠가 정치와 연관이 안 된 적이 별로 없다. 일제강점기 손기정 선생이 베를린올림픽 마라톤을 제패했을 당시, 동아일보가 우승한 그의 사진에서 일장기를 지움으로써 일어난 '일장기

말소 사건'은 민족적인 감정을 불러일으켰다. 1948년 대한민국 정부가 수립되기 이전에 런던올림픽에서 태극기를 앞세워 해방이후 첫 올림픽에 출전한 것은 국위선양을 위한 행위였다.

1960~70년대 박정희 대통령은 '체력은 국력'을 내세우며 경제적 발전과 함께 스포츠를 국력 확장의 도구로 삼기도 했으며 1980년대 전두환 군사정권은 정치문제와 사회문제를 국민들에게 감추려 했던 '3S 정책'의 일환으로 스포츠를 활용했다. 식민지정책으로 알려진 '3S 정책'은 영화(Screen), 섹스(Sex), 스포츠(Sports)의 앞글자를 따서 만든 이름이다.

88서울올림픽과 2002 한·일월드컵은 성공적으로 개최했지만 당시 국내의 정치적 과오를 덮기 위한 기회로도 이용됐다. 2018 평창동계올림픽을 유치한 것도 경제적인 위기를 맞은 국민들의 사기를 높이며 경기 부활을 겨냥했다는 점에서 정치적 속성이 잘 드러난다. 정치인들이 경기단체장을 맡거나 체육인들을 정치적으로 활용하려는 일면은 체육이 갖고 있는 성격을 잘 인식하고 있기 때문이다. (2023.11.09.)

43. 골프 치러 갈 때 설레는 이유

대개 골프장 부킹이 되는 순간부터 마음이 설레인다.

평소 많은 스트레스를 받으면서도 골프만 생각하면 기분이 절로 좋아진다. 특히 골프장 가기 전 날 밤에는 설레는 기분으로 잠을 설치기 일쑤다.

아침 라운드가 예정돼 있다면 새벽에 몇 번 깨기도 한다. 제 시간에 일어나지 못해 걱정하는 한편으로 골프 치러 간다는 설레임으로 깊게 잠이 들지 못하기 때문이다. 마치 초등학생 시절 소풍갈 때 기분처럼 잠이 잘 오지 않는 것이다. 이는 골프 초보자든, 오랜 경력의 골프 고수든 모두가 느끼는 공통된 심리 현상이다. 이른바 '골프 엑스터시(Ecstasy)'라고 말 할 수 있을 것이다. 골프를 통해 황홀한 기분을 느끼는 현상이다.

골프는 다른 스포츠종목보다 중독성이 강하다. '골프 대디', '골프 과부'라는 말이 생겨난 이유이기도 하다. 새벽에 일찍 나가든 점심 먹고 나가든 골프를 치러 일단 골프가방을 매고 나가면 거의 하루를 보내게 된다. 하지만 많은 시간을 빼어난 자연 환경에서 여러 사람과 함께 즐거운 시간을 갖는다. 라운드 약속을 했으면 가족이 상을 당하는 것 이외에는 반드시 나와야 한다는 것이 골퍼들의 불문율(?)이 있는 것도 골프의 특성을 보여준다. 골프는 자신도 즐겁지만, 남들도 함께 즐겁기 때문에 무조건 골프 약속은 지켜야 한다는 것이다.

골퍼들은 세상에서 골프만한 운동이 없다고 말한다. 남녀노소가 함께 즐길 수 있고, 프로든 아마추어든 경기력 차이가 크게 나는데도 불구하고 같이 경기를 할 수 있기 때문이다. 80대 골퍼가 싱글을 치기도 하지만, 10대 이하의 어린 나이에도 300m의 엄청난 비거리를 낸다.

골프를 좋아하는 이유는 차고 넘친다. 골퍼들이 가장 많이 꼽는 이유는 아름다운 자연 속에서 재미있는 공놀이를 한다는 것이다. 천상의 낙원처럼 화려하게 꾸며진 필드에서 하얀 공을 치는 것은 '신선 노름'이 따로 없다고 한다. 또 18개 홀을 지나며 각각의 홀에서 인생의 희로애락을 느낄 수 있는게 골프의 매력이라고도 말한다.

다른 종목 마니아들과 다르게 골퍼들이 유달리 골프에 대한 강한 애착을 갖는 이유에 대해 생각해봤다. 그러던 차에 수십년전 읽었던 루마니아 출신의 미국 종교학자이자 문학가인 머치아 엘리아데(1907~1986)의 대표적 저서 '성과 속'을 다시 찾아 보게됐다. 호기심을 갖고 읽다보니 뜻밖에도 골프를 치기 전에 설레는 이유가 신성한 것과 연결될 수도 있다는 생각으로 이어질 수 있었다.

엘리아데는 '거룩함'이라는 개념으로서 종교를 단순히 '믿음'의 차원에서 설명하고자 했던 독일 종교현상학자 루돌프 오토 중심의 비합리적 사고에서 벗어나 '체험'의 차원에서 종교를 설명해 인간이 본질적으로 종교와 '불가분한' 존재임을 보여주고자 했다. 종교학 연구에 있어서 그는 성과 속의 문제를 합리성-비합리성, 자연성-초자연성과 같이 '형이상학적' 차원에서 양자택일을 시도하는 것이 아니라 비합리적인 것처럼 '보이는' 체험을 합리적으로 '이해'하면서도 합리적인 것에서 비합리성을 '재현'하는 다시 말해, 성과 속의 '총체성'에 기반해 바라보고자 했다.

엘리아데에 의하면 만물의 영장인 인간은 종교적 인간일 수 밖에 없고, 인류의 시작 초기부터 일정한 종교 체험을 해왔다. 인간은 성과 속을 구분하고 가능한 한 성에 가까이 있고자 하며, 인간의 조건의 한계를 느끼고 막연하지만 구원을 갈망한다는 사실이라는 것이다. 하지만 근대인은 세속적인 것 안에 깃들여 있는 성스러움을 더 이상 음미하지 못하게 된 존재이다. 근대인은 오직 속된 것과 물질적인 것만이 가치의 전부인 것 양 여기는 유별난 시대의 인간인 것이다. 근대인에게 공간은 어디에나 늘 똑같은 공간이고, 시간은 시계의 시간처럼 언제나 균질적이다. 하지만 인류 역사에서 이런 관점이 지배적인 위치를 차지하게 된 것은 예외적인 일이다. 왜냐하면 고대인으로 대표되는 이른바 전(前) 근대인은 그 의미와 중요성에서 늘 성스러움과 세속적인 것을 구분하지 않았기 때문이다.

스포츠사회학자 앨런 거트만은 자신의 명저 '근대스포츠의 본질-

제례의식에서 기록추구로'에서 근대스포츠는 고대 그리스 제례의식에서 기원을 두고 있다고 밝혔다. 고대 그리스인들은 스포츠 축제에 참여하는 것은 신들과 만나는 시간이었다고 한다. 세상을 만든 태초에 나타난 신들의 성스러운 시간과 맞닥뜨리는 기회를 스포츠가 만들었다는 것이다. 스포츠를 통해 '더 멀리, 더 높이, 더 빠르게'를 모토로 삼아 신의 모습을 닮으려고 스포츠를 즐겼다고 한다. 근대스포츠는 고대 그리스에 발생 기원을 갖고 원초적인 종교적 개념과 관계가 깊을 수 밖에 없는 것이다.

현대 스포츠 종목은 수 없이 많다. 고대 그리스시대부터 행해지던 레슬링, 육상 등으로부터 근대 시대에 들어 영국에서 시작한 축구와 골프 등 많은 종목들이 세계적으로 보급돼 있다. 이 가운데 골프에 유독 마니아층이 두터운 것은 다른 스포츠와 비교해 세속적인 것과 다른 무언가가 있지 않을까하는 궁금증을 자아내게 한다. 골프는 다른 종목과 달리 성스러움이 포함되면서 숭배의 대상이 된 것이 아닐까 싶다.

골프장은 자연 속에 사람이 만든 '성전' 같다. 빼곡이 들어찬 아름드리 나무와 우거진 숲, 화려한 꽃과 연못이 아름다운 장관을 연출하는 골프장을 보면 '지상의 낙원'이 따로 없다는 느낌을 갖게 한다. 잔디 구장인 18개 홀에서 골프라는 종교를 위한 미사가 연속해서 이어진다. 경기장 안에 잔디가 깔려있고 사람들은 마치 구도자처럼 공이 잘 맞기를 바라면서 걷는다. 심판이 따로 없고, 운동하는 사람끼리 스스로 규칙을 배워 행할 뿐이다. 골프 룰이 눈에 보이지 않는 성스러운 질서와 속된 것의 혼동을 막으려고 세심하게 주의를 기울여 만들어졌기 때문이다.

골프는 자연과 함께 하면서 다른 종목과 다른 특징을 갖게 됐다. 골프 맛을 한 번 본 이라면 거기에 흠뻑 빠져들게 되는 것이다. 골프가 역사적으로 많은 사랑을 받은 것은 재미를 추구하는 세속적인 운동서 성스러움을 느낄 수 있기 때문이다. 자연의 영험이 깃든 환경에서 운동을 하며 육체와 정신을 단련할 수 있으니까 말이다. 신비적 체험을 통해 영혼이 비상하며 현실적인 세계를 잠시 잊게 할 수 있는 것이다.

특히 골프장은 일상 생활에서 격리된 공간적 장소를 갖는다. 골프장은 대개 일반 주거 시설과 별도로 분리돼 있다. 영국과 미국에서 골프장에 '컨트리 클럽(country club)'이라는 이름을 붙인데서도 이러한 공간적 분리를 잘 읽어낼 수 있다. '시골'이라는 의미의 '컨트리'와 모임을 뜻하는 '클럽'의 합성어인 '컨트리 클럽'은 골프장의 특성을 잘 드러낸 단어라고 할 수 있을 것이다. 복잡한 도시에서 벗어나 전원에서 사는 것을 꿈꾸는 사람들의 욕망을 충족시켜 쾌적한 환경을 만든 것이다.

골프장에는 삶과 죽음을 생각하게 하는 여러 상징적인 것들이 많다. 페어웨이와 러프, 벙커와 해저드 등은 다양한 장애물이 펼쳐져 있다. 골프는 이런 장애물을 극복하면서 극적인 인생 항로를 펼쳐가는 느낌을 갖게 한다. 골프장 안으로 들어가면 속세에서 벗어나 성스러운 장소로 들어가는 생각을 갖게하는 이유이기도 하다.

시원하게 펼쳐진 대자연 속에서 신선한 공기를 마음껏 마시며 좋아하는 사람과 어울려 정겨운 담소를 하며 산책하는 즐거움을 만끽하기 때문에 골프를 나가는 날은 마냥 설레일 수 밖에 없는 것이다. 여기에 세속을 벗어난 성스러움을 느끼기까지 한다니 더욱 그런 마음을 갖게 되는 것이 아닐까 싶다. (2023.12.21.)

44. 장욱진 화백과 체육특기자

'가장 진지한 고백: 장욱진 회고전'이 지난 2월12일 국립현대미술관 덕수궁에서 5개월여간의전시회를 마쳤다.

전시 기간동안 2번이나 덕수궁을 찾아가 관람했다. 어린이, 가족, 새·까치 등을 소재로 한 한국적인 멋을 그림에 담은 대표적인 2세대 서양화가인 정욱진의 작품 보다는 그가 체육 특기생이었다는 사실이 매우 흥미로웠다.

전시회를 소개하는 그의 작품집 연표에 '1936년 양정고등보통학교(현 양정고)에 3학년으로 편입하여 육상선수(높이뛰기)와 빙상선수로 활약'했다고 올라있었다. 맨 뒤 작품집 출처에 동아일보 1936년 5월 14일자 '육상양정의 교내 럭비와 육상 경과'와 같은 신문 1936년 6월 9일자 '신흥(新興)의 일고육상진(一高陸上陣 중등육상(中等陸上.) 상승(常勝)의 양(養)'이라는 제목의 두 기사가 표시돼 있었다.

네이버 뉴스라이브러리 검색을 통해 두 기사를 직접 찾아보았다. 앞 기사는 '경성운동장에서 열린 양정고보 교내운동회 육상과 럭비에

문화 거버넌스의 도전과 기회 259

서 4학년부가 우승을 차지했다'며 '주고도(높이뛰기)'에서 3학년생 장욱진이 1m50을 뛰어 1위에 올랐다고 전했다. 뒷 기사는 '경성육상연맹주최의 제5회 경성남자중등학교 각학년별 대항육상경기대회가 경성운동장에서 열렸는데, 양정 등 12개 학교가 참가해 경성제일고보(현 경기고)가 육상 상승의 양정고보를 물리치고 우승을 차지했다'고 보도했다. 이 기사에서 장욱진은 육상 800m 릴레이 1부에서 이강, 열, 문수완 등과 함께 1부42초2로 보성고보(1분44초)를 제치고 우승을 했다고 덧붙였다.

두 기사 이외에 또 다른 기사들도 검색됐다. 동아일보 1934년 9월 25일 '연전 주최 전조선중등학교 육상경기' 기사에서 장욱진은 주고도 결승에서 경성제2고보(현 경복고) 재학생으로 3등을 했다고 전했다. 장욱진의 운동 기사는 이것으로 끝나지 않는다. 조선일보 1939년 1월23일자 '고전(高專)과 중등(中等)피규어 대학 최 양정 김우승(大學 崔養正金優勝)' 제목의 기사에서 장욱진은 중등부 피겨부문에서 7.5점으로 6위에 올랐다고 보도했다. 겨울철 종목인 피겨스케이팅에서도 빼어난 능력을 보여준 것이다.

장욱진이 체육특기자가 된 까닭

그의 생전 사진이나 자화상 그림을 보면 호리호리한 체격에 운동신경도 뛰어났을 것으로 보였다. 특히 한국을 대표하는 화가가 1936년 베를린올림픽 금메달리스트 손기정과 동메달리스트 남승룡을 배출한 육상 명문 양정고보 체육 특기생이라는 점이 매우 이채로웠다. 장욱진 화백이 체육 특기생이 된 것은 특별한 당시 시대적인 상황 때문이었다.

장욱진 화백은 1917년 충청남도 연기군에서 태어났다. 7살 때 아버지를 여읜 그는 고향에서 서울로 옮겨왔다. 경성사범 부속 보통학교에 입학할 즈음 그림을 열심히 그렸다. 보통학교(초등학교) 3학년 때인 1926년 전국어린이 미술대회에서 장원으로 뽑혔다.

당시 일본 식민지였기에 그 때의 전국이라는 말은 일본과 한반도를 모두 포함한 것이었다. 최고상을 받은 그림은 일본인 선생님이 미술 시간에 그린 그의 그림을 출품한 것이었다. 경성제2고보(현 경복고)에 들어간 장욱진 화백은 특별 활동시간에 미술반에서 그림을 열심히 그린 학생이었는데, 하루는 일본인 선생님이 한국 사람을 깔보는 처사를 보고 심하게 항의하다가 그만 퇴학을 당했다.

당시 퇴학당한 학생은 서울 시내에서 전입학할 수 없었다. 하지만 체육 특기생은 예외였다. 운동도 잘 하는 장욱진 화백은 체육 특기생으로 양정보고 3학년생으로 편입할 수 있게됐던 것이다. 양정보고에 들어간 뒤 전국 학생체육대회에 육상과 빙상 선수로 출전해 좋은 성적을 올릴 수 있었다.

체육과 함께 미술에도 열심이었던 그는 1938년 조선일보가 주최한 그림 대회에서 '공기놀이'로 최고상을 받았다. 이 일로 장욱진은 미술을 본격적으로 공부하기로 하고 1939년 일본 유학길에 올라 일본 도쿄 제국미술학교에 입학해 화가의 길을 걷게 됐다.

장욱진 화백 시대와 현재 체육특기자는 어떻게 다를까

체육특기자는 체육 분야에 특별한 기술이나 능력을 가진 학생을 말한다. 학교체육은 시대를 뛰어넘어 그 중요성을 인정받는다. 체육은 단순한 교과목이라기 보다는 사람들의 건강을 증진시키는 역할을 하기 때문이다. 하지만 우리나라 체육특기자제는 시대적인 교육상황에 따라 실제적인 운영방법에서 많이 차이가 난다. 장욱진 화백이 교육을 받던 일제강점기와 현재의 체육특기자제가 크게 다른 이유이다.

일제강점기부터 1973년 본격적인 체육특기자 제도가 도입될 때까지 학교체육은 전문체육과 생활체육이 서로 연계돼 운영됐다. '운동선수'도 정상적인 공부를 하면서 할 수 있었던 것이다. 장욱진 화백과 같이 뛰어난 그림을 그릴 수 있는 학생도 운동 능력이 좋으면 선수로 뛸 수 있었다. 일제 강점기 시절, 이상백 선생은 와세다대학 시절, 일본 대학농구대표로 활약한 뒤 해방이후 서울대 문리대 사회학과 교수를 역임했다.

경성고보, 와세다대 출신의 한국배구 개척자 박계조 선생은 한국인으로는 최초로 일본 대학배구 대표선수로 활동했으며, 해방이후 대한배구협회 탄생의 산파역을 맡기도 했다. 축구 김용식 선생은 와세다대학을 거쳐 1936년 베를린올림픽서 일본 국가대표로 뛰기도 했다. 해방 이후에도 엘리트 스포츠 선수들 가운데 운동과 학업을 병행하며 뛰어난 능력을 발휘한 이들이 많다. 농구 김영기(배재고 출신), 방열(경복고 출신), 배구 임형빈(경기고 출신) 선생 등을 손꼽을 수 있다.

체육특기자제는 1973년 국제대회에서 입상한 운동선수들에게 병역특례(체육요원 복무)를 주는 병역법이 최초로 시행되면서 변곡점을 맞았다. 운동선수들은 학습에 대한 의지를 갖지 않고도 상급학교에 진학하고 국제무대에서 국가위상을 높일 경우 병역 특례 혜택까지 받게 된 것이다. 체육특기자제는 우리나라 체육의 명암을 보여주는 제도가 됐다. 체육특기자제는 시대의 요구에 맞춰 개선, 변화돼 왔지만 아직 많은 문제점을 안고 있다는 비판을 받았다.

현재 체육특기자, 무엇이 문제인가

이미 우리 사회에는 '체육특기생이라면 운동을 독보적으로 잘해야 한다'는 분위기가 형성돼 있다. 이런 사회적 분위기는 체육특기자 준비생들이 운동과 학업을 병행할 수 없도록 만든다. 결국 이들은 운동에 집중하기 위해 수업 받을 권리를 포기하게 된다. 실제로 체육특기자 준비생의 대부분은 학교 정규수업에 정상적으로 참여하지 못하고 있다.

체육특기생이 수업권을 포기하게 되는 주된 원인은 체육특기자 입시제도에서 찾을 수 있다. 현재 체육특기자 입시제도의 평가방식은 ▲수상실적이 입시의 당락을 결정한다는 점 ▲학생부성적과 수능성적을 소극적으로 반영하는 점 ▲면접반영비율이 높다는 점에서 문제가 있다. 우선 체육특기자 입시제도에서 당락을 좌우하는 것은 지원자의 수상실적이었다. 일례로 모 대학의 체육특기자 전형의 지원자격 요건은 '최근 3년 내 전국대회에서 3위 내 입상'이었다. 수상실적이라는 높은 관문으로 인해 체육특기자 입시제도에서 나머지 평가요소들은 큰 영향력을 지니지 못하고 있다.

특히 학생부성적이나 수능성적 등 학업성적의 실질 반영비율은 낮다. 이러한 평가방식 하에서 체육특기자 준비생들은 운동이 아닌 학업에 시간을 투자할 필요성을 느끼지 못하는 상황이다. 체육특기자 전형에 대한 논란이 거세지자 교육부 등 기관에서는 저마다 정책을 쏟아내기 시작했다. 그러나 그 정책들은 입시제도 평가기준을 개선하는 것보다 수업권 포기를 막는 것에 더 초점이 맞춰져 있었다.

체육특기자 입시제도의 근본적인 문제를 해결하기 위해서는 입시제도의 개편이 필요하다. 하지만 현재 눈앞의 문제를 해결하는 것에 집중하고 있는 상황이다. 체육특기자 입시제도에서는 수상실적이 여전히 큰 평가요소이기에 강제적으로 대회 참가를 제한하고 출결을 관리하는 것은 근본적인 대책이 되지 못한다. 정작 바뀌어야 할 입시제도 개편에 관해서는 관련 기관의 협의가 부족한 상황이다. 지금까지도 정책시행에 필요한 구체적 계획이 미비한 상태다. 체육특기자 제도는 논란이 함께 따라다니는 만큼 개선책이 필요하다. 그러나 현재의 정책들은 체육특기자 입시제도 문제의 근본적인 원인이 아니라 수면 위에 드러난 문제에만 집중하는 미봉책이다. 이런 미봉책은 체육특기자 제도의 예측가능성을 떨어뜨려 혼란을 가중시킬 뿐이다. 체육특기자의 문제점을 근본적으로 해결할 수 있는 타개책이 마련돼야 한다.

지금과 같은 체육특기자 제도 안에서는 일제강점기 시절 장욱진 화백 등 공부를 하면서 운동에도 뛰어난 소질을 발휘한 '학생 선수'가 나오기를 기대하는 것은 마치 '사막에서 꽃 피우기' 만큼이나 힘든 일이 될 것이다. '백년지대계'라는 교육, 특히 학교체육은 체육특기자제의 올바른 운영을 통해 정상화될수 있다고 본다. (2024.02.22.)

45. 체육인 국회의원 역사

4·10 총선에서 2명의 엘리트 스포츠인이 금배지를 달게 됐다. '핸드볼 레전드' 임오경(53) 더불어민주당 의원은 경기광명갑에서 재선에 성공했다. '사격의 신' 진종오(45)는 국민의미래(국민의힘 위성정당) 비례대표로 생애 첫 금배지를 달았다.

임오경 더불어민주당 의원은 여자 핸드볼 '우생순 신화'의 주인공이다. 임 의원은 1992년 바르셀로나 올림픽, 1996년 애틀랜타 올림픽 은메달을 수확했고 1994년 히로시마 아시안게임, 1995년 세계선수권 정상까지 오르며 '그랜드슬램'을 달성했던 여자 핸드볼 최고 레전드였다.

2020년 제21대 총선에서 경기도 광명 지역구에서 깜짝 당선됐던 그는 이번 선거에서도 58.73%의 지지를 받아 국민의힘 김기남 후보(41.26%)를 1만4191표 차로 제쳤다. 2020년 정계에 진출한 임 의원은 더불어민주당 대변인으로 발탁되는 등 성공적인 4년을 보냈고 이번에 재선에 성공했다.

진종오 국민의미래 당선자는 현역 시절 '사격의 신'으로 통했던 스타다. 그는 2008년 베이징 올림픽부터 2012년 런던, 2016년 리우까지 50m 권총 종목에서 세계 최초 3연패 역사를 썼다. 2012년 런던올림픽 10m 공기권총 금메달을 포함해 2004년 아테네 대회부터 2021년 도쿄 올림픽까지 5차례 올림픽에서 6개의 메달(금 4, 은 2)을 명중시켰다. 그는 양궁 김수녕(금4, 은1, 동1), 빙속 이승훈(금2, 은3, 동1)과 함께 올림픽 최다 메달 공동 기록을 보유하고 있다.

은퇴 후 진종오 당선자는 대한체육회 이사, 국민체육진흥공단 이사로 활동했고 올 초에 끝난 2024 강원동계청소년올림픽에서 이상화와 공동 조직위원장을 맡아 대회의 성공 개최를 견인했다. 올 2월 국민의힘 인재영입위원회의 제안으로 입당, 정치인으로 새로운 출발에 나선 그는 이번 총선에서 국민의힘 위성정당 국민의 미래 공동선대본부장을 맡았다. 비례대표 4번을 받아 일찌감치 당선을 예고했고 처음으로 금배지를 달게 됐다.

지난 번 총선에서 미래한국당 비례대표로 국회에 입성했던 이용(46) 국민의힘 의원은 재선 도전에서 고배를 마셨다. 그는 2018 평창 동계 올림픽 봅슬레이·스켈레톤 총감독으로 '아이언맨' 윤성빈의 금메달 획득을 이끌며 주목을 받은 바 있다. 2020년 국회에 입성해 윤석열 대통령의 측근으로 불렸던 이용 의원은 경기 하남갑에 출마해 재선을 노렸으나 6선에 성공한 추미애 더불어민주당 후보에 50.58%-49.41%로 뒤지며 재선에 실패했다. 불과 1199표 차로 아쉽게 낙선했다.

실업농구선수생활까지 했다가 은퇴한 4선 김영주(69) 국민의힘 의원은 이번 총선 직전 더불어민주당에서 국민의힘으로 당적을 옮겨 5선에 도전했다가 서울 영등포갑에서 채현일 민주당 후보에게 졌다. 김 의원은 열린우리당 시절 비례대표 13번으로 제17대 국회에 입성해 처음 의원 생활을 시작한 뒤 19~21대 총선에서 민주당 소속으로 내리 승리해 영등포갑 지역구를 차지해왔다. 그러나 총선을 앞두고 '의정활동 하위 20%' 통보에 반발해 지난 2월19일 탈당, 3월4일 국민의힘에 입당한 바 있다.

역대 체육인 국회의원

엘리트 스포츠인으로 최초의 금메달을 단 이는 황호동 전 의원이다. 고려대 역도부 출신인 황호동은 신민당 공천을 받아 1973년 제9대 총선에서 고향인 전남 강진과 영암·장흥·완도군에서 당선됐다. 그는 국회의원 신분으로 아시아 최초의 은메달리스트이기도 하다. 110kg에 180㎝의 거구인 그는 이란 테헤란에서 열린 제7회 아시안게임에 국회의원 신분으로 역도 선수로 출전해 은메달을 땄다.

당시 북한과의 메달 경쟁에 신경을 곤두세우고 있던 대한체육회 김택수 회장은 역도에서 '공짜 메달'을 챙길 수 있는 사실을 알고 황 의원에게 선수로 뛰어줄 것을 요청했다. 그 때만 해도 아시아권에서는 거구들이 별로 없어 슈퍼헤비급 출전 선수가 드물었고 기록도 수준 이하라는 것을 알게 된 것이다. 그래서 은퇴한 지 10년이나 된 38세의 황호동 의원을 선수로 급조했다. 슈퍼헤비급(105㎏ 이상) 체중에 미달한 것황 의원은 엄청나게 먹어 살을 찌우는 것이 선수촌에서의 일과였다. 그것도 부족해 계체 시 맹물을 엄청나게 들이켠 끝에 체중 조절, 아니 체중 상승에 성공해 인상에서 132.5㎏을 들어 은메달을 획득했다.

테헤란 아시안게임에서 북한은 한국을 금 2개 차로 앞섰으나 역도 3관왕 김중일의 금지약물 복용 사실이 밝혀져 금 3개를 모두 몰수당했다. 이것은 아시안게임 최초의 약물 복용 사건이다. 2위였던 이란 선수가 승계하며 북한은 결국 금 1개 차(16-15)로 한국에 이어 5위에 그쳤고 어부지리한 이란은 금 36개로 33개의 중국을 제치고 종합 2위 목표를 달성할 수 있었다.

황호동 의원 이후 많은 체육인들이 정치에 도전했다. 하지만 현실은 체육인들에게 녹록치 않았다. '천하장사' 이만기 인제대 교수는 높은 인지도를 등에 업고 17대 총선과 지난 20대 총선에 출사표를 던졌지만 모두 낙선하며 고배를 들었다. 야구선수로서는 부산 광역의원으로 출마했다 낙선한 故(고) 최동원이 유명하다.

맥이 끊겼던 체육인 출신 국회의원의 계보는 39년만에 '사라예보 신화'의 주인공 이에리사 의원으로 이어졌다. 탁구 선수 은퇴 후 전문 체육 행정가로 변신을 꾀한 그는 태릉선수촌장을 역임했던 경험을 살려 지난 2012년 19대 총선서 비례대표(새누리당)로 국회의원이 됐다. 이에리사 의원은 의정 활동 기간 평창 올림픽의 성공 개최에 많은 힘을 보탰다.

2004년 아테네 올림픽 태권도 금메달리스트인 문대성 의원도 빼놓을 수 없다. 문대성 의원 역시 이에리사 의원과 마찬가지로 19대 총선 때 국회에 입성했는데, 비례대표가 아닌 지역구 출마(부산 사하갑)를 통한 당선이었기에 의미가 남달랐다.

전문 체육인 출신들이 국회의원이 될 때마다 한국 체육 발전에 큰 공헌을 할 것이란 기대를 모았으나, 현실 정치는 호락호락하지 않았다. 이들은 자신의 전문성을 살릴 수 있는 문화체육관광위원회에 소속되는데 아무래도 초선 출신이라 목소리를 내기 어렵고, 실전 정치의 진흙탕 싸움에 적응하지 못하는 경우가 대부분이었다.

이에리사 의원은 국회 활동 기간, 체육유공자 제도를 비롯해 국립체육박물관 건립, 예체능계 대학생 국가장학금 등 많은 법안을 발의했으나 20대 총선 때 공천을 받지 못하며 정치 활동을 접었다.

문대성 의원도 2018 자카르타 아시안게임 조정위원회 위원과 대한체육회 선수위원회 위원장 등을 지내며 체육계 발전에 큰 힘을 쏟았다. 그러나 당선 직후 불거진 논문 표절 논란에 휩싸였고 20대 총선 때 고향인 인천(남동 갑)서 재선을 노렸으나 낙선했다.

지난 20대 국회의원 가운데 유일한 체육인이었던 조훈현 의원(비례대표)은 자신의 정치인 경력에 대해 "뭍에 오른 물고기"라며 일찌감치

불출마를 선언한 바 있다. 그럼에도 조 의원은 의정활동 기간, 한국바둑진흥원 설립을 위한 바둑진흥법 개정을 발의해 만장일치로 통과시킨 성과를 냈다.

2020년 21대 국회에서 임오경, 이용 의원이 전문 체육인으로서 바통을 이어받았다. 임 의원은 21대 국회 의정활동과 관련, 광명에 여자 핸드볼 명문구단인 'SK슈가글라이더스'를 유치하는 총선 첫 공약을 이행했고, 광명경륜장에 수도권 서부 스포츠산업종합지원센터를 유치하는 성과도 거뒀다.

이용 의원은 의원 제1호 법안으로 '스포츠 강국 대한민국 5대 법안'을 발의했다. 이중 특히 '체육인 복지법'은 국회 임기 내 꼭 이루고자 했던 공약 중 하나였다. 체육인 복지법은 제정법안으로 대표발의자 이용 의원 포함 총 42명의 의원이 공동 발의했다. 사각지대에 놓인 체육인들의 복지 문제와 비인기종목 선수들에 대한 체계적 지원이 부족한 현실을 해결하기 위해 체육인 복지에 관한 사항을 체계적으로 정비·통합하여 체육인들의 생활안정과 복지증진을 도모하고 종목별 선수의 저변 확대를 유도하여 국가 체육기반을 확고히 하고자 했다. 이 법안은 2022년 8월11일부터 시행됐다.

이용 의원은 스포츠기본법 제정안도 대표 발의했다. 스포츠에 관한 국민의 권리와 국가 및 지방자치단체의 책임을 정하고, 스포츠 정책의 방향과 그 추진에 필요한 기본적인 사항을 규정함으로써 스포츠의 가치와 위상을 높여 모든 국민이 건강하고 행복한 삶을 영위하고 나아가 국가사회의 발전과 사회통합을 도모하는 것을 목적으로 하는 법안이다. 이 법안은 체육인 복지법과 함께 최종 가결됐다.

그동안 우리나라 체육인들은 대한민국을 세계 스포츠 강국으로 자리잡게 하면서 국가 발전에 많은 기여를 했다. 하지만 체육분야를 홀대하는 정치권의 인식을 아직까지 불식시키지 못해 체육인 국회의원이 많이 배출되지 못했다. '스포츠는 결코 정치에 예속된 존재가 아니다'라고 체육인들은 말한다.

누구든지 정치에 참여할 수 있고, 자신의 소신을 밝힐 수 있다. 다양한 종목의 스포츠인들도 국회에 진출해 대한민국 스포츠계의 이익을 대변할 수 있어야 한다. 이번 총선에서 체육인 출신으로 사상 처음 재선에 성공한 임오경 의원과 함께 진종오 의원 당선자가 국회에서 성공적으로 자리잡기를 기대한다. (2024.04.17.)

46. 1924·2024 파리올림픽 100년의 차이

2024 파리올림픽이 7월26일부터 8월11일까지 프랑스 파리에서 열렸다. 2024 파리올림픽은 1924년 파리올림픽 이후 정확히 100년 만에 파리에서 개최되는 하계올림픽이다. 1924년 파리올림픽은 1896년 그리스 아테네에서 첫 근대 올림픽이 시작된 이후 제8회 올림픽 대회였다. 2024년 파리올림픽은 제33회 올림픽 대회이다.

당시 파리올림픽은 지금과는 시대적 상황이 달라 대회 운영 방식도 차이가 많다. 일본 강점기였던 시대였던만큼 한국은 물론 참가할 수 없었으며, 1차 세계대전 패전국 독일도 초대받지 못했다. 당시 올림픽은 지금과 같이 주목을 받지도 못했다. 근대올림픽은 1932년 LA올림픽에 이르러서야 흑인이 처음으로 두각을 나타내면서 비로소 세계인의 관심을 끌었다. 그전까지는 백인들의 무대로 유럽 국가들의 경연장이라고 해도 과언이 아니었다. 특히 1936년 독일 나치 집권 당시의 베를린올림픽은 근대올림픽과 현대올림픽을 나누는 결정적인 기회가 됐다. 100년의 시간적 간격을 둔 1924년 파리올림픽과 2024 파리올림픽이 얼마나 다른 지를 사안별로 살펴본다.

개인 대 국가

올림픽이 명실상부하게 세계적인 규모를 갖추게 된 것은 1936년 베를린올림픽 부터다. 히틀러의 나치 정권이 집권한 이후 독일은 1936년 베를린올림픽을 제3제국의 위용을 과시할 호기로 삼았다. 세계에 나치의 업적과 고귀한 이상을 선전함으로써 경쟁자들에게 교훈을 심어주자는 것이었다. 베를린올림픽 이전까지 올림픽은 주로 개인의 기량을 겨루는 장이었다. 고대 그리스 올림픽을 부활시킨 근대올림픽은 젊은 운동선수들이 모여 힘을 겨루고 승리를 향한 열정을 불태우는 것을 이상으로 여겼다.

당시 올림픽 모습은 1981년 미국과 영국 합작 영화로 제작한 '불의 전차(Chariots of Fire)'에서 잘 보여주었다. 이 영화는 당시 파리올림픽에 출전한 영국의 에릭 리델,, 해럴드 에이브럼스의 실제 이야기를 기반으로 만들어졌다. 리델은 육상 100m 달리기에 출전할 계획이었다. 하지만 독실한 그리스도인 그는 올림픽에 참여한 이유가 스포츠를 통해 하느님의 영광을 드러내겠다는 신념에 따른 것이었다. 그는 일요일에 열렸던 100m 달리기 예선을 포기하고, 그 대신 400m 경기에 출전해 올림픽 신기록을 세우며 금메달을 땄다. 개인적인 신념에 따라 올림픽 출전 종목을 선택하고 금메달을 획득한 것이었다. 지금으로써는 상상할 수 없는 일이었다. 파리올림픽 이후 그는 중국에서 장로교 선교사로 활동하다가 2차 세계대전 때 일본군 수용소에서 죽었다.

하지만 베를린올림픽부터는 언론에서 점수제를 고안해 각국의 성적을 비교하기 시작했다. 이후로 올림픽 때마다 순위를 매기는 식이 됐다. 2차 세계대전 이후 자유진영과 공산진영과의 냉전 체제가 격화되면서 올림픽 참가는 개인보다는 국가를 앞세우는 내셔널리즘이 더욱 맹위를 떨쳤다.

백색 대 칼라

현재 올림픽에 출전하는 선수 유니폼은 참가국마다 제각기 색깔이 다르다. 선수들은 국가를 상징하는 국기와 국가 이미지를 반영해 제작한 고유의 색깔로 된 유니폼을 입고 경기에 출전한다. 유니폼은 선수들에게 자긍심과 애국심을 고취시키고 대외 자국의 역사와 문화를 홍보하는 역할을 한다. 한국 선수들은 태극 마크가 새겨진 붉은 유니폼을 주로 입는 것이 전통이다.

하지만 1924년 파리올림픽 때는 선수들의 유니폼은 하얀색 일색이었다. 영화 '불의 전차'에서 주인공 등 육상 선수들이 바닷가 모래사장을 흰색 유니폼을 입고 달리는 장면은 당시의 모습을 재현한 것이었다. 실제 당시 올림픽 사진을 보면 선수는 물론 심판 등 경기 진행 요원들까지 모두 하얀색 유니폼을 입고 있는 것을 확인할 수 있다. 당시 하얀색 유니폼은 입은 것은 고대 그리스에서 신을 위한 제례행위의 하나였던 올림픽에서 순수성을 상징하는 의미로 하얀 옷을 입은 데서 비롯됐다고 한다.

여성 제한 대 양성평등

2024 파리올림픽는 1만 500명의 참가 선수가 남녀 각각 5,250명으로 구성돼 완벽한 양성평등의 대회로 열린다. 국제올림픽위원회(IOC)는 완벽한 성평등을 위해 여성 선수 출전 종목과 혼성 종목 수를 늘려 왔다. 하지만 1924 파리올림픽은 일방적으로 남자들을 위한 올림픽이라고 해도 과언이 아니었다. 참가 선수 총 3,089명 중 남자 2,954명, 여자 135명으로 기록됐다. 펜싱 경기에 여성이 처음 출전한 대회였다.

고대 올림픽 경기는 원래 남자들만이 참가할 수 있었다고 한다. 여자는 참가뿐만 아니라 관전조차 금지되었고, 올림픽을 관람하거나 올림픽에 참가한 여성은 사형을 당했다고 알려졌다. 또한 모든 선수들이 벌거벗은 채로 경기를 벌였다고도 한다. 근대올림픽이 부활되면서 남자들 종목 위주로 경기를 가졌고, 1924년 파리올림픽 때까지도 이러한 전통은 바뀌지 않았던 것이다.

성화 봉송과 올림픽 표어

올림픽 성화봉송은 현대 올림픽의 꽃이다. 올림픽 발상지 그리스 아테네 올림피아 신전에서 채화된 성화는 올림픽 개최국까지 주자를 바꿔가며 올림픽 경기장을 밝힌다. 올림픽 성화봉송은 나치 정권의 히틀러가 1936년 베를린올림픽에서 처음 도입했다. 당시 펄럭이는 햇불을 들고 그리스에서 베를린까지 성화주자 행렬이 이어졌다. 햇불을 성대한 개막식에 맞춰 메인스타디움에 도착하는게 베를린올림픽 이후 올림픽 개막식의 최고 하이라이트로 자리잡았다.

2024년 파리올림픽 개막식은 올림픽·패럴림픽 사상 최초로 메인스타디움 밖에서 진행된다. 올림픽은 센강을 무대로, 패럴림픽은 샹젤리제와 콩코르드 광장을 배경으로 화려한 막을 열 예정인데 올림픽 성화 채화가 어떤 방식으로 이뤄질지 관심을 모을 것으로 보인다.

1924년 파리올림픽은 지금과 같은 성화 봉송이 아니라 올림픽 메인스타디움에서 성화 주자가 성화에 불을 붙이는 방식으로 했던 것으로 보인다.

2024년 파리올림픽은 프랑스의 상징인 에펠탑 광장에서 비치발리볼 경기가 열리고 절대왕정의 상징인 베르사유 궁전에서는 승마와 근대5종, 역사적인 건축물이자 박물관인 그랑팔레에서는 태권도와 펜싱 경기가 각각 열린다. 100년전 역사적인 장소를 그대로 보존하면서 경기장으로 활용해 역사성과 상징성을 보여준다.

1924년 파리올림픽에선 수영에서 미국의 조니 와이즈뮬러가 자유형100m·400m와 800m계영에서 우승하여 3관왕이 되었는데, 그는 후일 영화 타잔의 배우로 활약하기도 했다. 또 올림픽 표어인 '라틴어: Citius, Altius, Fortius, 더 빨리·더 높이·더 힘차게)'가 처음으로 쓰였다. (2024.06.13.)

47. 인천상륙작전 맥아더는 '올림피안'

 금빛 장식 모자와 옥수수껍질 파이프에 레이밴 선글라스를 쓴 미국의 상징 더글러스 맥아더 장군(1880-1964). 대부분의 사람들은 그에 대해 2차 세계대전과 한국전쟁에서 활약한 최고 사령관의 이미지를 먼저 떠올린다.

 하지만 그의 일대기를 살펴보면 군인의 길 말고도 미국의 올림픽 정신을 빛낸 '올림피안'이었다는 이색적인 사실을 확인할 수 있다. 그는 미국이 낳은 위대한 장군이었으면서도 미국 올림픽 정신의 아버지로 불렸던 것이다. 맥아더 장군은 2차 세계대전이 일어나기 10년전, 1928년 네덜란드 암스테르담 올림픽에서 미국팀을 이끈 선수단 단장을 맡아 미국이 금메달 22개 등 메달순위 1위를 차지하고, 7개 세계신기록과 17개 올림픽신기록을 세우는데 혁혁한 전과를 올렸다.

 100여년이 지나 네덜란드와 이웃한 프랑스에서 2024 파리 올림픽이 한창인 가운데 맥아더 장군이 어떻게 미국 올림픽을 빛내는 위인이 됐는가를 살펴본다. '올림피안'으로서의 그의 활약상은 맥아더 평전인 전기작가 윌리엄 맨체스터의 '아메리칸 시저 1'편에 잘 서술돼 있다. 미국 시사 주간지 '타임'은 2016년 6월14일자 '맥아더는 미국 올림픽을 어떻게 구했나'라는 제목으로 맥아더 장군과 미국 올림픽 관계에 대해 보도했다.

미국이 1928년 암스테르담 올림픽에 참가한 것은 맥아더의 작품이었다. 1927년 8월 중순 윌리엄 크리스토퍼 프로우트 미국올림픽위원장이 갑자기 세상을 떠났다. 미국 육사 웨스트포인트 교장시절 맥아더 장군이 선수들을 강력히 지원해 준 사실을 알고 여러 미국올림픽위원들이 위원장직을 맡아줄 것을 그에게 제안했다. 당시 맥아더 장군은 전함 침몰과 소형 비행선 충돌을 야기시킨 빌리 미첼 준장의 군법회의 재판장으로 근무하고 있었다. 다소 한직에 있었던 그가 미국 올림픽 수장을 맡은 것은 당연한 선택이었다.

맥아더 장군은 1919년 웨스트포인트 교장으로 부임해 스포츠 활동을 적극 장려하는 파격적인 행정 개혁을 단행했다. 그는 생도들의 스포츠 활동 생활화 및 기량 향상을 위해 적극 지원했다. 만능 스포츠맨인 그는 스포츠를 통해 미래 미국 장교가 될 사관생도들의 우수성을 키워나갈 수 있다고 믿었다. 그는 사관생도 시절 가장 공부를 잘하는 수재였으면서도 운동선수로도 탁월한 성과를 냈다. 웨스트포인트에 수석 입학한 맥아더는 2470점 만점에 2424점을 기록, 동기생 94명 중 수석 졸업의 영광까지 안았다. 그는 생도시절 야구선수와 미식축구 선수로 활동하며 운동을 게을리 하지 않고 정신력과 체력을 키웠다.

그가 성공하기까지는 어머니 핑키 여사의 헌신적인 지원이 뒷받침 됐다고 한다. '아메리칸 시저 1'편과 미군의 한국전쟁 이야기를 다룬 미국의 대표적 언론인 데이비드 핼버스탬의 '콜디스트 윈터(가장 추운 겨울)'에선 맥아더를 전형적인 과잉보호의 희생자로서 어머니의 야심에서 비롯한 무자비한 명령을 가장 완벽하게 수행해 낸 '마마보이'였다고 평가한다. 그의 어머니는 아들이 웨스트포인트에 입학하자 아예 학교 근처에 있는 크레이니 호텔로 이사해 아들 방이 보이는 위치에 묵으며 아들을 불을 켜고 공부를 하는지 감시할 정도로 극성이었다고 한다. 나중엔 상관들에게 아들의 승진을 요구하는 편지를 보내는 일도 해 그를 곤경에 빠뜨리기도 했다는 것이다.

맥아더는 열정적으로 올림픽위원장 자리를 수락했다. 마치 군사 작전을 계획하듯이 그 일에 몰두했다. 코치를 만나고, 선수들에게 고무적인 연설을 하고, 위원회를 후원하고, 운동 일정을 계획하는 것까지 모든 것을 직접 행동에 옮겼다. 그는 전설적인 단거리 선수 찰리 패독이 아마추어 지위를 위협하는 돈을 받은 혐의로 조사를 받고 있음에도 불구하고 경기에 출전하도록 허용했다. 그는 자신을 비판하는 이들에게 보낸 편지에서 "우리는 후방에서 저격하는 것을 용납하지 않을 것이다"라고 썼다.

"우리는 우아한 패배가 아닌, 결정적인 승리를 위해서 왔다"

군인인 그에게 올림픽은 '총성없는 전쟁'이었다. 선수들 앞에서 그는 "우리는 여기에 지구상에서 가장 위대한 나라를 대표해서 와 있는 것이다. 우리는 여기에 우아한 패배를 위해서 온 것이 아니다. 우리는 여기에 승리를 위해서, 그것도 결정적인 승리를 위해서 온 것이다"라고 말했다. 암스테르담 올림픽에서 맥아더는 많은 사람들의 마음을 끌리게 했다. 독일 최고 수영 선수인 힐더 슈라더의 수영복 끈 한쪽이 끊어졌을 때, 사진기자들한테 보란 듯이 시선을 딴 곳으로 돌렸다. 미국 복싱팀 단장이 불공정한 판정에 불복해 선수단을 철수하겠다고 위협을 했을 때는, 그의 특유의 표정인 턱을 앞으로 밀어 내놓고 굵은 목소리로 "미국인은 절대로 중간에 떠나는 법이 없다"고 화를 내기도 했다.

맥아더가 선수단을 특히 감동시켰던 것은 루스벨트호를 타고 선수단이 암스테르담 항을 떠날 때였다. 배가 부두를 막 떠나는 순간, 트랩 바로 밑에서 미국인 2명이 밀항자로 관리들에게 붙잡혔다. 두 명은 올림픽팀에 선발되지 못했지만 올림픽이 보고 싶어 암스테르담에 왔지만 돈이 떨어져 미국으로 돌아갈 수 없었다. 선수단도 아는 인물들이기 때문에 그들을 측은하게 생각하는 분위기였다. 그러자 맥아더는 "바로 내가 기다리고 있던 친구들이야!"하고 외치면서 그들을 배위로 끌어 올렸다. 맥아더는 그들에게 배 페인트 벗기는 작업을 맡겨 배삯으로 대신했다.

2차 세계대전에서 승장으로 이름을 날린 맥아더 장군은 종전 후 일본점령군 사령관으로 복무했다. 대한민국 정부가 수립되기 전인 1948년 6월, 다음 달 열릴 런던 올림픽에 참가하기위한 한국 선수단이 서울역에서 부산행 특별열차 '해방자호' 1등 침대차를 타고 장장

20여 일동안 이어질 런던행 장도에 올랐다. 선수단은 홍콩까지 선편으로 가서 그곳에서 비행기를 탑승할 예정이었다. 하지만 부산을 출항한 선수단은 홍콩이 아닌 일본으로 향했다. 후쿠오카에 도착한 선수단은 교포들의 환영을 받으며 태극기를 앞세우고 일본 땅을 밟았다. 맥아더는 도쿄 근교 가마쿠라에 있는 자신의 별장으로 한국 선수단을 초청해 성대한 환송연을 여로 올림픽에서 선전을 당부했다. 맥아더의 격려를 받은 선수단은 런던올림픽에서 역도 김성집, 복싱 한수안이 동메달 2개를 획득, 신생 대한민국을 세계에 알렸다.

맥아더는 일본점령군사령관 시절 야구가 일본에 다시 돌아오고 활성화하는데도 크게 기여했다. 한국전쟁이 종전으로 치닫던 1953년 트루먼 대통령에 의해 유엔군 사령관에서 해임된 맥아더는 말년에도 스포츠에 대한 열정을 보여주었다. 1964년 도쿄올림픽을 앞두고 미국에서 '아마추어 체육협회'와 '대학스포츠위원회의 분쟁이 벌어졌을 때, 존 에프 케네디 대통령은 82세의 맥아더에게 해결을 부탁했다. 두 단체는 그의 중재에 동의했다. 케네디는 "맥아더 덕분에 올림픽에 참가할 수 있었다"고 고마워했다.

맥아더 장군은 "노병은 죽지 않고 사라질 뿐"이라는 유명한 어록을 남겼다. 미국 체육계에 그는 영원한 '올림피안'으로 남아 있다. (2024.08.01.)

PART 8.

평화의 씨앗, 문화로 꽃피우다

48. 김포 한강 철책,
민족 애환을 딛고 미래 희망으로

봄이 실종된 지 꽤나 오래 된 것 같은데 이제 초여름인 6월을 맞는다. 6월은 국가유공자나 그 유족에게 어떻게 보답할지를 생각하는 달이다. 보훈의 달을 맞는 느낌은 저마다 처해진 입장에 따라 다를 것이다. 부모형제가 국립묘지에 묻혀있는 사람과 그렇지 않은 사람과 입장 차이가 있듯이 말이다. 6월 한 달 만이라도 국가를 위해 희생하고 헌신하신 분들에 대한 예우와 존중받는 문화가 왜 필요한지, 그리고 이를 하루속히 확산 정착시키려면 우리는 무엇을 어떻게 해야 하는지 깊이 생각해 보는 계기가 되었으면 한다.

몇 년 전 얘기다. 김포를 가려고 올림픽대로를 지나 '김포한강로'에 들어서니 『대한민국 평화문화 1번지 김포』라는 커다란 현판이 보였다. 전에는 『지속 가능한 도시 김포』였던 것 같고, 지금은 『통하는 70 도시 우리 김포』이다.

어떤 연유로 이런 시정구호를 만들었을까 하는 의문이 들었다. 그 후 김포시청 관계자를 만날 기회가 있어 얘기해보니 접경지인 김포시가 남북통일의 전진기지, 평화의 발신지임을 선언하고 이와 관련된 제반 사업을 펼치려고 각종 시정구호를 고민했다고 한다. 1996년 여름 장맛비에 북한에서 떠내려 온 소를 한강 하구에 있는 유도에서 구출하였는데 이때 이 소를 '평화의 소'라고 작명하였고 소를 구출한 유도가 김포시 월곶면 보구곶리 1번지라는 점에 착안하여 시정 구호를 만들었다 한다.

이 사실은 당시 언론을 통해 많은 보도가 있었지만 지금은 사람들 기억에서 멀어졌고 평화의 소는 죽었는지 살아있는지도 모른다. 홍수로 북에서 떠내려 온 소가 '평화'라는 단어와 얼마나 부합될까? 북한에서 떠내려 온 소가 '평화의 소'라면 한강 상류 어딘가에서 떠 내려와 유도에서 구출한 소가 있다면 그 소의 이름은 무어라고 해야 할까 하는 의문이 들었다.

필자가 알고 있는 김포에서 평화라는 단어는 6·25동란으로 많은 남자들이 죽어간 아픔과 슬픔의 역설적 표현이었다. 마을의 유지들은 북한군에 의해 살해되었거나 북으로 끌려갔고 북괴의 앞잡이 역할을 한 사람들은 우리 경찰에 총살되는 비극의 역사가 있었던 현장이다, 그런가 하면 전쟁을 피해 잠깐 김포로 내려왔다가 남북을 가로막은 철책으로 인하여 돌아가지 못한 실향민들이 망향의 한을 새기며 살아가는 곳이기도 하다. 6·25와 같은 비극의 역사를 체험하였을 뿐 아니라 실향에 슬픔을 안고 사는 사람들과 함께 살아온 세대들은 이러한 참담한 역사를 다시 반복되지 말아야 한다는 절규의 표현이 '평화'라는 단어라고 생각한다. 아마 이는 정도의 차이일 뿐 대한민국에서 북한과 접경을 이룬 지역은 공통적으로 갖고 있는 아픔일 것이다.

내가 아는 선배 중에 한 분은 초등학교 1학년 때 6·25가 일어나 동네에서 이장을 보시던 아버지가 북한군에게 끌려갔는데 그 후 아버지가 북으로 가셨는지 중간에 돌아가셨는지 아니면 북으로 가셔서 잘 살고 계신지 생사를 모른다고 한다. 북한으로 가셨다고 하여도 아버지 연세가 100살이 넘으니 만날 희망은 점점 희박해져 간다. 돌아가셨다고 해도 제사 날짜도 알 수 없으니 외아들인 입장에서 얼마나 답답할까를 생각하면 안타깝기만 하다.

또 필자가 어렸을 때 이웃에 사시던 어르신 한 분은 황해도 연백에서 꽤나 부유한 집안에서 잘 살다가 피난을 내려오셨는데 설이나 추석이면 고향이 그리워 약주를 거나하게 드시고 한탄의 노래를 부르시던 모습이 지금도 눈에 선하다.

그런가 하면 '대한민국 평화 1번지'는 6·25 전쟁 아픔이 있는 접경지에서는 공히 쓸 수 있는 용어로 보인다. 강원도 고성군은 '2023 대한민국 평화 1번지, 고성 캠핑 페스타'라는 용어를 사용하였고, 파주시와 고양시는 DMZ 문화예술축제 라이브 인 디엠지(LIVE in DMZ)를 개최하면서 '평화문화 1번지'에서 개최한다고 하였다.

따라서 김포가 평화문화 1번지라는 시정구호를 쓰려면 애기봉 전망대라도 제대로 차별화하여 정비해 놓고 다른 접경지에서는 하지 않는 또 다른 평화사업을 추진해야 그 구호에 걸맞지 않을까 싶다. 왜냐하면 전망대는 강원 고성에 통일전망대를 비롯하여 인천 강화에 평화전망대 등 곳곳에 많아 이것만 가지고는 차이점이 없기 때문이다. 그러면 무슨 사업을 어떻게 전개하여야 명실공히 '평화문화 1번지'라는 용어에 걸맞을까?

김포는 예로부터 지리적으로 한강 하류에 조성된 기름진 농토와 유유히 흐르는 한강물로 생산되는 농산물이 풍족한 지역이었다. 또 북에서 조강을 건너 한양으로 가는 길손이 쉬어 가는 길목이고 삼남지방의 세곡선이 서해를 통해 한강으로 갈 때 중간 거점이 되는 교통의 요충지이기도 하였다.

  이 같은 풍요함과 편리함이 함께 하였던 지역이 남북을 가로막은 철책으로 강을 잃어버린 지역이 되었고 남·북한 간 교통도 끊어졌다. 전체 면적의 70% 이상이 군사보호구역 지정으로 제반건설에 제약이 있어 정전 이후 70년의 세월을 철책 속에 웅크려 지내온 은둔의 지역으로 낙후되었다. 군사보호구역 해제와 같은 준비가 제대로 안 된 상태에서 급속한 신도시가 조성된 오늘의 김포는 도시 성장과 함께 교통 및 환경문제로 몸살을 앓고 있다. 또한 젊은 인구, 다자녀 가정, 외국인 근로자, 군인가족, 북한이탈주민 등 다양한 문화적 배경을 가진 인구 유입이 활발하면서 원주민과 유입된 인구 모두 공동의 정주 의식 및 서로 다른 문화의 인정과 공존이 필요한 시점이다. 급변하는 도시환경 속에서 급격한 성장 일변도 정책의 한계와 지역의 부정적 이면을 극복할 수 있도록 지속 가능한 도시와 지역 이슈 해결을 위한 전략이 요구되는 시점이다.

  이런 제반 문제의 원인과 아픔을 만든 원인이 무엇이냐고 묻는다면 남과 북을 갈라놓으며 많은 애환을 간직한 채 말없이 서 있는 철책이라고 생각한다. 따라서 문제를 풀 수 있는 것 또한 김포를 가둔 철책을 단순한 철거가 아닌 어떻게 보존하면서 희망의 소재로 이용하느냐에 답이 있다고 생각한다. (2024.06.04.)

49. 평화의 상징인 장미꽃 철책을 만들자

오래전 김포 한강신도시 개발이 본격적으로 시작되면서 신도시 그림을 어떻게 그릴지를 고민하던 시절 이야기이다. 당시 선배이신 김포시장의 저녁 초대를 받고 고향의 선배이자 문화부 선배인 최진용 국립극장장과 공항 근처에 있는 메이필드호텔에 간 적이 있다. 김포시장은 김포신도시를 어떻게 만들어야 할지에 대해 고민이 많으신 것 같았다. 이때 필자는 미래에는 환경문제가 중시되면서 주거도 환경이 좋은 곳으로 사람들이 몰릴 것으로 보아 김포평야의 젓줄인 용수로를 최대한 살린 주거단지를 만드는 것이 좋겠다고 하였다. 아파트 앞에 맑은 물이 흐르면서 고기가 살고 용수로 둑방에는 각종 꽃들이 만발하면서 이를 찾아오는 벌과 나비 그리고 새들이 날아다니는 한강신도시를 상상하면 환상적이지 않느냐고 하였다. 동석한 최 국립극장장은 정원을 만들었으면 좋겠다는 이야기를 하였다. 그때 정원을 제대로 만들었으면 전남 순천보다 빨랐으니 아마 순천으로 정원을 보러 가는 많은 서울, 인천, 부천시민들의 발길을 김포로 오게 하였을 것이고 용수로를 잘 살렸으면 생태환경을 잘 살린 환상의 미래 신도시가 되었을 것이다. 그러나 모든 일은 때가 있듯이 이제는 신도시 조성사업이 많이 진척되어 실행이 어려울 만큼 지난 일이다.

오늘의 김포는 급속한 발전에 따른 제반문제를 해결하면서 희망찬 미래를 위한 여러 가지 사업들이 필요하다고 본다. 그중 한 가지가 남과 북을 갈라놓은 철책 문제이다. 6·25전쟁 이후 철책은 김포를 가두고 고향의 그리움을, 부모형제의 생사를, 삶의 근거지를 빼앗아간 아픔 등 저마다의 아픔과 슬픔의 사연을 고스란히 간직하고 있다. 동족상잔의 비극의 역사를 말없이 표하며 고촌부터 조강과 염하를 거쳐 검단까지 김포 반도를 둘러싼 철책을 철거하기 전에 이 역사적 증거물을 어떻게 보존할 것인가에 초점을 두고, 희망의 소재로 만들기 위한 고민이 필요하다고 본다.

이에 필자는 분단과 냉전의 상징인 철책을 장미넝쿨 버팀기둥으로 활용하고 철책을 보호하기 위해 조성된 부지를 이용하여 평화와 번영의 꽃밭을 만들자고 제안한다. 물론 철책이 세워진 목적 중 하나인 군사작전에 피해가 가지 않는 범위에서 대상지가 결정되어야 한다. 그러나 경계근무에 지장이 있어 안 된다고 한다면 IT 강국답게 CCTV 등 첨단 시설로 대체하여 주는 방법도 고려할 수 있다. 김포시민의 힘과 의지로 장미꽃 만발한 철책과 그 주변을 잘 정리해서 평화의 의미를 되새기며 지역발전을 도모하는 한편 물질만능주의로 피폐해진 우리들 마음의 병을 정서적인 안정감으로 치유하는 장소로 승화시키고 분단의 아픔과 설움을 조금이나마 달래보자는 것이 요지이다.

그럼 왜 장미인가? 평화를 상징하는 장미는 세계인에 가장 사랑받는 꽃 중에 하나로 다양한 색상과 모양으로 화려함과 매력적인 향기를 갖고 있을 뿐 아니라 사랑과 우정, 행복과 슬픔, 존경과 증오 등 다양한 감정을 표현하는 데 사용되고 있다. 또한 장미는 담쟁이같이 철책을 잘 타고 올라가는 습성도 있다. 이러한 장미가 만발하여 장관을 이루는 장미꽃 철책의 길이가 2~3백 미터라면 몰라도 이것이 수 킬로미터가 넘을 때 문제는 달라진다.

거기에다 철책 보호용 부지와 이에 접해있는 크고 작은 하천부지 등 국공유지를 이용하여 각종 꽃밭과 철책의 애환을 상징하는 조각물을 세우고 뜻을 기리는 공간도 조성한다.

우선 꽃밭은 지형이나 토질이 1년생 꽃을 가꾸기에 적당한 곳은 팬지, 트릴리움, 수선화, 튤립, 함박꽃, 채송화, 봉선화, 백합, 국화, 해바라기 등 초화 중심의 꽃밭을 조성한다. 또한 얼레지, 강아지풀, 복수초, 바람꽃, 패랭이꽃, 노루귀 등 야생화 꽃밭도 만든다. 산악지형같이 지형의 높낮이가 심하거나 바위나 돌이 많은 곳은 개나리, 진달래, 철쭉, 배롱나무 등 다년생 꽃나무를 대단위로 심는다. 이렇게 되면 장미꽃이 피기 전인 이른 봄이나 마냥 예쁘기만 했던 장미가 점점 색깔이 퇴색되면서 철책 밑으로 떨어지는 계절이 오더라도 다른 꽃들이 피어서 겨울 한철을 제외하고는 꽃을 볼 수 있는 장소가 될 것이다.

아울러 이 장미 철책을 보러 오는 분들을 위하여 곳곳에 주차장 및 화장실과 먹거리를 해결 할 수 있는 휴게소를 건설하고 김포팔경을 비롯한 경치가 좋은 곳은 포토존을 만들고 꽃밭과 꽃밭 사이의 공간 중 맨발로 걷기가 좋은 곳에는 맨발트레킹을 하면서 꽃들을 감상할 수 있는 시설도 만든다. 아울러 김포8경을 비롯하여 경치가 좋은 곳에 포토존을 설치한다. 석양이 아름다운 곳은 해넘이 행사를, 일출이 아름다운 곳에서는 해돋이 행사를 한다. 연중 장미·진달래·백일홍·해바라기 축제 등 각종 축제를 개최하여 시민은 물론 서울, 인천, 부천 등 외래 관광객이 찾아오게끔 최고의 문화관광명소로 조성하는 것이다. 여력이 된다면 정원과 다양한 미술관, 박물관, 스포츠시설, 어린이 색채미술관, 청소년 k뮤직 융·복합아레나공연장, 청소년 스마트 콘서트홀 등도 갖추어 나간다. 문화 관광 불모지를 새롭게 각색하여 내외국인을 불문하고 언제 어디서나 누구나 부담 없이 쉽게 찾아와서 철책의 의미를 되새기고 꽃과 자연 그리고 각종 문화시설을 향유하며 힐링할 수 있는 문화 공간으로 탈바꿈시키는 평화사업을 추진하자는 것이다.

이렇게 김포의 아픔과 슬픔 등 수많은 애환을 간직하며 군사작전의 용도로만 쓰이던 철책을 새로운 문화 관광 명소로 만들면서 매 과정마다 시민이 참여토록 하여 소통과 화합을 꾀하는 사회통합의 동력으로 삼고, 나아가 평화의 중요성을 전 세계에 알리고 이를 실천할 수 있는 각종사업을 본격적으로 진행하는 평화사업의 발전소 내지는 문화의 못자리를 만들자는 것이다. 가을날 드넓은 김포평야의 황금벌판을 보기 위해 겨울의 추운 날씨가 채 가시지 않은 이른 봄에 찬 기운을 참아가며 못자리를 만들었던 우리 할아버지 그리고 아버지처럼 말이다. (2024.06.18.)

50. 장미꽃 철책 조성, 무엇부터 어떻게 해야하나

한강 철책은 김포의 애환을 간직하며 묵묵히 서있다. 김포평야의 황금벌판을 보기 위해 이른 봄부터 차가운 날씨를 참아가며 못자리를 만들었던 선조처럼 우리들이 당장은 힘들어도 가까운 미래에 장미꽃 활짝 핀 철책을 볼 수 있게 하려면 어떻게 해야 할까를 생각해본다.

우선 사업의 기초 작업을 위하여 소규모 조직으로 (가칭) 장미철책 조성기획단을 발족하고 연차적으로 사업의 규모를 고려하여 점차 늘려 나가도록 한다. 대신에 전문가 등 여러 사람들의 의견을 수렴 및 결정을 위해 집행위원회를 비롯하여 각종 자문위원회를 설치·운영한다. 소규모 조직이라 할지라도 개인별 업무 분장과 지휘·감독 체계를 명확히 하여 조직 구성원은 나름 자긍심을 갖고 소임을 다할 수 있도록 하여 조직의 성장과 발전을 도모해 나가야 한다. 왜냐하면 조직을 갖추게 되면 구성원이 각자 위치에서 업무를 명확히 할 수 있어 효율적인 업무분담이 가능하다. 또한 누가 누구에게 지시를 내리고 지시받는지 그 책임소재를 명확히 할 수 있을 뿐 아니라 정보 및 의사소통의 통로가 정해져 필요한 정보가 필요한 사람 사이에 적시에 공유될 수 있다. 그리고 목표 달성을 위해 필요한 자원을 효율적으로 배분하는 기준이 된다. 아울러 조직체계를 통해 조직 단위로 경험을 축적할 수 있다는 이점도 있다. 조직구성 및 운영 관련의 한 가지 방법으로 김포시에서 근무하다 퇴직한 공무원 중 이 사업에 뜻이 있는 분들이 중심이 되어 활동할 수 있도록 인사혁신처 및 공무원연금관리공단에서 실시하고 있는 '퇴직공무원 사회공헌사업'의 일환으로 추진해 볼 것을 제안한다.

작업은 먼저 '가칭 장미철책 조성 중장기 기본계획 수립'부터 시작되어야 한다. 이는 사업의 조감도로 건축을 할 때 기본설계도 같은 없어서는 안 될 중요한 것으로 기본계획이 확정되면 분야별로 세부실행 계획이 필요하다. 기본계획 수립을 위해서는 김포시 및 국방부 환경부 농수축산부 산림청 국가유산청 등의 관계부서와 협의를 위한 기구와 기획, 원예, 조경, 토목, 건축 등 전문가로 이루어진 계획수립위원회, 김포시 각 직능단체들로 이루어진 실무위원회 등이 필요하다. 기본계획에 포함되어야 할 사항으로는 우선 철책구간 중 사업이 가능한 구간을 설정한 다음에 세부사업 구간별 토질이나 도로 등 지형지물 등을 파악하여 어디다 어떤 꽃밭이나 관련 시설을 건설할 것인지를 결정하도록 한다. 이런 현황 파악이 끝나면 사업의 우선순위를 두고 1년차 2년차 3년차 등 연차별 시행 계획을 작성한다. 이때 앞에서 언급한 상징조형물 설치나 각종 행사 및 축제 등을 감안하여 기획하여야 하며, 될 수 있으면 유아 청소년 장년 실버세대 등 세대별이 즐길 공간도 마련하면 좋을 것이다. 아울러 재원 조달 및 시민 참여를 어떻게 하여야 할지 등을 결정한다. 여기서 중요한 것은 계획단계부터 시민 참여를 위해 공청회 등을 개최하여 시민들의 의견을 수렴하는 것이다.

사업추진 및 운영은 주말농장처럼 사업구간을 세분화하여 시민 단체 기업체 등에게 분양하고 예쁜 이름표를 달아준다. 철책 및 화단 가꾸는데 기본적인 사항인 화단조성과 필요한 모종과 묘목, 비료는 지원해 주고 관리에 필요한 호미, 삽 등 도구는 기획단에서 빌려주어 초화 묘목을 심고 가꾸는 것을 시민들에게 맡기는 것이다. 이때 사업의 홍보 및 효율성 제고를 위해 화단 가꾸기 경진대회를 비롯하여 사생대회, 백일장 대회, 시민 감상문 공모전, 꽃밭 가꾸기 체험 수기 공모전 등을 개최하여 시상과 함께 대대적인 홍보를 하는 등으로 김포시민 모두가 함께 만들어 가는 사업으로 자리매김한다.

그러면 장미철책 조성으로 얻어지는 것은 무엇일까?

먼저 시민이 주도적으로 참여하면서 주인의식을 제고하고 소통과 화합으로 지역 커뮤니티의 연대감 고양 등 사회통합의 동력을 얻을 것이다. 이주민과 이곳에서 나서 자란 토착민이 함께 참여하여 장미철책 공간을 조성하면서 소통과 화합의 계기를 만들고 활짝 핀 꽃밭을 대하면서 자긍심과 김포시의 주인이라는 의식을 고취할 수 있을 것이다.

두 번째는 김포시의 이미지 향상이다. 준비가 제대로 안 된 상태에서 급격한 인구 및 중소기업들이 유입되면서 골드라인을 고통라인으로 부를 만큼 심각한 교통문제를 안고 있다. 또 대곶, 거물대리 지역을 중심으로 난개발로 인해 환경오염이 심각한 곳으로 알려져 있어 환경 피해와 지역 주민의 건강 피해 등을 해결하기 위해 김포시와 환경부, 한국수자원공사 등이 2033년 준공을 목표로 총사업비 5조 7,000억 원을 투입해 친환경 도시를 조성할 계획이다. 세 번째는 지역경제 활성화에 실질적 기여이다. 각종 축제나 행사 또는 장미철책을 보러 오는 내외국인이 주유 및 먹거리 또는 기념품 구매 등 소비

활동을 활성화하면서 이에 따른 시민의 일자리를 창출하여 소득을 증대시키는 등 고용창출과 생산유발효과를 통하여 세수확대 등 지역경제 활성화에 기여할 것이다.

끝으로 조용한 철책 주위 마을이 소음이나 쓰레기 등으로 몸살을 앓을 수도 있다고 본다. 그러나 이러한 것은 지엽적인 역기능으로 관련 대책을 강구 시행하면 될 것으로 생각한다. (2024.07.02.)

51. 행정사법인CST 2년 회고와 전망

들어가며

'선생님 행정사업을 시작하면 몇 년은 마이너스라고 하는데 어떻게 하시려고 공익사업을 이렇게 많이 계획하셨나요?'

행정사 사업으로 생계를 유지한다면 무리한 사업계획이 될 수 있습니다. 그러나 저희는 국가공무원 출신으로 현직 경험에서 터득한 행정의 노하우를 가지고 재능기부의 일환으로 봉사 활동을 하려는 입장입니다. 사람마다 차이는 있지만 대부분은 공무원연금을 타면서 생활하기 때문에 경제적으로 부유한 것은 아니지만 재능기부를 할 수 있는 마음의 여유가 있는 사람들입니다.

'행정사법인은 구성원 행정사가 무한 책임을 지는 합명회사 성격이기 때문에 문화회의 자회사가 될 수 없습니다. 따라서 정관도 이에 맞추어 보완해 주시기 바랍니다.'

예, 그렇군요. 그 점은 몰랐습니다. 수일 내에 보완하여 찾아뵙겠습니다. 오시지 말고 우선 메일로 보내 주시고 나중에 최종 본을 우편으로 송부해 주세요.

2022년 3월15일 오후, 행정안전부 주무관과 이런 요지의 전화 통화 후 4일 만에 행정사법인 인가증이 등기 우편으로 도착했다. 친절

함과 신속한 결정에 공무원 사회가 참 많이 변했다는 것을 또 한 번 놀랍게 여겼다.

왜 행정사법인이었나?

- 문화체육관광부 및 문화재청 소관 다양한 민원 존재

2020년4월 코로나19 확산 초기에 문화회 상임이사로 일하게 되었다. 사실 문화회는 필자가 재직 시 서무담당사무관과 총무과장(후에 행정지원과장)때 관계를 맺어온 터라 낯설지 않았다. 회원들을 비롯하여 지인들이 찾아오면서 자연스레 문화부나 문화재청의 민원을 알게 되었다. 모두가 코로나 방역을 위해 조심할 때라 세종시에 있는 문화부나 대전시에 소재한 문화재청을 찾아가도 재택근무 등으로 담당자 만나기가 쉽지 않을 때다. 이에 가깝고 언제나 반겨주어 편안한 '문화사랑방'을 찾은 것 같다. 이런 일을 경험하면서 지금까지 생각해 온 것과 다르게 일반국민들 중에는 문화 체육 관광 종교 문화재 등 다양한 분야에 애로사항이 많고 내용도 다양하다는 것을 깨달았다.

- 안정적인 재정 확보를 위해 다양한 수입원 개발필요

문화회는 설립 이래 수익사업을 하지 않는 비영리법인에 교부되는 '고유번호증'으로 보험사업 및 궁능에 있는 매점 및 자판기 등 수익사업을 진행했다. 그러나 법인세법은 수익사업을 하려면 관할 세무서에 '수익사업 개시 신고'를 하고 납세의무를 이행하여야 한다. 이에 적법절차에 따라 제반사항 이행으로 준법단체로 거듭나고자 하였다. 시대적 흐름에 부응하여 회원들의 자긍심 고취와 대외적 위상제고를 위해 법을 준수하는 단체가 되고자 하였다. 이에 따라 회계처리를 위한 기장대리 위탁과 직원 최저임금 반영 및 4대 보험처리 등 일반관리 비용과 물가 상승 등으로 조직의 활성화 사업비 등 지출수요는 늘어만 가는 반면에 수입은 한정된 회비징수와 급변하는 광고환경을 고려 할 때 안정적인 재원 확보를 위한 대책이 필요하였다.

- 신규 회원 가입 증대를 위한 사업 고민

본회 정회원은 문화부 및 문화재청 퇴직자 중 가입원서를 제출하고 연회비(3만원)를 납부 할 것을 조건으로 하고 있다. 그러나 갈수록 신규로 본회에 가입하는 비율은 떨어지고 있다. 그러다 보니 회원의 평균연령이 날로 높아져 가고 별세하는 분들이 늘어남에 따라 회원 감소 현상이 급속히 진행되어 이를 타개 할 대안을 모색하고 실천하는 것이 현안 과제였다. 이에 정관 제2조(목적)와 제4조(사업) 관련 목적 사업인 문화 예술, 체육, 관광, 홍보분야 등 정책의 창달과 진흥을 위해 사업으로 마땅한 것이 무엇일까? 하는 고민을 거듭하였다.

- 행정사법인 설립운영이 하나의 방안이 될 수 있다고 생각

회원들의 다양한 공직 경험과 전문 지식을 갖추고 행정사 자격증을 보유한 회원들이 현장의 애로를 청취하고 그 의견을 바탕으로 실질적인 해결 방안을 모색하면서 도움을 준다면 이것이 하나의 좋은 사업 아이템이 될 수 있겠다는 생각이 들었다. 또 다른 면에서 행정사 자격 취득 회원의 일자리 창출과 자긍심 고취가 가능하고, 원스톱 서비스로 수임한 민원과제를 해결하면 국민들로부터 사랑받는 법인이 될 것이다. 수임 과업에 따라서 공무원 선배로서 후배들을 이끌어 주는 면도 있을 수 있고 민원인과 정부의 중간에서 합리적인 대안을 제시하

여 어려운 난제를 해결해 후배 공무원을 도와주는 측면도 있을 수 있다. 문화회의 입장에서는 조직의 안정적 운영을 위한 수입원이 하나 더 생기고, 사무실을 회원 외에 민원인 등 일반인에게도 개방하는 '문화사랑방' 운영 등 여러 장점이 있어 앞에서 언급한 고민을 해결하는 방안으로 생각하였다.

행정사법인 설립 과정

- 회원들의 의견 청취 수렴 결정

위와 같은 내용을 가지고 일목회 참석 등 문화회를 방문하거나 외부 행사에서 만나는 회원님들에게 의사 타진을 해 본 결과 아직은 행정사 업무가 일반화 되지 않은 점을 볼 때 그것이 사업성이 있겠느냐고 하시는 분, 글쎄 고민 좀 해 보자며 즉답을 피하는 분, 훌륭한 발상이라고 하시며 추진해 보라는 분 등이 계셨다. 의견을 주신 분들의 숫자가 비슷하여 어떻게 할까 망설이다 문화회 제20~21대 최규학 회장님과 의논한 결과 먼저 개설하고 사업이 안 되면 문을 닫더라도 일단 추진해 보자는 결론을 냈다.

- 법인 설립을 위해 이사회 안건 회부 등 제반 절차이행

2022.1월 '코로나19'의 상황에서 화상회의로 진행된 제6차 이사회에서 행정사 사업은 문화회가 설립 운영하는 자회사 형태로 전문적이고 조직적인 임무수행과 공신력 확보를 위해 법인으로 설립하고, 수임업무는 현장의 애로 및 사정을 충분히 파악하여 해결방안을 강구하는 등 최고의 서비스를 제공하되, 수임료는 최소한으로 한다는 방침을 정하였다. 또한 '한국문화관광연구원' 원장을 역임한 박광무 회원

과 문화재청 차장을 역임한 박영대 회원 그리고 필자 등 3인으로 '법인설립추진단'을 구성하고 단장 겸 법인대표로 박광무 회원을 선임하였다. 이와 같이 이사회 심의 의결된 법인설립 건은 2022.2월 서면결의로 진행한 제4차 문화회 정기총회에서 확정되었다.

- 법인설립단 운영

법인설립 추진은 최규학 회장을 비롯한 임원진의 전폭적인 지원 아래 총회 의결 후 일사천리로 진행되었다. 우선 사업은 문화행정의 효율성 극대화에 기여할 수 있는 업무 추진과, 국민의 문화권 신장 기여 업무 관련 각종편익의 적극적 제공 그리고 ESG 경영체제 정립으로 지속성, 공정성, 사회적 책임 추구하자는 목표 아래 문화예술, 체육과 관광, 문화재 등 분야별 3명씩 총9인의 행정사가 각각 2건 이상의 업무 수임 및 업무의 5%, 수입의 5%, 관심의 5%를 공익목적을 위해 투입하기로 사업계획을 수립하였다. 아울러 정관을 작성하면서 메타버스시대에 적합한 문화행정 연구에 필요한 전문인력 확충을 위해 법인 부설로 〈문화행정연구소〉를 두기로 하였다.

2022.3.7.일 행안부에 신청서를 제출하여 18일에 장관 허가를 받고 서울중앙지방법원 중부등기소에 법인등기와 종로구청에 법인업무 신고, 종로세무소에 사업자 등록, SGI 서울보증에 인허가보증보험 가입, 조달청에 나라장터 입찰을 위한 지문등록 및 전자입찰용 보안토큰 인수 등을 하고 수임 과제를 수행하고 있다.

운영 2년의 결과
- 사업 준비와 과제 수임

먼저 계획대로 과제를 수행하면서 행정서비스의 절차적 완성도 극대화 및 각종과제의 집중 연구를 위해 문화행정연구소를 설치하고 행정사, 연구위원, 변호사, 변리사, 노무사, 공인회계사 등 약 70명의 요원을 확보하는 등으로 수임과제를 해결 할 준비 시스템을 마련하였다. 이러한 시스템을 가동하여 문화회원을 비롯한 많은 분들의 소개 등 도움을 받아 상담 및 계약을 하였다.

그동안 실제 계약이 이루어진 것은 연구용역(40%), 컨설팅 및 전시(27%), 사업평가(13%), 법인설립 대행(13%), 비영리법인 연간 행정자문(7%) 등이며, 실제 상담만 하고 미 계약으로 끝난 건수가 이보다 많다. 위 수임과제를 해결하기 위해 연인원 90여명이 투입되었으나 과제가 일부 업무분야에 편중 등으로 중복으로 투입된 인원이 많아 아직 한 건도 업무를 수행하지 못한 문화행정연구소 요원들을 생각 할 때 미안함이 든다. 아울러 미 계약으로 끝난 건수가 많은 것은 상담을 계약으로 연결하는 스킬이 부족 한 등 사업을 잘 못한 결과로 판단된다. 또한 상담 및 현지답사 등으로 많은 시간과 비용을 지출했음에도 이에 대한 보상은커녕 일시적으로 법인 운영 자금이 부족해 차입을 부탁하는 등 두 분 대표님께 부담을 드려 미안하기도 하다.

- 사업 추진에 대한 평가

당초 사업계획에 9인의 행정사 확보 및 법인 부설로 〈문화행정연구소〉를 두기로 한 것 등은 바람직한 계획으로 추진도 훌륭하게 잘 하였다고 생각된다. 그러나 공익 목적을 위해 업무의 5%, 수입의 5%, 관심의 5%를 투자하기로 한 계획과 관련 '수입의 5%'는 그동안 문화회 행사 후원이나 물품지원과 현금납부 등 정량적인 실적이 있는 사실을 미루어 볼 때 초과 달성했으나, 업무나 관심부분은 정성적인 부문으로 이는 달성하였다고 대답할 자신이 없다. 따라서 업무와 관심 부문에서는 목표달성을 위해 좀 더 구체적인 계획 수립과 이행을 위한 노력이 향후 과제다.

아울러 그동안 사업을 전개하면서 당초 생각과 다른 결과로 당혹스런 일을 경험하는 등 시행착오도 있었지만 연구용역 결과에 대하여 경기도 00시 부시장은 적은 비용으로 양질의 결과물을 도출하였다고 간부회의에서 얘기해 그 후 다른 용역사업을 해 달라는 요청을 받는 등 고객들이 대체로 만족을 표시해 준 일도 있다. 또한 수지관리 측면에서도 사업 초기임에도 크게 손해를 보지 않고 그럭저럭 넘어가고 있는 점 등을 고려 할 때 지난 2년은 다행스러운 일과 자랑스러운 일, 그리고 즐거운 일과 보람된 일이 함께한 시간이기도 하였다고 자부한다.

맺는 말

전망은 이즈음에 나타나기 시작하는 그동안의 홍보나 결과물에 대한 긍정적인 평가가 구전으로 전파되어 또 다른 과제를 수임 요청하는 것을 볼 때 성과가 바탕이 되어 좀 더 많은 과제를 수주 할 것이며, 이에 따른 결과물 또한 한 차원 높은 훌륭한 것을 만들어 낼 수 있을 것이라 기대한다. 물론 좀 더 나은 결과를 만들기 위해서는 그동안 경험에서 터득한 미흡한 점을 하루속히 보완 발전해 가는 노력도 수반되어야 한다고 본다.

끝으로 모든 일이 어려움 없이 성공하는 것은 없듯이 다가오는 도전에 대하여는 구성원들의 의견을 수렴하고 힘을 한데 모아 슬기롭게 극복하면서 법인을 탄탄한 반석 위에 올려놓고 잘 이끌어 갈 훌륭한 분에게 물려주겠다는 희망을 가져본다. (2024.07.01.)

PART 9.
문화행정의 도전과 과제

52. 새만금잼버리의 교훈과 과제

케이팝 피날레로 마감한 잼버리 2023년 8월 11일 주말 저녁이었다.

전날까지 6호 태풍 카눈이 세찬 빗줄기와 강한 바람을 동반하여 한반도 전역을 훑고 올라오고 있었다. 세계에서 모인 4만3000여명의 세계 스카우트 잼버리 대원들은 그 며칠 전에 태풍을 피하여 1천 여대의 버스에 나누어 타고 새만금 잼버리 야영장을 빠져나왔다. 가슴 졸이던 시간이 지나가고, 상암월드컵경기장에는 붉은 악마의 함성 대신 전 세계에서 모여든 스카웃 대원들의 환호와 스마트폰 불빛으로 가득 찼다.

잼버리가 열린 새만금은 작열하는 태양 아래 나무 그늘 하나 없는 드넓은 벌판이었다. 그 위에서 더위와 사투를 벌이고 유례없이 강한 태풍의 위협을 당하면서도, 오로지 대회의 피날레로 예고된 케이팝 대공연을 기다리면서 세계 159개국에서 모여든 스카웃 대원들은 열흘 동안의 변화무쌍했던 고난과 다양한 도전과 어려움을 참아왔다. 말도 많고 탈도 많았던 새만금 잼버리는 마지막 '구원투수'가 되어버린 케이팝 공연으로 마감하는 상황이 되었다.

잼버리 참가자들은 기대와 설렘의 눈망울을 굴리며 케이팝 스타들의 노래와 춤을 온몸과 마음으로 맞이하고 즐기고 함께 했다. 그냥 좋아서 어쩔 줄 몰라 하면서 웃고 소리치고 노래를 따라 했다. 그 유명한 떼창으로 하나가 되었다. 연신 스마트폰 불빛을 비추면서 순수하고 열정적인 감동을 여과 없이 표출하였다. 2시간 넘게 오롯이 상암벌을 젊음의 축제로 불태웠다. 잼버리 실패를 케이팝 공연으로 반전시킨 순간이었다.

세계 스카우트 잼버리의 기본적인 지향점은 극기훈련과 팀스피릿을 익히며 지구인으로서의 봉사와 헌신을 배우고 체득하는 일이다. 급격한 고온현상으로 인하여 대회의 운영 미숙에 대한 논란이 있었지만, 어쩌면 지구 온난화와 기후의 급변을 온몸으로 체험하는 기회였다. 그리고 변화무쌍하며 다이나믹한 대한민국의 모든 것을 압축적으로 보여준 기간이 되어버렸다. 세상에 이런 반전에 반전을 거듭한 대회는 없었을 것이다.

그 모든 과정을 견디면서 마지막에 선물 같은 케이팝 대공연은 단비처럼 시원한 소나기처럼 세계 스카우트 대원들 하나 하나에게 다가갔다. 스타들이 공연 중에 길게 뻗은 일자형 무대 위를 걸어 나오면서 스카웃 대원들과 눈 맞추며 교감하고 함께하는 모습에서 우리는 서로 진정한 지구의 친구라는 일체감을 만끽했다.

그날 상암경기장에서 열린 케이팝은 한국 현대 공연예술의 에센스를 다 보여준 기회였다. 그 주인공은 정치인도 공무원도 아닌, 오로지 케이팝 스타들과 세계의 젊은이들과 공연예술을 묵묵히 일궈낸 무대예술 전문가와 스텝들이었다. 무대와 객석이 하나 된 공간과 순간, 그것이 이번 2023 세계 스카우트 잼버리의 피날레 행사의 절정이었다!

잼버리의 실패를 만회한 케이팝의 저력과 예술전문가들의 헌신

필자는 케이팝의 위대함을 찬양하려는 게 아니다.

위대함을 넘어서 정말 고귀한 사명을 다해주었다고 느낀 것이 이번 상암월드컵경기장에서의 잼버리를 위한 피날레공연이었다.

지금 케이팝이 세계 대중음악을 명실상부하게 선도하는 위치로까지 올라왔다는 점에 대하여 경이롭게 바라보아야 한다고 생각한다. 그 출발점이 무엇일까? 이 점을 말하고자 한다.

하나의 사건이나 정책이나 역사적 상황이 규정되기까지는 무수히 많은 인과관계를 맺게 된다.

물론 오늘날 케이팝으로 상징되는 한국의 대중문화예술이 세계인들의 주목을 받고 사랑받고 지속적으로 발전하고 확산하는 데에는 많은 요인들이 작용하였다. 무엇보다도 한국인의 신명과 열정, 탁월한 역동성과 창의성, 지칠 줄 모르는 인내와 집념, 그리고 치열한 경쟁을 일상으로 생각하는 젊은이들의 의식, 전문가의 경지와 프로의 경지에 도달하고자 하는 욕망, 그리고 반드시 이루어내고야 마는 근성, 그리고 즐기는 경지에 이른 젊은이들의 자신이 좋아하는 일에 집중하는 태도, 팬들에게 성심을 다해 다가가고 배려하는 마음, 그리고도 더 많은 장점과 특징들이 있을 것이다.

이에 더하여 국가적으로 볼 때 역사발전단계에서 특정 시기에 가장 적합한 지도자가 나타나고 최적의 정책적 결단을 통하여 다음 단계 발전의 기폭제가 되거나 정책의 기반을 닦아나가는 일이 선행되었다는 점을 간과해서는 안 된다. 그것은 어떤 정책과 사업의 분석에 있어 반드시 짚고 넘어가야 하는 부분이다.

문화개방의 힘, 한국문화 경쟁력의 원천

오늘날 케이팝을 필두로 하는 한국문화가 글로벌 차원의 선도적인 실력발휘와 인기와 선한 영향력을 발휘하게 되기까지는, 대한민국이라는 울타리 안에서 놀던 보호 정책의 틀을 벗어나는 사건이 있었다.

광야에 던져진 호랑이 새끼처럼 한국의 대중문화가 가장 강력한 경쟁의 무대 위에 던져진 순간이 바로 2000년대 초반 일본 대중문화의 개방이라는 정책환경에 처한 것이다. 이후의 한국대중문화 발전의 성과는 이를 가장 지혜롭고 효과적으로 잘 대응해낸 덕분이라 하겠다.

김대중 대통령은 일본대중문화 개방에 즈음하여 다음과 같이 말했다. "문화 쇄국주의는 안 된다. 문화는 가두어 두어서도 안 되지만 가두어 둘 수도 없다. 물 흐르듯이 자연스럽게 만나야 한다. 우리는 중국에서 불교와 유교를 받아들였지만, 수용만 한 것이 아니라 해동불교와 조선 유학으로 창조적인 발전을 해서 반대로 중국에 영향을 주었다. 백제문화가 일본문화의 터전이 되었다. 문화는 서로 교류할 때 더욱 풍성해진다. 당당하게 자신감을 가지고 일본 대중문화 개방에 두려움 없이 임하라." 이는 20여년전 김대중 대통령이 일본대중문화 개방에 즈음하여 직접 발언한 내용이다.

이때로부터 우리나라의 대중문화는 일차적으로 일본과 경쟁을 해야만 했다. 그러나 막상 개방을 하고 보니 우리는 나름 할만하다는 자신감을 얻게 되었다. 그래서 후속 개방이 순차로 이루어질 수 있었고 우리나라의 대중문화도 경쟁력을 갖추어나갈 수 있었다. 나아가 한국 대중문화의 일본진출이 이후 케이팝을 비롯한 한류의 도약에 결정적인 전기가 되었다.

오늘날 세계 젊은이들과 많은 한류 팬들이 한국의 문화뿐 아니라 이를 표현하는 한글과 한국의 자연과 도시와 한국상품에 이르기까지 연쇄적으로 애호가가 생기고 팬덤을 형성하게 된 데에는 바로 이 같은 문화개방을 통한 경쟁의 운동장에 나선 때문이었다.

해법은 올바른 문화거버넌스의 작동에서

잼버리 대회도 세계 청소년들의 가장 의미 있는 극기체험의 기회일 뿐 아니라 세계의 자연과 도시를 체험하면서 서로를 이해하고 교감하며 나양한 문화를 접하는 기회이다. 주최국은 이를 통하여 지구의 미래 세대에게 주최국의 모든 것을 알리고 좋은 관계를 맺는다. 여기서 문화거버넌스가 작동되는 것은 필수이다.

새만금 잼버리대회의 기획과 준비 운영에서 보여진 거버넌스는 한마디로 총체적 난국이요 무작위의 연속인 것처럼 보였다. 조직위원장이 복수인데 누가 최종 책임을 지는지 모호했다. 집행위원장은 전북도지사인데 과연 철저히 준비하고 현장을 꼼꼼히 챙겼는지 의문이다. 조직위 직원들은 직무와 과업을 효과적이고 충실하게 수행하였는지? 예산집행의 방만성 여부, 기본 중의 기본인 화장실, 해충구제, 안전관리 등 행사 관련 직접비의 충분성 여부와 인력과 시설 장비 배치는 적정했는지? 감사를 통하여 제반 문제점이 밝혀지겠지만 이건 도저히 21세기 대한민국의 정상적인 행사조직이라고 볼 수 없는 상황이 노출되었다.

이상고온 비상사태라고 하더라도 그에 맞춰 긴급대책이 필요 충분하게 수립 시행되었어야 했다. 앞으로 더 많은 국제문화관련 이벤트가 있을텐데 문화거버넌스의 확립과 실천이 시급하다.

국제적 수치를 넘어서 신뢰 회복을 위한 공직윤리와 애국심을

언제까지 사후약방문과 땜질처방만 할 것인가? 새만금 잼버리 기간은 세계 최고의 전자정부 수준, 한국문화의 글로벌화에 무색하게 비상식과 직무유기, 무작위로 점철된 국제적인 수치의 기간이었다.

해법은 간단하다. 국제적인 행사에서 정말 국가의 위신과 국민의 자부심에 부응토록 정치는 정치적인 판단과 결정을 잘 해야 한다는 건 기본이다. 행정은 행정가들이 자신의 직무를 무한 책임진다는 자세로 수행했어야 했다. 보고 시점을 놓치지 않고 문제의 해법과 대안을 적시에 제시하고 해결하였어야 했다.

도대체 왜 아무도 책임지지 않는가? 보고계통의 모든 정무직과 공직자는 어떤 형태든 크고 작은 책임을 짐이 정상이다. 법적 책임뿐 아니라 행정적 윤리적 책임을 모두 일컫는다.

거버넌스는 협력과 참여와 역할분담을 기본으로 하는 21세기 행정의 기본이다. 공동조직위원장을 두는 이유가 뭔가? 관계부처의 역량을 극대화하여 대회에 공백이 생기지 않도록 상호점검하고 협력하며 역할 분담하라는 것이 아닌가? 책임회피의 핑계로 삼으라고 공동조직위원장을 둔 것이 아니지 않은가?

문제 된 부분을 정반대로 바로잡으면 된다. 계선상의 어느 한 라인이라도 충직한 책임감을 가지고 보고하고 조치하고 결단했다면 이런 최악의 상황은 나타날 수가 없는 게 행정이요 정책집행이다. 우리나라의 대다수 행정인 들은 매우 우수하고 선발된 인재들이다. 다만 그들의 공직윤리와 국가와 국민에 봉사하고 충성한다는 의지가 과거 산업화시대나 민주화 시대의 선배공직자들만큼 투철한지는 되묻고 싶다.

 지금의 고도화된 한국의 산업과 첨단기술과 국가운영체제와 경제적인 성과들이 지속 가능하려면 문화적인 탄탄함이 기저에 충실히 다져져야 한다. 그것은 정신문화와 의식개혁과 글로벌 마인드와 인류보편적 가치로 무장한 새로운 인식을 포함한다. 지금은 변화의 사이클과 속도가 지난 세기에 비하여 몇분의 1로 단축되었다. 빠른 변화 속에 있다. 조금만 한눈을 팔면 뒤처지는 격랑의 세계정세 속에서 우리는 경쟁하고 살아남아야 한다.

 새만금을 탈출하여 전국으로 흩어진 잼버리들에게 최선을 다해서 다양한 한국문화의 진면목을 보여준 것은 그나마 다행이었다. 잘나간다고 생각할 때 더 다지고 점검하고 전진의 동력을 예비하자. 수시로 위기경보가 울리는 상황에서 새로운 시스템이 정비되고 작동하게 하자. 그것이 새만금 잼버리의 실패를 되풀이하지 않는 길이다. (2023.09.07.)

53. K-culture의 글로벌화와 과제

[갑진(甲辰) 신년 특별기고]

21세기 코리안 드림을 안고 달려오는 세계인들

지금은 K-culture 이름만 내걸어도 흥행이 되는 시대가 되었다.

'모든 길은 K-culture로 통한다.'라고 할 만큼 세계인의 한국문화에 대한 사랑은 전방위적으로 확대되고 있다. 그것은 드라마와 대중음악에서 시작하여 가늠할 수 없는 인기에 힘입어 화장품, 의상, 패션, 한식, 자동차의 판매로 이어졌고 세계인의 팬덤 현상이 지구 전체를 돌아올 만큼 강력하고 매혹적이다.

지난해 말 11월에 있었던 SBS 방송사의 걸그룹 오디션 프로그램인 〈유니버스 티켓〉에 세계 128개국의 지원자가 참가했고 본선에서 13개국 82명이 경연을 펼쳤다. 방송사 Mnet에서 주최한 〈스트릿 댄스 걸스 파이터2〉에는 전 세계 30개국에서 지원자가 참가하여 K-pop과 K-dance 등 한국예능에 대한 폭넓은 세계인의 관심을 보여주었다. 이러한 현상은 하나의 세계적인 증상(global syndrome)으로 확산하였다. 싱가포르 말레이시아, 태국 등에서는 K-pop 전문 양성기관도 운영 중이다.

선후진국을 막론하고 한국인과 같은 성정을 지닌 열정과 끼로 뭉친 세계의 젊은이들이 한국행을 결단하고 있다. 한국어가 주요국가 유수 대학의 제2외국어 선택 1위를 차지하고 있고 세계적인 축구선수들의 유니폼 등에 선수 이름을 한글로 새긴 사례가 늘어나고 있다. 국적과 언어는 달라도 모두 한국에서 가수 데뷔를 꿈꾸고 도전하는 참가자들로 넘쳐난다.

후진국인 줄 알고 찾았던 한국이 미래 도시의 모습과 생활 인프라를 갖춘 것에 놀라움을 금치 못하는 방한 외국인이 급증하고 이들의 한국문화사랑은 빠르게 퍼져나갔다. 한국의 긍정 신명 열정 등 생활문화 전반이 유튜브와 한국방문과 SNS를 통하여 퍼져나가고 지구 전체로 한국화 현상이 확장되고 있다.

K-culture의 유래와 의미

사전적인 의미로는 한류(Korean wave) 열풍을 대변하는 단어로 시작하였다. 한류란 대중음악에서 드라마 영화 등 한국문화 전반으로 이어지는 세계적인 현상을 일컫는다.

한민족의 역사에서 글로벌 문화교류는 일찍부터 있었다. 지금부터

1,600년 전 백제의 왕인박사가 일본에 문화사절단으로 가서 당시 백제의 우수한 문화를 일본에 전파했다. 통일신라의 장보고와 혜초스님은 당나라 수도 장안에서 유명세를 탄 스타 지식인들이었다.

조선 태종4년(1404)부터 이어진 조선통신사 활동은 일본에 선진 문명을 전해주는 방편으로 활용되었다. 임진년 왜의 침공으로 조선의 도공을 비롯한 예술가들을 왜군이 납치한 것이 도쿠가와 막부 이후 일본 예술세계를 일군 원천이 되었다.

조선의 소현세자는 17세기에 청나라 연경에 머무르면서 예수회의 선교사 아담샬과 교류하였다. 그는 33세의 짧은 생애였으나 시대를 앞서가는 통찰력과 사상과 인식의 자유를 추구한 청년이었다. 백남준은 20세기 중반 독일에서 시작하여 세계최초의 비디오 아티스트이자 퍼포먼스 아티스트로서 세기적인 천재로 명성을 떨쳤다.

한국인의 유전자에 내재한 예술적 기질은 그 창의성과 탁월한 예술성을 부단히 개발하고 융합하고 새롭게 재창조하여왔다. 이러한 문화예술의 감성과 지성의 조합이 한국문화를 발전시켜왔다.

K-culture는 단순히 K-pop이나 드라마에 그치지 않고 대중문화를 넘어 의식주, 순수예술, 법 제도, 사회운영 시스템 등 모든 영역에서 한국 스타일(K-style)이 받아들여지는 현상으로서 한국문화 전반이 세계적인 공감을 넘어 세계인들이 좋아하고 적극적으로 찾고 누리는 단계에 이른 문화현상을 말한다. 그 범위는 노래와 춤에서 시작하

여 영화 만화 캐릭터 등 다양한 문화콘텐츠의 소비는 물론이요, 한국 음식, 화장품, 한복, 온돌난방 등 전통문화의 요소와 함께 첨단기기 생활가전을 비롯한 한국제품과 생활문화 전반에 대한 선호와 소비로 이어졌다.

한류를 통한 선한 영향력의 글로벌화

조용필은 1983년 5월 NHK콘서트 홀에서 최초로 일본공연을 했다. NHK콘서트홀 개관 이래 솔로 가수로서 최대의 관중(7천500명)을 모았다. 그리고 한중수교보다 4년이나 앞서 1988년 8월 베이징 장성호텔에서 단독 콘서트를 성공적으로 열었다. 조용필은 로큰롤, 발라드, 퓨전 동요 민요 등 다양한 음악 장르를 소화한 가수였고 그의 팬은 10대에서 노년에 이르기까지 전세대를 아울렀다. 또 국제적인 잠재력을 발휘하였다.

1992년 6월에는 MBC주말연속극 〈사랑이 뭐길래〉가 홍콩 ATV에 처음 방영되었고 5년 후인 1997년 6월에 중국 국영CCTV 제1채널에서 방영되었다. 당시 외국 수입 프로그램 중 두 번째로 높은 시청률(15%)을 기록했다. 이후 탄력을 받은 한국의 음악과 드라마를 보면서 중국공산당의 청년보에서 1999년에 처음으로 중국에 부는 한국문화 현상을 한류(韓流 Korean Wave)라고 칭하였다.

2002년 초 KBS2에서 20부작으로 방송한 드라마 〈겨울연가〉는 2003년4월부터 9월까지 일본 NHK를 통해 방영되었다. 폭발적 인기에 힘입어 2003년12월 재방송하였고. 2004년4월부터 8월까지 종합 방영했다. 다시 2004년 12월 미공개 장면까지 포함한 완전판이 방영되고 2004년 유행어 대상 상위에 랭크되었다. 〈겨울연가〉의 방영은 일본의 한류 붐 형성에 결정적으로 기여했다. 〈겨울연가〉 최종회의 일본 평균 시청률은 20%를 넘었다. 이는 NHK 최고 인기 대하드라마 〈신센구미新選組〉의 평균 시청률 17.7%를 훨씬 넘어선 기록이었다. 이러한 기세를 힘입어 〈겨울연가〉는 20개국에 수출되었다.

2003년에는 〈대장금〉이 거의 모든 아시아 국가에서 방송되고 큰 성공을 거두었다. 북미 유럽, 러시아·터키·이스라엘·사우디아라비아·이란 등에도 확산하였으며 이란에서 친한 열풍을 일으켰다. 〈대장금〉은 2011년까지 총 90여 국가로 수출되어 세계 곳곳에서 한류 열기를 끌어냈다. 이러한 배경에는 일본대중문화 개방이 주효했다. 김대중정부에서 1998년10월이후 2004년까지 4차에 걸친 개방을 통하여 부정적인 면의 일본문화의 한국 진출 우려를 불식하고 오히려 한류의 일본진출과 세계적 확산을 이끌어내는 원동력이 되었다.

한류는 이후 2010년 소녀시대, 2006년 섹시 가이 비, 2012년 싸이의 〈강남스타일〉, 2013년 이후의 방탄소년단(BTS), 2016년 이후 블랙핑크로 이어지면서 현재진행형으로 K-culture의 글로벌 진출을 이어갔다. 이것은 비단 음악과 드라마에 그치지 않고 영화 캐릭터 웹툰 게임 등 콘텐츠 전체 장르와 음식 화장품 생활환경 한국제품 등 타 분야로 파급효과를 낳았다. 영화 〈기생충〉, 넷플릭스의 〈오징어 게임〉, ENA 드라마 〈이상한 변호사 우영우〉로 이어지는 후속작들은 한류가 반짝 나타났다가 사라지는 현상이 아닌, 지속해서 선한 영향력을 가지고 팬덤을 이루는 글로벌 문화현상으로 자리잡았음을 입증했다.

한류 드라마의 성공요인으로는 가족중심가치관(情), 자극적이지 않은 따뜻함과 행복함의 스토리 전개, 끊이지 않는 후속작의 출현, 단순한 스토리 라인에서 오는 몰입과 감성의 힘, 작품의 깊이를 더하는 한국인의 한(恨), 그리고 인간 내면의 심리를 섬세하게 표현하는 작가 배우들의 능력 등에 힘입고 있다.

싸이가 롱런을 한 비결은 다음과 같다. 전문성과 융복합, 정통 미국 시장을 겨냥한 철저한 준비, 의외성과 타이밍, 이류를 가장한 일류, 다양한 편력을 바탕으로 창조성의 진가를 발휘한 점이 두드러진다. 그는 건방 떨지 않고 확고한 애국심이라는 보편가치를 지녔으며 땀에 흠뻑 젖은 셔츠를 내보였고 팬들에게 깍듯한 예의로 사랑을 표현했다. 깔끔하고 시원시원하며 부단한 연구 노력으로 유창한 영어와 유머어를 구사하고 눈물 젖은 빵을 먹어보았으며, '삽질 뻘짓' 안 하고 모든 걸 뛰어넘는 치열한 노력으로 도발적인 창의성을 발휘하고 최고를 향하는 도전을 멈추지 않았다.

BTS의 문화기술적인 성공을 분석하면 다음과 같다. 문화면에서는 pop계에서 세계적인 게임체인저가 되었다. 철저한 기획과 치밀한 전략으로 멤버의 개성을 살리면서 팀으로서도 완전체를 보여주었고 정성을 다하는 팬 서비스, 변치 않는 성실성, 높은 음악적 완성도, 팬들과 함께 호흡함, 당대의 관심과 이슈를 노랫말로 실시간 공유하며 공감을 폭발시켜나갔다.

기술면에서도 글로벌 수준의 아미군단 팬 관리역량을 과시했다. 인공지능, SNS, 빅 데이트, 앱으로! 타이틀 곡 뮤직비디오를 현지촬영과 가상현실 기술을 접목하여 영화를 찍듯이 공을 들여 제작하였다. 첨단 IT기술을 접목하여 노래 춤 영상 음향을 최고로 선도하며 소비자가 부단히 요구하는 시의성과 의외성에 응답하고, 신선한 지적 충격을 주고 기능적 탁월성을 보여주며, 부단한 신작을 선보였다.

메시지가 있고 공감력 높은 가사를 공유하며 세계의 팬덤에 성실하게 부응하여 지속 헌신하는 '드림과 이룸'의 본체임을 보여주어 왔다. 이들이 개별적으로 군 복무를 마친 후 2025년 완전체로 다시 팬들 앞에 나타날 것을 공언한 만큼 제2의 탄생을 기대한다.

콘텐츠산업의 글로벌시장 선도를 위한 과제

한국문화가 세계적인 영향력을 확대해 온 기반에는 문화콘텐츠 산업이 존재한다. 물론 한국문화의 깊이와 넓이와 다양성과 창의성이 바탕이 됨은 재론의 여지가 없다. 이하에서 콘텐츠 산업을 중심으로 현실적 정책적 과제를 제시하면 다음과 같다.

주요국가별 콘텐츠 시장규모에서 한국은 다년간 7위를 유지하고 있다(2023 추정치 기준). 그것은 미국의 압도적인 1위(1조달러)와 중국(5천억달러)에 이어서 일본(2,200억달러), 영국(1,400억달러), 그리고 독일(1,270억달러), 프랑스(870억달러)에 이어 한국(790억달러)이 랭크된다. 여기서 연간 통합 콘텐츠시장성장율을 볼 때, 가령 프랑스를 넘어서 수년 내에 6위로 진입하려면 최소한 매년 8~10%의 성장률을 이룰 수 있어야 한다.

이것은 국가전략정책에서 최우선순위로 콘텐츠산업을 관리해야 함을 뜻한다. 그것은 기반조성, 재정지원, 인재양성, 저작권보호 및 유통과 마케팅지원, 국가별 통상장벽해소 등으로 나타나며 규모의 경제효과 도모, 우세업종 전략적 지원(게임 방송 캐릭터 애니메이션 출판 등 장르별 특성에 다른 맞춤형 정책), 대륙별 장르별 수출대상국의 여건을 분석하고 최적의 지원정책과 관리를 해야 함을 뜻한다. 전후방 연관효과를 이끄는 업종간 산업간 연대와 제휴를 요구한다.

기존의 콘텐츠 산업영역의 구체적인 정책 내용은 문화부 문화산업국 설치(1994.5.4) 이후 지난 30년간 지속적인 발전을 거듭하면서 매우 정교하게 체계화해 왔다. 문제는 (1)주요경쟁국과 우리의 여건이 큰 차이가 없다는 점에서 시장점유율과 성장율이 고착상태라는 점 (2)종전 나눠먹기식(소액 다건주의) 지원시책으로 차별화와 선택집중지원이 미약했던 점 (3)전례답습의 지원방식과 내용이 관행화하여 창의 혁신의 노력에 의구심이 있는 점 (4)업계와 지원기관 간의 관성적인 연대가 신규진입의 장벽을 유발하지 않는지 (5)지난 30년간 망라적인 지원정책과 점증주의적 확대가 적절한지 등에 대한 점검이 필요하다는 점 등이다.

이를 극복하기 위하여 다음의 전략적 과업이 필요하다. ①전략적 우선순위를 과감히 조정하여 미래 우선순위 먹거리 업종을 파악하고 청년 미래세대의 관심사를 챙긴다. ②한국인의 태생적인 강점 분야 즉 신명 열정 섬세함 경쟁과 도전에 강한 부분을 살린다. 그리고 ③기술혁신을 콘텐츠산업에 접목하고 융복합과 파생문화콘텐츠의 창출 등 급변하는 환경에 대처해 나간다. ④대통령실과 정부는 콘텐츠산업을 우선순위 전략정책 분야로 집중 관리해 나간다.

장르별 특성을 살린 선택과 집중전략은 다음과 같다. 먼저 ㉠게임 캐릭터 애니메이션 앱툰 웹툰 등 분야는 고성장 및 지속적인 미래 관심을 기울여야 하며, ㉡출판은 거대한 글로벌시장을 감안할 때 모든 장르의 기반이 되면서 지속관리 및 해외시장 개척이 필요한 분야인 점, ㉢방송 미디어는 신기술과 접목하면서 융 복합적인 발전과 시장 확대가 필요한 영역이라는 점, ㉣음악은 글로벌 시장의 다양성을 존중하면서 팬덤 형성으로 더욱 확대발전이 필요한 분야라는 점, ㉤영화는 첨단기술과 한국인의 손재주와 감각 및 복합예술이 융합하여 이룰 강점 분야라는 점, ㉥디자인 패션은 디자인 감각과 창의성을 살리는 강점 분야인 점 등이다. 이들의 장르별 특성과 강점을 살리면서 맞춤형 지원과 업계의 요구에 부응한 전략적 지원이 매우 중요하다.

도전과 응전을 요구하는 새로운 패러다임으로

세계적으로 유례없는 한국인의 초저출산 현상이 이어지는 가운데 앞으로는 한국인의 성정(性情)을 닮은 도전적인 외국인이 더 많이 몰려올 것이다.

여기서 열린 경쟁과 참여로 투명한 과정을 통하여 스타들이 발굴될 것이다. 지구 차원에서 흙 속의 진주들, 묻혀있던 보석들이 발굴될 것이다. 이를 통하여 개천에서 용 나는 현상은 21세기 중반에도 왕성하게 될 것이다. 일반인공지능(AGI)의 보편적인 적용은 초저출산과 초고령사회의 해법으로 주목받을 것이다. 이러한 현상에 빠르게 적응할 민족과 문화도 한국인과 한국문화이다. 왜냐면 한국문화의 원형질을 보유하면서 변화되는 환경에 빠르게 최적화하는 '못 참아' 정신의 보유자들이 한국인이기 때문이다.

앞으로 한국문화의 글로벌화 방향은 일방진출이 아닌 교류협력, 상대국 문화의 존중과 공감 공존, 더 많은 글로벌 스타의 발굴, 시스템과 프로그램의 수출 등으로 전환되어감이 마땅하다.

한국인의 생존본능이 글로벌 문화계와 산업계에서 살아남을 뿐 아니라 리더로서 자리매김한다는 것은 이병헌이 연기한 영화 〈아파트〉에서 극명하게 은유로 보여주었다. 여기서 무엇을 위해 사는가? 무엇을 위해 문화를 하는가? 라는 철학적 질문에 직면하게 된다. 이젠 세계인에게 이에 대한 해답을 주어야 한다.

그 일부는 노랫말, 영화의 대사, 임윤찬, BTS, 블랙핑크, 손흥민 같은 실력과 태도로 더 많은 한국인 아티스트와 각계의 빛나는 별들, 재능있는 인재를 통하여 나타나야 할 것이다. 그것이 지구에서 지속 가능한 일류와 월드클래스와 명품 명인의 경지를 이어가게 만들 것이다.

 정책적으로는 열정 창의 신명은 민간에 맡기고, 정부는 글로벌 시장 개척과 저작권 보호 보장에 걸림돌을 제거하고 세계의 유무형의 장벽 해소를 위한 국제역량을 강화하며, 글로벌 연대의 중추로 나아가게끔 역할 해야 할 것이다. 또 공개오디션의 공정과 투명한 경쟁을 보장하며 표준계약서의 유효한 작동과 같은 기본환경이 안정적으로 지속할 수 있게끔 문화 행정가 및 예술 기획가들의 선하고 윤리적인 역할이 요구된다. (2024.01.04.)

54. CST의 철학적 지향과 과제

행정이 먼저냐 행정학이 먼저냐?

행정에 두 갈래 길이 있다. 하나는 행정 자체요 다른 하나는 행정학이다. 학문으로서의 행정학과 정부와 공공기관의 행정 즉 국민의 삶을 책임지고 질서와 안녕을 위하여 움직이는 행정이 그것이다. 이 둘은 동전의 양면과 같이 상호의존적으로 발전해왔다. 닭이 먼저냐 달걀이 먼저냐의 논쟁이 무익한 것처럼 행정학이 먼저냐 행정이 먼저냐의 논쟁을 벌일 필요는 없다.

필자가 행정학을 처음 접한 것은 1973년 2년제 서울대 부설 한국방송통신대학 행정학과에 입학하면서이다. 당시엔 그 이름도 쟁쟁한 서울대학교 행정대학원 교수님들께서 직접 라디오 강의로 행정학을 가르쳤다. 한 강좌가 15분에 압축된 질높은 강의였다. 한마디라도 놓칠세라 귀를 쫑긋하고 연필을 들고 필사적으로 받아적으면서 밤늦은 시간과 새벽 시간 2년을 보낸 적이 있었다. 그때 처음 접한 행정학은 정말 재미있었다. 행정(학)이 나의 체질인 거 같았다. 돌이켜보면 구체적인 인간의 삶의 한 영역으로서 국민의 삶에 관한 정부의 역할이

나에게 공적 인식(public mind)을 심어주면서 이 학문의 초보적인 지식을 스폰지처럼 흡수하게 했다.

같은 해에 5급 을류(현 9급) 행정직 시험에 합격하여 지방의 어느 우체국에 생애 첫 발령을 받았다. 24시간 맞교대를 하는데 밤을 꼬박 세면서 작은 산처럼 쌓이는 우편물을 분류하여 전국의 수신처별로 함에 넣는 작업이었다. 이른바 발착계의 최말단 일을 맡아서 했다. 행정학의 학문에서 배운 내용과 너무 이질적이고 낯설게 여겨졌다. '행정서기보 직책의 직무가 이런 것인가?'라는 혼란이 왔다.

열여덟 살 고교를 갓 졸업한 촌놈이니 눈치 혹은 요령이 너무 없어서 집배원 아저씨들의 도움을 요청하지 않고 고지식하게 혼자서 밤새 파김치가 되도록 편지봉투와 소포 덩이를 분류하였으니 말이다. 나중에 크리스마스 전날 밤 과로로 쓰러지면서 뜨거운 눈물도 흘렸다. 그래도 행정의 범주에서 나는 벗어날 생각을 하지 못했다. 아니, 하지 않았다. 왜냐면 행정학은 참 재미있었기 때문이다. 고뇌와 방황 가운데 바로 다음 단계 4급을류(현 7급) 행정직 시험에 도전하고 바로 합격했다. 이후 군 제대 후에 다시 발령을 받은 어느 중앙부처에서의 일은 중요한 국가정책의 보조역할이었다. 정말 설레고 재미있고 긴장되고 흥분되는 일이었다. 이후의 삶은 행정학의 학문적 성장과 행정인으로서의 도전과 성취의 길을 평생 병행하는 길이 되었다.

행정은 무엇을 위해 하는가?

행정사법인 CST(culture문화·sports스포츠·tourism관광)와 함께 하면서 스스로에게 물어본다.

인간은 무엇으로 사는가? 행정은 무엇을 위해 하는가? 행정의 철학은 무엇인가? 등의 질문에 부닥친다. 종교적으로 인간은 사랑받기 위해 태어났다고 말한다. 많은 사람이 절체절명의 위기상황에서 아내나 남편 자녀 가족에게 '사랑해!'라고 말하며 생을 마감하기도 한다. 우리 헌법에는 국민의 권리 장에서 모든 국민이 "인간으로서의 존엄과 가치를 지니며 행복을 추구할 권리"를 가진다고 규정하고 있다. 사랑과 행복이 인간이 추구하는 최고의 선인가 보다.

70년대 초에 내가 처음 공부하였던 당시의 〈현대〉 행정의 책무는 교과서에서 사회 보호와 안정, 변동의 촉진과 조정, 국가사회발전을 선도하는 계획수립과 추진 등으로 요약하고 있다. 돌이켜 보면 이러한 행정의 사명 혹은 책무는 50년이 지난 지금도 크게 달라지지 않는 듯하다. 추가할 게 있다면 21세기 글로벌 사회에서 격동의 국제정세에 효과적으로 대처하며 국민의 안녕과 복리를 증진하고 선진국에 진입한 대한민국으로서 지구 차원의 규범 형성에 대한 책무를 감당해야 하는 일이 부가될 것이다. 국제위기와 남북한 간 긴장 구도에서 국방과 총력안보는 필수이면서!

오늘날 국가발전과 고속성장의 시대를 지나 고도화 첨단화되는 인공지능시대에 개개인의 삶은 가치를 추구하는 형태로 바뀌고 있다. 한국인은 또한 성정(性情)으로 볼 때 더디거나 불편함을 못 참는다. 이것은 역설적으로 행정에 대한 국민의 요구도 매우 고도화하고 세밀하게 바뀌고 있음을 뜻한다. 그것이 행정을 더욱 기민하고 고도화하는데 상승작용도 한다. 이것은 국민 문해력이나 정보해력(information literacy)이 세계 최고인 데서 더욱 현저하다.

그러나 21세기 대한민국 행정에서 일반인들의 행정에 대한 접근은 고도화 전문화하는 행정의 세부영역에 들어가면 사실 쉽지 않다. 행정의 간소화가 요구되는 이유이다. 지금 간단한 민원 사항은 대체로 전자민원으로 대체되었다. 그러나 조금 깊이 들어가면 행정 분야별 전문화 고도화의 수준은 매우 높아진다. 여기서 민 관 거버넌스의 중간자 역을 자임하는 CST의 역할이 있다. 그것은 행정관서에서 해결할 민원을 지닌 시민의 입장을 돕는 일이나 문화체육관광문화유산분야의 종사자나 단체 혹은 관련 기관에서 요청하는 프로젝트나 연구용역의 경우에서도 그 역할은 유사하다. 즉 그들의 행정적 요구를 받아서 해법을 제시하고 구체적이고 타당하며 실현 가능한 대안으로써 행정수요자의 욕구를 해소한다는 차원에서 그러하다.

미래 행정의 철학은 무엇이어야 하나?

여기서 '행정의 철학은 무엇인가?'라는 질문에 맞닥뜨린다. 종국적으로 행복을 추구하고 사랑이 넘치는 사회를 실현하며 지구적 과제에 대한 책무도 다하는 행정이 되어야 한다는 명제에 도달한다. 이 과정에서 CST는 특히 문화 거버넌스의 플랫폼으로서 역할을 감당하여 나갈 것이다. 그것은 행정인으로서 또 행정학도로서 평생을 보내온 많은 동지들과 또 문화체육관광문화재분야의 전문영역별 최고의 전문가 풀(pool)로 네트워크를 형성하고 있는 CST 모든 분들의 한결같은 바램일 것이다.

막스웨버의 이념형 관료제로부터 출발한 현대 행정학이 100년 전 미국에서 있었던 얘기다. 처음 학문적인 정체성을 세워나갈 초장기에 학자들은 '행정이란 예술인가 기술인가?'의 논쟁을 벌였다. 그때는 이게 논쟁거리가 되었다. 능률성과 효과를 따지는 게 중요했던 시기가 있었기 때문이다.

결론부터 말하면 "21세기 행정은 예술성을 가득 품은 기술이어야 한다."라고 말하고 싶다. 즉 행정이 예술로서 인정받으려면 얼마나 잘해야 할까? 라는 물음에 대하여 '예술적이다'라고 답할 수 있어야 한다는 말이다. 그것은 감동을 주고 아름다움의 극치에 도달하여야 함을 내포한다. 내용이나 대안의 제시에서 탁월해야 함은 물론이다. 우리나라의 행정인은 역대로 가장 우수한 인재들이 정부의 공직을 메꾸어왔다. 고도화하는 현대사회에서 행정인이 지금도 과연 최고의 인재들인가에 대하여 논란이 있겠다. 그래도 국가에 대한 충성심과 국민의 안녕과 복지를 위한다는 행정이념에 대해 헌신하는 대다수 공직자의 마음은 공직사회를 뒷받침하는 든든한 기반이다. 이 점에서 문화행정인의 경우에도 2000년대에 접어들면서 최고의 인재들이 모이는 행정영역이 되었음은 잘 알려진 사실이다. 그것이 광의의 문화행정과 문화영역 전반에 긍정적인 영향도 미쳤을 것이다.

케이 신드롬의 플랫폼으로서의 씨에스티

오늘날 대한민국의 문화예술은 장르 불문 세계 최고수준을 유지할 뿐 아니라 창의와 도전에서는 가히 지구촌의 선두를 달리고 있다고 해도 과언이 아니다. 케이 컬쳐(K-culture)로 대변되는 한국의 문화 현상은 세계인들에게 희망과 도전과 공감으로 가득 메우고 있다. 이건 비단 문화예술만의 이야기가 아니다. 스포츠도 그렇고 문화유산의 경우에도 그러하다.

오늘날 한국문화의 세계적 선호의 원류가 무엇인가를 탐구하는 세계인이 늘어날수록 한국문화의 원형질이라 할 우리의 문화유산에 대한 재평가와 탐색이 이어지고 있다. 그것은 유네스코 세계유산 등재에서 입증되고 있고 문화유산 복원기술에서 그러하고 세계 최고의 고품격 고품질 전시기법과 디자인 능력에서 그러하다. 창의와 도전에서 타의 추종을 불허하는 정신과 노력이 오늘날의 〈케이 신드롬〉을 계속 만들고 이어가고 있다. 스포츠에서도 스포츠 과학과 기술의 융합을 통하여 정예 최정상급 고난도 종목에서의 올림픽과 세계선수권대회 금메달 획득이 이를 웅변한다. 한국의 젊은이들이 '즐기는 스포츠'로 전이(shift)를 보이는 점, 최고의 예의와 품격(manner)을 갖추어서 팬서비스와 언론인터뷰를 하는 모습 등은 세계인의 호감을 극대화하고 있다.

여기서 우리 CST의 역할은 명백해진다. 문화 분야 민 관 거버넌스의 중재자이자 플랫폼으로서의 역할이다. 광의의 문화에는 문화예술

문화콘텐츠 종교 전통예술 스포츠와 스포츠산업, 관광인프라와 관광진흥정책, 문화유산의 보존과 활용 등 매우 광범위하다. 이의 중앙정부와 지방자치단체 및 공공기관과 각 분야 공공단체와 민간단체, 개별 종사자에 이르기까지 모두가 CST의 민 관 거버넌스의 플랫폼에서 문제해결과 중재와 대안을 만족스럽게 찾도록 하는 일이다.

CST의 확장된 미션

여기서 CST의 책무와 역할의 지향점을 도출할 수 있다. 그것은 우리의 문화체육관광문화유산 영역의 모든 행정과 그들의 관심사와 애로사항에 대하여 CST 최고의 전문성과 역량을 결집하여 예술과 기술이 융합된 최고의 품질을 보증하는 성과물로 만들어내는 일이다. 고객에 대한 대한민국 유일의 CST 이름에 걸맞은 품질을 지닌 성과물을 제공한다는 거다.

지난 2년여 동안은 도전과 인내와 응전의 과정이었다. 앞으로 구체적인 CST의 미션은 첫째로, 문화행정 민원의 보다 품격 높은 해소와 서비스를 하는 일, 둘째로, 문화종사자 및 유관 기관단체의 용역이나 프로젝트에 대한 충분하고도 완전한 결과물의 제시, 셋째로, 정부와 지자체의 과업에 대하여 정부의 관점을 충족하면서 '민 관 거버넌스의 가교' 역을 충실하게 수행하는 만족도 높은 피드백을 하는 일, 그리고 넷째로는 문화 분야 종사자와 미래의 문화종사 지망생에 이르기까지 그들에게 문화행정과 정책에 대한 이해와 체계적인 내용을 교육하고 이를 통하여 문화행정역량을 갖춘 인재를 양성하는 일이다.

이상의 미션을 위하여 그간의 경험과 실적을 바탕으로 CST의 3차 연도 내에 더욱 체계화하고 성숙한 성과물들을 만들어 내도록 노력할 것이다. 대한민국의 CST가 문화체육관광문화유산 분야 종사자와 기관단체 그리고 정부와 지자체로부터 꼭 필요한 거버넌스 시스템으로 인정받는 모습을 상상해본다. (2024.09.12.)

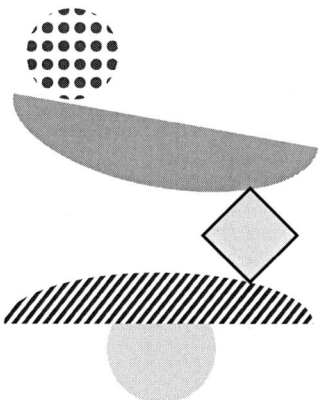

저자 약력

박영대
행정사법인 CST 공동대표 / 전 문화재청 차장, 스포츠안전재단 사무총장, 주중한국문화원 원장

김선영
예술경영학 박사 / 홍익대 대학원 문화예술경영학과 교수, 한국문화경제학회 회장 / 전 예술경영지원센터 대표 / 저서) 예술산업 스케치북, 4차산업시대 예술의 길, 예술산업시대의 공연예술 유통 외

서승옥
이화여자대학교 국어국문학 석사 / 도서출판 생각의 바다 대표 / 전 이화여대 국문과 강사, 한중일비교문화연구소 연구위원 / 저서) 마인드맵으로 하는 우리 아이 글쓰기, 글·그림으로 예수님과 함께 / 공저) 페미니즘과 문학 / 번역) 화가 난 아서

김수섭
변리사 정보통신기술사 / 상승국제특허법률사무소 대표, 대한민국산업현장교수 / 전 특허청 심사관

이귀영

문학박사 경영학박사 / 재)백제세계유산센터장. 도광문화포럼 대표 / 전 국립고궁박물관장, 국립해양문화재연구소장 / 저서) 조선왕실의 태실의궤와 장태문화(공저), 실크로드의 역사와 문화(공저) / 논문) 백제 금속공예기술사 연구, 남북한 무형문화재 교류협력방안 외

김향자

경영학박사(관광개발) / 서울시립대 도시사회학과 외래교수, 미래소비자행동 공동대표 / 전 서울시립대 초빙교수, 한국문화관광연구원 선임연구위원 / 저서) 섬 관광정책 현안과 과제, 여가 그리고 정책: 여가를 통해 미래사회를 보다

김학수

이학박사 / 마니아타임즈 편집국장 / 전 스포츠투데이 편집국장, 한국체대 초빙교수, 한국체대 스포츠언론정보연구소장

양재완

이학박사 / 행정사법인 CST 공동대표, (사) 문화회 상임이사 / 전 대한체육회 사무총장, 한국체육대학교 초빙교수, 상명대학교 특임교수

박광무

행정학박사 / 행정사법인 CST 대표, 국가공무원인재개발원 정책역량 지도교수 / 전 한국문화관광연구원 원장 / 저서) 대한민국거버넌스솔루션, 혁명의 유혹, 한국문화정책론 외

문화 거버넌스의 도전과 기회